1874

FRANCE

CATALOGUE SPÉCIAL

DE L'EXPOSITION

DE LA VILLE DE PARIS

RENSEIGNEMENTS SUR LES SERVICES EXPOSANTS
ET SUR LES OBJETS EXPOSÉS

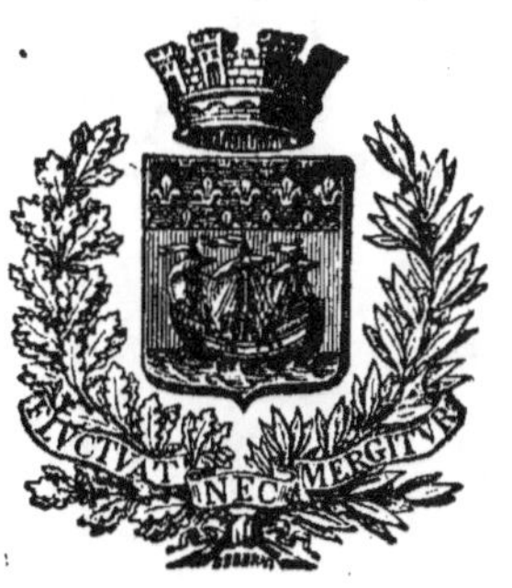

PARIS

IMPRIMERIE CENTRALE DES CHEMINS DE FER

A. CHAIX ET Cie

RUE BERGÈRE, 20, PRÈS DU BOULEVARD MONTMARTRE

1874

1874

FRANCE

CATALOGUE SPÉCIAL

DE L'EXPOSITION

DE LA VILLE DE PARIS

RENSEIGNEMENTS SUR LES SERVICES EXPOSANTS
ET SUR LES OBJETS EXPOSÉS

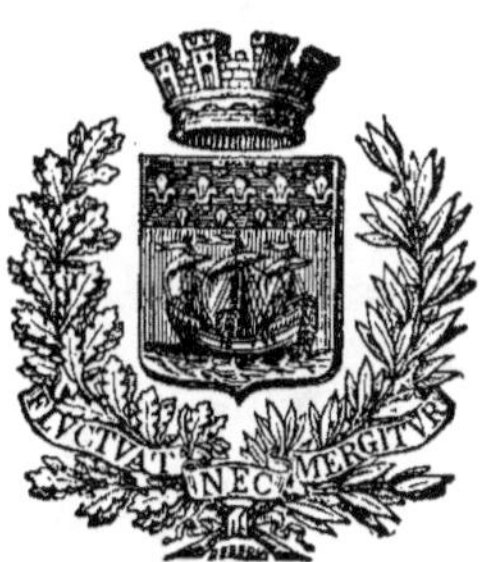

PARIS

IMPRIMERIE CENTRALE DES CHEMINS DE FER

A. CHAIX ET Cie

RUE BERGÈRE, 20, PRÈS DU BOULEVARD MONTMARTRE

1874

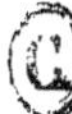

1874

CATALOGUE SPÉCIAL

DE L'EXPOSITION

DE LA VILLE DE PARIS

M. FERDINAND DUVAL, O. ✳, Préfet

M. TAMBOUR, Secrétaire Général

M. ALPHAND, C. ✳, Inspecteur général des Ponts et Chaussées, Directeur des Travaux de Paris. Médaille de progrès (Vienne **1873**).

M. BELGRAND, C. ✳, membre de l'Institut, Inspecteur général des Ponts et Chaussées, Directeur du service des eaux et égouts, diplôme d'honneur (Vienne **1873**).

M. GRÉARD, O. ✳, Inspecteur général de l'Instruction publique, Directeur de l'Instruction primaire. Diplôme d'honneur (Vienne **1873**).

M. DE NERVAUX, O. ✳, Directeur de l'Assistance publique.

ORGANISATEURS DÉLÉGUÉS

M. MICHAUX, ✳, Chef de la Division des Beaux-Arts.

M. BOUVARD, architecte, Inspecteur, chargé des travaux d'installation.

DIRECTION

DES

TRAVAUX DE PARIS

DIPLOME D'HONNEUR (Vienne 1873)

M. ALPHAND, C. ✳, **Inspecteur géneral des Ponts et Chaussées, Directeur des Travaux de Paris.**

MÉDAILLE DE PROGRÈS (Vienne 1873)

PLAN DE PARIS

DIRECTION DES TRAVAUX DE PARIS

PLAN DE PARIS

Renseignements généraux.

A partir de 1850, le développement des chemins de fer aboutissant à Paris ayant créé de nouveaux besoins de circulation dans cette grande ville, il a paru nécessaire de ne plus se borner, pour les satisfaire, à réaliser seulement des opérations de voirie isolées ne constituant que des améliorations particlles, indépendantes de tout plan d'ensemble.

Dès lors, le système adopté a consisté à ouvrir dans Paris un réseau de grandes artères destinées à relier entre eux les principaux quartiers, en y portant l'air et la lumière, et à faciliter les grands courants de circulation, tout en divisant la surface entière en mailles d'une surface à peu près équivalente.

Mais, dès 1859, ce réseau est étendu jusqu'aux quartiers de la banlieue annexés à Paris.

Par suite, on a cru devoir commencer d'abord par exécuter divers percements excentriques, plus faciles à réaliser sans obstacle et avec moins de frais, sur les terrains à peu près nus des nouveaux territoires.

D'ailleurs, les percements dans le centre de Paris devant entraîner de nombreuses démolitions de maisons, il était indispensable, avant de priver la population de ses anciens logements, de lui créer de nouveaux abris sur des voies publiques nouvelles, rapidement bordées de constructions appropriées à tous les besoins.

D'autre part, presque toutes les rues de Paris étant perpendiculaires ou parallèles à la Seine et se trouvant trop étroites dans le centre de la Ville, il a fallu remédier à leur insuffisance par la création de voies nouvelles orientées à peu près dans les mêmes directions que les anciennes et telles que :

Sur la rive droite : les rues de Rivoli, aux Ours, de Réaumur, du Quatre-Septembre, du Louvre, les boulevards de Sébastopol et de Strasbourg;

Sur la rive gauche : la rue des Écoles, les boulevards Saint-Michel et de La Tour-Maubourg, les avenues Rapp et Bosquet.

Mais ces voies nouvelles ne suivant pas les diagonales des rectangles formés par les rues parallèles perpendiculaires au fleuve et étant, par conséquent, peu propres à abréger les longs parcours, les boulevards Malesherbes, Haussmann, de Magenta, Voltaire, les avenues d'Antin, de l'Opéra, les rues Auber, de Lafayette, de Maubeuge, Monge, de Rennes, Gay-Lussac et des Feuillantines ont dû être ouverts afin de mettre à la disposition du public des chemins plus directs et plus commodes.

En outre, le percement du boulevard Saint-Germain est venu continuer sur la rive gauche le circuit des boulevards de la rive droite, en se reliant à ceux-ci par les places de la Concorde et de la Bastille.

Extérieurement à ce premier circuit, les boulevards Arago, de Port-Royal et Saint-Marcel ont complété, en la régularisant, une deuxième ligne de ceinture commençant à l'Esplanade des Invalides et se reliant par les rues Lacuée et de Lyon à la place de la Bastille, et par le boulevard Mazas à la place du Trône.

Au delà de cette seconde circonférence, les territoires annexés en 1859 se rattachaient en général aux quartiers du centre par des voies convenables, à l'exception, toutefois, des XVIIIe, XIVe, XIIIe et XIIe arrondissements, restés insuffisamment accessibles.

Le percement du boulevard Ornano, des rues Caulaincourt et Danremont, des avenues des Gobelins et Daumesnil a fait cesser cet isolement relatif.

Il fallait en outre, dans ces quartiers nouveaux, assurer aussi la facilité des communications avec les centres populeux des anciennes communes, tout en tenant compte des difficultés présentées par le sol accidenté de cette partie du nouveau Paris.

C'est dans ce but que les rues Michel-Ange, Molitor, Mirabeau, Mozart, les voies rayonnant autour de la place de l'Étoile, les avenues de la plaine Monceau, les percements dans Montmartre, les rues de Puebla, Michel-Bizot, de Tolbiac, d'Alésia et les rues de dégagement du parc de Montsouris, ont été exécutés.

Tels sont, dans leur ensemble, les principaux résultats de la transformation de l'ancien Paris, transformation basée sur le système des grands percements substitué aux anciens procédés d'élargissement successif des voies insuffisantes.

Il n'est pas sans intérêt d'indiquer rapidement pourquoi ce nouveau système a été préféré, et il convient de faire remarquer que l'élargissement d'une voie bâtie est toujours une opération très-dispendieuse, subordonnée à l'acquisition coûteuse de terrains considérables et à des démolitions de constructions dont les travaux plus ou moins prolongés ont pour effet de porter le trouble dans toutes les industries riveraines.

D'ailleurs, si l'on peut ainsi rectifier et élargir une rue, on ne peut pas en modifier radicalement les pentes.

Enfin, en enlevant à des propriétés bâties et aménagées le plus convenablement possible, sur un sol donné, une portion notable de terrain, on amène les propriétaires, pour tirer parti du terrain et des constructions restantes, à adopter de mauvaises dispositions aussi bien au point de vue de la salubrité que sous le rapport de la commodité des habitations. En perçant, au contraire, de nouvelles voies, on assure une plus-value considérable à des terrains de fonds d'une moindre valeur; on est libre du profil à donner à la voie, et on livre à la construction d'anciennes cours ou des jardins, sur lesquels peuvent s'édifier des habitations salubres et suffisamment vastes.

Les nouveaux percements ont été tracés, autant que possible, en ligne droite; en général, leur profil longitudinal a été disposé de telle sorte que de chaque extrémité et de tous les points du parcours, toute la chaussée fût visible.

Les dépenses nettes des parties exécutées de ces grandes opérations ne s'élèvent pas à moins de Fr.   884.400.213 auxquels il faut ajouter, pour les promenades, plantations, viabilité, égouts, éclairage, trottoirs 352.935.957

Ensemble . . . . . Fr.   1.237.336.170

Pour terminer l'ensemble de ces travaux, il reste à exécuter:

1° Le percement de la rue Réaumur, entre la rue Saint-

Denis et la place de la Bourse, et son élargissement entre les rues de Turbigo et Saint-Martin;

2° Le percement de la rue aux Ours, entre la rue Montorgueil et la place des Victoires, et son élargissement entre la rue Saint-Martin et le boulevard de Sébastopol;

3° La rue du Louvre;

4° L'achèvement des Halles centrales, à l'ouest;

5° Le complément de l'avenue de l'Opéra (déjà exécutée à ses deux extrémités);

6° L'élargissement des rues Aubry-le-Boucher et de La Reynie;

7° Le percement du boulevard Henri IV;

8° L'élargissement des rues Saint-Jacques et Soufflot;

9° L'achèvement du boulevard Saint-Germain, entre la rue Hautefeuille et la rue Saint-Dominique;

10° L'achèvement du percement de la rue de Rennes jusqu'au quai Conti;

11° Le complément du boulevard Haussmann;

12° L'achèvement des rues de la Butte-Chaumont, d'Abbeville et de Saint-Quentin;

13° Le complément de l'avenue Parmentier, entre les rues Saint-Ambroise et Corbeau;

14° Le percement des rues d'Alésia et de Tolbiac, le prolongement de la rue Nationale et des rues Barrault et de l'Espérance;

15° L'achèvement des avenues de Montsouris et Reille;

16° Le prolongement des avenues de Ségur, de Suffren et de Breteuil;

17° L'achèvement des rues Mozart et de la Municipalité et le percement de l'avenue Benjamin-Delessert;

18° L'achèvement de l'avenue du Prince-Jérôme et du prolongement de la rue Legendre;

19° Le complément des percements dans le XVII° arrondissement (en vue de l'exécution desquels percements une grande partie des propriétés atteintes sont déjà acquises ;)

20° Enfin, l'achèvement des rues de la Dhuis, Sorbier et du Jourdain ainsi que l'élargissement partiel de l'ancienne rue Militaire.

N° **625** DU CATALOGUE FRANÇAIS.

SERVICE DU PLAN DE PARIS.

Collaborateurs actuels : MM. DUCHESNE, chef de service ;
FAUVE, géomètre en chef ; — WUHRER, graveur.

PLANS DE PARIS

(Médaille de mérite à l'Exposition de Vienne.)

ÉCHELLE DE 1/5,000

1° PLAN LAVÉ, TENDU SUR CHASSIS, FIGURANT LES BOIS DE BOULOGNE ET DE VINCENNES.

Ce plan indique, par des lisérés au carmin, la division par arrondissements et par quartiers ; et par des teintes jaune pâle, les opérations de voirie devant compléter le réseau des grands percements entrepris depuis 1850, et dont il est parlé dans la notice précédente.

2° MÊME PLAN NON TEINTÉ, EN ATLAS.

3° PLAN RÉTROSPECTIF TENDU SUR CHASSIS (PÉRIMÈTRE RESTREINT A LA VILLE SEULE).

Ce plan indique, par des teintes jaunes et par des lisérés rouges, les percements exécutés dans Paris depuis 1850 ; et par des teintes rouges, les monuments et établissements publics construits dans la même période.

4° ATLAS DU PLAN DE PARIS PAR ARRONDISSEMENT.
Plan chromo-lithographié obtenu au moyen d'un report.

5° PLAN DE PARIS AU 1/10,000.
Réduction du plan au 1/5,000.

NOTA.

Les plans ci-dessus ont été établis à l'aide de la triangulation générale et des plans d'ensemble partiels levés par les géomètres du service du Plan de Paris, en vue de l'exécution des grands percements.

Ces plans d'ensemble partiels étaient rapportés d'abord à l'échelle de 1/500, puis au 1/100 sur le parcours des voies projetées, pour arriver à l'établissement le plus exact possible des surfaces prises et restantes des propriétés atteintes (1).

---

(1) Ils ont été préparés sous la direction de M. E. Deschamps, chef de service, par les soins de MM. de Lussenay, Ross, Chevigny, géomètre triangulateur; Berger, Moutry, Picard, Dobré et Pozier, géomètre en chef des brigades topographiques, et par M. Fauve, géomètre en chef de la brigade intérieure, chargé de la réduction. MM. Avril frères ont exécuté la gravure sur pierre. Le frontispice a été dessiné et gravé sur acier par M. Sauvageot.

VOIE PUBLIQUE — VOIRIE

DIRECTION DES TRAVAUX DE PARIS

VOIE PUBLIQUE — VOIRIE.

Renseignements généraux.

Les grands percements dont la description sommaire vient de prendre place dans la notice précédente, consacrée au service du Plan de Paris, ont eu pour conséquence l'exécution d'importants travaux de viabilité appliqués :

1º Aux tronçons des voies nationales traversant Paris;

2º Aux lignes de ceinture dont il a été déjà parlé précédemment;

3º Aux voies d'accès des chemins de fer;

4º Et aux voies d'utilité générale.

Voici le détail de ces travaux en ce qui concerne :

1º LES TRONÇONS DES VOIES NATIONALES

La rue de Rivoli, entre les rues du Louvre et Saint-Antoine, formant le complément de la grande ligne partageant Paris de l'est à l'ouest.

Les boulevards de Strasbourg, de Sébastopol, du Palais et de Saint-Michel, autre grande ligne de partage, du nord au sud, formant le prolongement du chemin de fer de l'Est, et établissant une communication facile entre les deux rives de la Seine. Cette communication n'avait lieu précédemment que par des rues étroites, tortueuses, d'un nivellement très-défectueux, présentant, sur la rive gauche, jusqu'à $0^m,06$ de pente par mètre, et devenues insuffisantes en présence de l'accroissement de circulation occasionné par le développement des chemins de fer aboutissant à Paris.

Ces deux grandes lignes forment les tronçons auxquels viennent se souder toutes les voies nationales pénétrant dans Paris.

2° LES LIGNES DE CEINTURE.

Le *boulevard Henri IV*, sur la rive droite (exécuté sur une petite longueur), et le *boulevard Saint-Germain*, sur la rive gauche (dont deux tronçons seulement sont terminés), complètent la première ligne de ceinture des boulevards intérieurs de la rive droite.

Le *boulevard Haussmann* (dont une petite section reste à exécuter), et l'*avenue Friedland*, qui lui fait suite, mettent la partie médiane des boulevards intérieurs en communication directe avec l'Arc-de-Triomphe et le Bois de Boulogne. Ces voies forment à l'ouest, avec l'avenue Joséphine partant de la place de l'Étoile et aboutissant au pont de l'Alma, la deuxième ligne de ceinture dont il vient d'être parlé dans la précédente notice et à laquelle correspond sur la rive gauche un autre circuit formé par les avenues Bosquet et Duquesne, les boulevards des Invalides et du Montparnasse (d'ancienne création), et par les voies neuves de Port-Royal et Saint-Marcel. Cette dernière aboutit à la gare d'Orléans et à la Seine, en empruntant une petite section du boulevard de l'Hôpital, et en reliant ainsi les gares de Montparnasse et d'Orléans.

Les *boulevards Mazas* et *Voltaire* complètent, à l'est, cette deuxième ceinture.

Les *boulevards extérieurs* et les *chemins de ronde intérieurs de l'ancienne enceinte*, réunis et transformés sur presque toute leur longueur en voies spacieuses à double chaussée séparée par un large promenoir sablé et planté de deux rangées d'arbres, forment la troisième ligne de ceinture.

3° LES VOIES D'ACCÈS AUX CHEMINS DE FER.

La *rue Lafayette*, prolongement de la rue d'Allemagne et de la route nationale n° 3, met les chemins de fer du Nord et de l'Est en communication avec le quartier du nouvel Opéra et avec la gare de l'Ouest, rive droite, soit par la rue de Châteaudun et par la rue Saint-Lazare élargie, soit par le boulevard Haussmann et la rue de Rome.

Le *boulevard Magenta*, grande ligne de jonction de ces mêmes chemins de fer et des gares de Lyon et d'Orléans, par les boulevards intérieurs et la rue de Lyon.

Le *boulevard Ornano*, faisant suite au précédent et aboutissant à la porte de Clignancourt, après avoir traversé tout le XVIIIᵉ arrondissement.

La *rue de Maubeuge*, autre dégagement des lignes du Nord et de l'Est, dans le IXᵉ arrondissement, et reliant ces

lignes au chemin de fer de l'Ouest par les rues de Châteaudun et de Saint-Lazare élargie.

La *rue de Rome*, voie de dégagement du chemin de
fer de l'Ouest, dans le centre de Paris, par le boulevard
Haussmann, et vers les Batignolles jusqu'au chemin de
fer d'Auteuil.

La *rue de Rennes*, prolongement du chemin de fer de
l'Ouest, rive gauche, s'arrêtant à la place Saint-Germain-
des-Prés, mais devant se bifurquer à partir de cette place
et aboutir, d'une part, au pont du Carrousel, et, d'autre
part, en face de la rue du Louvre, située sur la rive droite.

4° VOIES D'UNE GRANDE UTILITÉ GÉNÉRALE.

L'*avenue de l'Opéra*, de la place de ce nom au Théâtre-
Français, exécutée seulement dans la traversée de la
place du Théâtre-Français et du boulevard des Capucines
à la rue Louis-le-Grand.

La *rue du Quatre-Septembre*, de la Bourse à la place
de l'Opéra. (Se soudera plus tard à la rue Réaumur, traversant le III° arrondissement.)

La *rue de Turbigo*, prolongement de la rue du Faubourg-
du-Temple, traversant diagonalement les quartiers les plus
populeux des IIIe et IVe arrondissements et aboutissant
aux Halles centrales.

La *rue du Pont-Neuf*, du Pont-Neuf à la pointe Saint-
Eustache, en traversant les Halles.

La *rue des Halles*, voie de communication entre ce
grand marché central, la place du Châtelet et le pont
au Change.

L'avenue Victoria, **dans** l'axe de la place de l'Hôtel-de-Ville.

L'avenue des Gobelins, prolongement de la route nationale nº 7, formant l'une des grandes voies aboutissant à la place d'Italie ; — elle remplace, sur un parcours de 800 mètres, l'étroite et sombre rue Mouffetard.

Les *rues des Feuillantines et Gay-Lussac,* formant à l'ouest la bifurcation de l'avenue des Gobelins et aboutissant au boulevard Saint-Michel près la rue Soufflot et à l'Odéon, par la nouvelle rue de Médicis, en isolant le Luxembourg au nord.

La *rue Monge,* formant la bifurcation à l'est de l'avenue des Gobelins, et contournant la montagne Sainte-Geneviève par une succession d'alignements droits. — Cette voie a nécessité des déblais fort importants à la hauteur de la rue Rollin, rendue accessible par un escalier monumental.

La *rue des Écoles,* prolongement de la rue de l'École-de-Médecine dans le Vᵉ arrondissement, dégageant un grand nombre d'établissements universitaires.

Les *voies nouvelles dans le Luxembourg,* servant de communication entre le Vᵉ et le VIᵉ arrondissements et encadrant la grande avenue de l'Observatoire.

Le *boulevard Latour-Maubourg,* du pont des Invalides à l'École militaire.

L'avenue Rapp, du Champ de Mars au pont de l'Alma.

Les *avenues de Ségur et de Suffren,* prolongées récemment dans le quartier de l'École militaire.

La *rue de Solférino*, s'arrêtant actuellement à la rue Saint-Dominique ; — elle doit être prolongée jusqu'au boulevard du Montparnasse, en face de l'avenue du Maine. Elle dégage le palais de la Légion d'honneur.

Les *avenues Abbé-la-Salle* et *de Saint-François-Xavier*, se détachant de l'avenue Duquesne et se dirigeant parallèlement vers le boulevard des Invalides, en encadrant la nouvelle église Saint-François-Xavier.

Les *voies nouvelles sur l'emplacement des Petits-Ménages.* — Communications toutes locales et très-utiles.

Le *boulevard Malesherbes*, de la Madeleine à la porte d'Asnières, voie d'une très-grande importance ayant nécessité la transformation complète de quartiers jusque-là très-délaissés.

Les *voies de dégagement du Marché de l'Europe.*

L'*avenue de Messine*, du boulevard Haussmann au parc Monceau dont elle forme l'accès au sud.

L'*avenue de la Reine-Hortense*, accès ouest du parc Monceau, l'une des douze grandes voies aboutissant à la place de l'Étoile.

La *rue de Courcelles*, élargie et prolongée, les *rues de Lisbonne, de Vigny, Rembrandt* et *Murillo*, desservant les abords du parc Monceau.

Les *voies annexes du boulevard Haussmann :* rues de Berry prolongée, de la Baume, de la Pépinière, d'Anjou, de l'Arcade et Neuve-des-Mathurins.

Les *voies annexes de la rue de Rome ·* rues de Vienne

prolongée, Copenhague, Andrieux, Bernouilli, de Moscou, Clapeyron, Mosnier, de Bruxelles et de Madrid.

La *rue de Morny*, faisant suite, dans le quartier de Chaillot, à la grande ligne formée à droite des Champs-Élysées par les rues Saint-Lazare, de la Pépinière et Abbatucci.

La *rue François I*er, reliant le pont de l'Alma à la partie haute des Champs-Élysées.

La *place du Nouvel-Opéra* et les voies nouvelles qui entourent cet édifice.

Les *voies annexes de la rue de Maubeuge:* rues Hippolyte-Lebas, Choron, Milton, Condorcet, Belzunce et d'Abbeville.

Le *boulevard des Amandiers*, de la place du Château-d'Eau au cimetière du Père-Lachaise, ouvert sur 224 mètres de longueur seulement.

L'*avenue Philippe-Auguste*, prolongement du boulevard Ménilmontant jusqu'à la place du Trône.

L'*avenue Daumesnil*, de la rue de Lyon au bois de Vincennes, voie latérale à la ligne de Vincennes jusqu'à la rue de Charenton. — Cette avenue s'infléchit à droite, à partir de ce dernier point, pour aboutir au bois de Vincennes, par la porte de Picpus.

Le *boulevard Arago*, du boulevard Saint-Marcel, dont il forme le prolongement, jusqu'à la place d'Enfer.

L'*avenue de l'Empereur*, de la place de l'Alma au bois de Boulogne, par la porte de la Muette. Voie très-importante et dont l'exécution a présenté de grandes difficultés.

L'*avenue d'Iéna*, de la place de l'Étoile au Trocadéro, l'une des douze avenues aboutissant à la place de l'Étoile.

L'*avenue du Roi-de-Rome*, de la place de ce nom à celle de l'Étoile.

La *place du Roi-de-Rome*, vaste place circulaire au sommet du Trocadéro.

Le *Trocadéro*, de la Seine à la place du Roi-de-Rome, dans la largeur du Champ de Mars, avec création de voies accessibles aux voitures et d'un escalier monumental ayant nécessité des déblais considérables.

L'*avenue d'Eylau*, de la place de l'Étoile à la porte de la Muette, au bois de Boulogne.

L'*avenue Uhrich*, voie unique en son genre, communiquant de l'Arc-de-Triomp heau bois de Boulogne, dont elle constitue le principal accès.

L'*avenue du Prince-Jérôme*, de la place de l'Étoile à la place de Courcelles.

L'*avenue de Wagram*, de la place de l'Étoile à la place de Wagram.

L'*avenue de Villiers*, du boulevard des Batignolles à la porte de Champerret.

Le *boulevard Pereire*, de la rue de Rome à l'avenue de la Grande-Armée. — Voie bordant le chemin de fer d'Auteuil.

Les *rues de Mexico* et de *Vera-Cruz*, voies se dégageant de la rue de Puebla au parc des Buttes-Chaumont et contournant ce parc, la première au nord et jusqu'au boulevard Sérurier ; la seconde, jusqu'à la rue de Crimée.

La *rue de Puebla*, de la rue de Meaux au cours de Vincennes, traversant les XIXe et XXe arrondissements, sur un parcours de 4,080 mètres.

La *rue Michel-Bizot*, faisant suite à la précédente et aboutissant à la rue de Charenton, à la jonction de cette dernière avec le chemin de fer de Ceinture.

Indépendamment des voies qui viennent d'être énumérées, de nombreux prolongements et élargissements de voies secondaires, des raccordements importants de voies anciennes adjacentes aux voies principales, ont été opérés.

Le tableau suivant indique, d'ailleurs, les dimensions des voies principales, ainsi que la dépense à laquelle elles ont donné lieu. Ce renseignement fait défaut pour les opérations dont les comptes ont été détruits à la suite des événements de 1871.

La colonne d'observations de ce tableau contient des indications détaillées qui complètent l'énumération précédente.

DÉSIGNATION des LOCALITÉS	LONGUEUR	LARGEUR De la CHAUSSÉE.	Des TROTTOIRS.	TOTALE.	NATURE De la CHAUSSÉE.	Des TROTTOIRS.	SURFACE
RUE DE RIVOLI, entre les rues du Louvre et Saint-Antoine	1.450	12 »	10 »	22 »	Pavage	Granit	31.900
BOULEVARD DE SÉBASTOPOL, entre le boulevard Saint-Denis et la Seine. . . .	560	14 »	16 »	30 »	Pavage	Bitume	16.800
BOULEVARD DU PALAIS, dans la traversée de la Cité . . .	247	14 »	16 »	30 »	Mixte empierrem^t et pavage	Bitume	7.410

OBSERVATIONS

La rue de Rivoli s'arrêtait à la rue du Louvre ; son prolongement jusqu'à la rue Saint-Antoine, à travers des quartiers très-populeux et sillonnés de rues étroites, sombres, tortueuses, ne permettait qu'une circulation insuffisante.

Le percement de cette voie a nécessité la transformation presque complète du quartier de l'Hôtel de Ville, et la création ou l'élargissement d'un grand nombre de voies aux abords.

Cette grande voie forme, avec les boulevards du Palais et de Saint-Michel qui lui font suite, et avec la rue de Rivoli qu'elle traverse perpendiculairement, le tronçon de toutes les voies nationales pénétrant dans Paris. — Elle sert de débouché aux chemins de fer du Nord et de l'Est, et constitue une voie rapide et sûre, pour les voitures et pour les piétons, qui ont, de chaque côté de la chaussée, deux larges contre-allées plantées de 8 mètres chacune.

Les voies aux abords ont été élargies ; d'autres voies ont été ouvertes, notamment aux abords des Halles et des Arts-et-Métiers, comme conséquence de la création du boulevard de Sébastopol.

Toute la partie de la Cité comprise entre les rues d'Arcole et de la Cité a été entièrement rasée. — On a remplacé les rues misérables de ce quartier par l'avenue de Constantine et le boulevard du Palais. — Ce dernier boulevard sert de trait d'union entre les boulevards Sébastopol et Saint-Michel, en formant avec ces derniers la grande ligne qui divise Paris du nord au sud, en deux parties à peu près égales.

DÉSIGNATION des LOCALITÉS	LONGUEUR.	LARGEUR			NATURE		SURFACE
		De la CHAUSSÉE.	Des TROTTOIRS.	TOTALE.	De la CHAUSSÉE.	Des TROTTOIRS.	
BOULEVARD ST-MICHEL, de la Seine au boulevard du Montparnasse	1.520	14 »	16 »	30 »	Mixte empierrem^t et pavage	Bitume	45.600
AVENUE DE L'OPÉRA	276	14 »	16 »	30 »	Mixte empierrem^t et pavage	Bitume	8.280

OBSERVATIONS

Avant les grands travaux de voirie présentement décrits, la circulation du nord au sud sur la rive gauche était desservie seulement par deux voies étroites et tortueuses présentant des pentes qui atteignaient jusqu'à $0^m,06$ par mètre.

On comprend par suite l'importance de l'ouverture (sur la rive gauche) du boulevard Saint-Michel, qui relie la Seine avec la ligne des grands boulevards intérieurs du Montparnasse, de Port-Royal, etc., et qui forme le prolongement des boulevards de Strasbourg, de Sébastopol et du Palais, sur la rive droite.

La plus forte pente du boulevard St-Michel est de $0^m,03$ par mètre, et la plus faible de $0^m,006$. — La chaussée avait été établie primitivement en empierrement, avec caniveaux pavés de $4^m,50$ sur toute sa longueur. — Depuis 1871, elle a été convertie en pavage, entre les quais et la rue Soufflot.

Annexes du boulevard Saint-Michel : place Saint-Michel, boulevard Saint-André et place de Médicis.

L'avenue de l'Opéra, qui doit relier les Tuileries au nouvel Opéra, est ouverte sur deux tronçons seulement.

Le premier tronçon, sur la place du Théâtre-Français, n'a que 125 mètres de longueur. — Le second tronçon, exécuté entre le boulevard des Capucines et la rue Louis-le-Grand, a 151 mètres.

Cette avenue, dont les deux extrémités seules sont exécutées, deviendra, lorsque les circonstances permettront de l'achever, [une voie magistrale traversant un quartier de luxe et de haut commerce.

DÉSIGNATION des LOCALITÉS	LONGUEUR.	LARGEUR			NATURE		SURFACE
		De la CHAUSSÉE	Des TROTTOIRS	TOTALE	De la CHAUSSÉE	Des TROTTOIRS	
Rue du Quatre-Septembre. .	549	12 »	8 »	20 »	Pavée	Granit	»
Rue de Turbigo.	1.164	12 »	8 »	20 »	Pavée	Granit	23.280
Rue du Pont-Neuf	540	12 »	8 »	20 »	Pavée	Granit	10.800
Rue des Halles.	»	12 »	8 »	20 »	Pavée	Granit	»
Avenue Victoria.	273	14 »	16 »	30 »	Pavée	Bitume	8.190

OBSERVATIONS

La rue du Quatre-Septembre a été ouverte entre la place de la Bourse et la place de l'Opéra, avec laquelle se raccorde l'avenue de l'Opéra dont il vient d'être parlé. — Cette voie met en communication les quartiers Vivienne et de la Chaussée-d'Antin avec la place de la Bourse.

Elle constitue ainsi une voie directe entre le boulevard et la place de la Bourse, centre de nombreuses et importantes affaires industrielles et commerciales; son exécution a présenté de sérieuses difficultés en ce qui concerne le raccordement avec le niveau des rues de Port-Mahon et Louis-le-Grand, situées en contre-bas de près de 1 mètre et qu'on ne pouvait remblayer sans s'exposer à payer des indemnités considérables.

La rue Turbigo relie les Halles centrales avec le boulevard du Temple. — Cette voie, d'une très-grande importance pour l'approvisionnement des Halles, traverse les quartiers les plus populeux des Ier, IIIe et IVe arrondissements, et elle fait suite à la rue du Faubourg-du-Temple.

Cette rue met en communication le Pont-Neuf et les Halles centrales. Sa création était indispensable pour faciliter l'approvisionnement de ce grand marché central.

La rue des Halles aboutit aux Halles centrales et au pont au Change, par la rue Saint-Denis élargie et la place du Châtelet ; elle est aussi d'une grande utilité pour les approvisionnements des Halles.

L'avenue Victoria est ouverte dans l'axe de l'Hôtel de Ville, parallèlement aux quais. — Elle s'arrête à la rue des Lavandières.

Elle facilite l'accès de l'Hôtel de Ville et de ses annexes, et elle complète la physionomie donnée au quartier par la rue de Rivoli, le boulevard de Sébastopol et le square Saint-Jacques.

Établie primitivement en empierrement avec caniveaux pavés, puis asphaltés, la chaussée de l'avenue Victoria a été convertie en pavage depuis 1871 .

DÉSIGNATION des LOCALITÉS	LONGUEUR.	LARGEUR			NATURE		SURFACE
		De la CHAUSSÉE	Des TROTTOIRS	TOTALE.	De la CHAUSSÉE	Des TROTTOIRS	
Rue Gay-Lus-sac.	680	12	8	20	Pavée	Granit et bitume	13.600
Rue des Feuil-lantines . .	610	12 »	8 »	20 »	Pavée	Granit et bitume	12.200

OBSERVATIONS

La rue Gay-Lussac commence au boulevard Saint-Michel, près de la rue Soufflot; elle pénètre, en coupant les rues Royer-Collard et Saint-Jacques, jusqu'au quartier du Val-de-Grâce. — La rampe moyenne est de $0^m,0195$ par mètre jusqu'à la rue Saint-Jacques, et de $0^m,0065$ au delà.

Près du boulevard Saint-Michel, les déblais ont atteint 4 mètres environ. Les fouilles ont mis à découvert les vestiges d'une villa romaine, dont on n'a retrouvé que les fondations ; le niveau de ces fondations correspondait avec celui de la voie romaine trouvée dans les déblais du boulevard Saint-Michel.

La rue des Feuillantines, dans sa partie neuve, fait suite à la rue Gay-Lussac; elle établit une communication directe entre les quartiers du Val-de-Grâce et Saint-Marcel, en traversant de grands terrains jadis improductifs et qui sont aujourd'hui couverts de belles constructions.

Les pentes de cette rue varient entre $0^m,016$ et $0^m,038$ par mètre. Les remblais exécutés ont atteint $3^m,90$ de hauteur à la rue de Lourcine.

L'ouverture de la rue des Feuillantines, indépendamment des communications qu'elle a établies entre les rues qu'elle traverse, a facilité l'accès direct de l'est à l'ouest entre les rues Mouffetard et Saint-Jacques, séparées l'une de l'autre par une distance de 750 mètres.

DÉSIGNATION des LOCALITÉS	LONGUEUR	LARGEUR			NATURE		SURFACE
		De la CHAUSSÉE	Des TROTTOIRS	TOTALE.	De la CHAUSSÉE	Des TROTTOIRS	
Rue Monge, de la place Maubert à l'avenue des Gobelins. . . .	1.340	12	8	20	Pavage	Granit et bitume	47.000 y compris la place Monge et les tronçons de voies nouvelles)

OBSERVATIONS

Sur la rive gauche de la Seine, la Montagne Sainte-Geneviève rend très-difficile l'ouverture de voies à pentes faciles, partant de la Seine, pour aboutir directement vers le Panthéon. Pour résoudre cette difficulté, on a créé, à l'ouest de la Montagne, les rues Gay-Lussac et des Feuillantines, dont il vient d'être parlé, et à l'est la rue Monge. Cet ensemble de voies constitue, avec une partie du boulevard Saint-Michel et de la rue des Écoles, une ceinture complète autour du point culminant et facilite toutes les communications, en reliant entre elles les voies anciennes et nouvelles.

La rue Monge commence à la place Maubert; elle contourne à l'est la Montagne Sainte-Geneviève, en s'enfonçant dans le versant situé au delà des Fossés-Saint-Victor, à une profondeur variant entre 6 et 9 mètres. A sa rencontre avec la rue Rollin, le déblai est de $6^m,60$; à la rue Lacépède, il est encore de $3^m,76$. C'est au droit de la caserne Mouffetard (où a été dégagée une place spacieuse appelée place Monge) que se trouve le point culminant de la rue Monge qui, depuis la place Maubert, s'élève avec des rampes variant de $0^m,002$ à $0^m,0328$ par mètre; elle descend l'autre versant par des pentes variant de $0^m,004$ à $0^m,0327$, jusqu'à sa jonction avec l'avenue des Gobelins, sur laquelle elle s'embranche symétriquement à la rue des Feuillantines.

Le tronçon de la rue Rollin, situé à droite de la rue Monge, a été raccordé avec celle-ci, au moyen d'un escalier monumental en granit, briques et pierres; le tronçon de gauche a été abaissé et raccordé par une rampe de $0^m,05$ avec la voie principale.

La rue Monge dégage, sur son passage, l'École Polytehnique, la prison Sainte-Pélagie, la caserne Mouffetard; à l'est, le marché des Patriarches et l'église Saint-Médard. Elle distribue l'air et la lumière dans un quartier où une population pauvre et nombreuse était autrefois entassée dans un dédale de petites rues étroites et malsaines.

Les dépenses totales pour la viabilité se sont élevées à 1,342,000 francs.

DÉSIGNATION des LOCALITÉS	LONGUEUR.	LARGEUR			NATURE		SURFACE
		De la CHAUSSÉE	Des TROTTOIRS	TOTALE.	De la CHAUSSÉE	Des TROTTOIRS	
RUE DES ÉCOLES, entre le boulevard St-Michel et la rue du Cardinal-Lemoine.	800 »	12 »	8 »	20 »	Mixte empierrem^t et pavage	Granit et bitume	20.000
BOULEVARD ST-GERMAIN. . .	1.725 »	14 »	16 »	30 »	Mixte empierrem^t et pavage	Bitume	56.750 (y compris les amorces et les élargissem^{ts}.)

OBSERVATIONS

La rue des Écoles continue la rue de l'École-de-Médecine ; elle met à la disposition du public et de la jeunesse qui fréquente les Écoles des communications directes avec tous les établissements utiles aux études. En effet, grâce à cette voie et à la rue Monge, on peut se rendre directement à l'École de Médecine, à la Clinique, au Collége de France, à l'École Polytechnique, au Jardin des Plantes, à la Pitié, etc.

La chaussée est formée d'un empierrement central de 5 mètres et de deux caniveaux de 3^m,50 chacun.

La dépense, entre les rues Jean-de-Beauvais et Saint-Nicolas-du-Chardonnet, s'est élevée à. . . . . Fr.   33.000 »

Cette grande ligne doit être, sur la rive gauche, l'équivalente de la ligne des boulevards intérieurs ; de la rive droite elle s'étendra, sans interruption, du pont de la Concorde au pont Saint-Germain en construction à l'extrémité de l'île Saint-Louis ; finalement, elle aboutira à la Bastille par le boulevard Henri IV, amorcé sur cette dernière place.

Jusqu'à présent, deux tronçons importants sont seulement achevés aux deux extrémités. Celui du Ve arrondissement s'étend jusqu'à la rue Hautefeuille dans le VIe arrondissement, et l'autre tronçon, dans le VIIe arrondissement, va du pont de la Concorde à la rue Saint-Dominique.

Les pentes varient entre 0^m,0033 et 0^m,0104 par mètre ; le point le plus élevé est à la rue Saint-Jacques.

Les revers pavés de la chaussée ont 4^m,50 chacun.

La dépense s'est élevée à. . . . . Fr.   1.103.000 »
pour terrassements, pavage, empierrement et asphalte de la voie proprement dite, entre le quai de la Tournelle et la rue Saint-Jacques dans le Ve arrondissement, et de la section ouverte dans le VIIe arrondissement.

L'ouverture de la rue de Solférino et les raccordements des voies adjacentes sont compris dans cette dépense.

DÉSIGNATION d.s LOCALITÉS	LONGUEUR	LARGEUR			NATURE		SURFACE
		De la CHAUSSÉE	Des TROTTOIRS	TOTALE	De la CHAUSSÉE	Des TROTTOIRS	
Boulevard de Port-Royal, entre le carrefour de l'Observatoire et l'avenue des Gobelins. . .	1.170	14 »	26 »	40 »	Mixte empierrem^t et pavage	Bitume	46.800

OBSERVATIONS.

La partie la plus peuplée et la plus commerçante de la **rive droite** de la Seine est limitée par un arc de cercle formé par la ligne des grands boulevards intérieurs et dont la corde est le fleuve lui-même; sur la rive gauche, la symétrique de cette ligne circulaire n'existait qu'en partie, parce que le tracé des boulevards des Invalides et du Montparnasse s'arrêtait au carrefour de l'Observatoire. Pour aller de ce carrefour au Jardin des Plantes, aux chemins de fer d'Orléans et de Lyon, et pour pénétrer dans le quartier Saint-Marcel, il fallait parcourir des rues étroites et tortueuses à pentes très-fortes. Il a donc été jugé utile de compléter la grande ligne des boulevards de la rive gauche par l'ouverture de voies importantes s'étendant entre le carrefour de l'Observatoire et le pont d'Austerlitz.

Le percement du boulevard du Port-Royal a été le point de départ de ces grands travaux; sa longueur est de 1,170 mètres; il forme trois alignements droits dont les sommets d'angle sont à la rue Saint-Jacques et à la rue de Lourcine.

Les pentes varient entre $0^m,0252$ et $0^m,012$ par mètre. La traversée de la vallée de la Bièvre a nécessité un remblai de 6 mètres à la rue de Lourcine, et un autre remblai de $5^m,88$ à la rue Pascal. Ces deux voies ont été franchies au moyen de deux ponts en fer.

Les trottoirs, le long des maisons, ont $3^m,50$. Chaque contre-allée sablée et plantée a $9^m,50$, et les caniveaux pavés de chaque côté de la chaussée ont 4 mètres chacun.

Les dépenses se sont élevées, savoir:

Pour déblais, trottoirs, empierrement,
pavage, à . . . . **Fr.** 822.000 » }
pour construction de deux ponts, à . . . 359.000 » }   1.181.000 »

DÉSIGNATION des LOCALITÉS	LONGUEUR	LARGEUR			NATURE		SURFACE
		De la CHAUSSÉE	Des TROTTOIRS	TOTALE	De la CHAUSSÉE	Des TROTTOIRS	
BOULEVARD ST-MARCEL, entre l'avenue des Gobelins et le boulevard de Port-Royal. .	830	14 »	26 »	40 »	Mixte empierrem^t et pavage	Bitume	33.200
BOULEVARD ARAGO, du boulevard St-Marcel à la place d'Enfer.	1.315	14 »	26 »	40 »	Mixte empierrem^t et pavage	Bitume	52.600
AVENUE DES GOBELINS, de la rue Mouffetard à la place d'Italie.	800	14 »	26 »	40 »	Mixte empierrem^t et pavage	Bitume	32.000

OBSERVATIONS.

Le boulevard Saint-Marcel forme la continuation du boulevard du Port-Royal; il suit un alignement droit, entre l'avenue des Gobelins et le boulevard de l'Hôpital, auquel il aboutit, vis-à-vis de la place de la Salpêtrière. L'ouverture du boulevard Saint-Marcel a complété la ligne des boulevards de la rive gauche; cette ligne est un arc de cercle dont une extrémité aboutit au pont d'Austerlitz et l'autre à l'esplanade des Invalides.

La chaussée est presque horizontale sur toute sa longueur, qui est de 830 mètres.

L'achèvement des boulevards Saint-Marcel et de Port-Royal a établi une communication facile et directe entre les Invalides et les chemins de fer de Versailles, de Sceaux, d'Orléans et de Lyon. Ces voies nouvelles donnent des débouchés à plus de 25 rues secondaires qu'elles traversent. Les trottoirs ont 3ᵐ,50, les contre-allées 9ᵐ,50, et les revers pavés 4 mètres.

Dépense de viabilité. . . . . Fr.   920.000   »

Le boulevard Arago, prolongement du boulevard Saint-Marcel, dans les XIIIᵉ et XIVᵉ arrondissements, a une chaussée de 14 mètres, dont 6 mètres d'empierrement et 8 de caniveaux; des trottoirs de 3ᵐ,50 le long des maisons, et des contre-allées sablées de 9ᵐ,50.

Cette voie est destinée, avec le boulevard de Port-Royal, à déterminer la transformation des quartiers traversés.

L'avenue des Gobelins met en communication les boulevards Arago, de Port-Royal, Saint-Marcel, les rues Mouffetard, des Feuillantines, Monge, Censier, Fer-à-Moulin, Pascal; elle fait suite à la route nationale n° 7.

Cette avenue a remplacé une partie de la rue Mouffetard; elle ne s'arrête qu'à la place d'Italie, en passant devant la manufacture des Gobelins.

DÉSIGNATION des LOCALITÉS	LONGUEUR	LARGEUR			NATURE		SURFACE
		De la CHAUSSÉE	Des TROTTOIRS	TOTALE.	De la CHAUSSÉE	Des TROTTOIRS	
Rue de Rennes, entre la rue de Vaugirard et la place de l'Abbaye	952	12 »	8 »	20 »	Pavage	Granit	19.040

OBSERVATIONS.

La rue de Rennes établit une communication directe entre le chemin de fer de l'Ouest (rive gauche) et la rive droite de la Seine; elle commence au boulevard Montparnasse, au droit de la gare du chemin de fer en question; elle aboutira au quai Conti, entre l'Institut et l'hôtel des Monnaies. Sur ce point, son raccordement avec la rive droite serait assuré par un pont construit en face la rue du Louvre.

La partie de la rue de Rennes, actuellement terminée et livrée à la circulation, se divise en deux sections distinctes, ouvertes à des époques assez éloignées l'une de l'autre : la première section, livrée à la circulation en 1854, s'étend du boulevard Montparnasse au carrefour formé par les rues du Regard, Notre-Dame-des-Champs et Vaugirard, sur une longueur de 432 mètres. La deuxième section, partant de ce même carrefour, s'arrête à la place de l'Abbaye, en empruntant la place Saint-Germain-des-Prés; sa longueur est de 952 mètres. Les travaux, commencés en octobre 1867, ont été complétement terminés le 10 août 1870.

A l'origine, la chaussée des deux sections était établie dans le système mixte des revers pavés avec chaussée centrale empierrée; mais depuis 1871, la partie empierrée a été supprimée et remplacée par un pavage.

La pente longitudinale de la première section est uniformément de $0^m,0188$ par mètre.

Le nivellement de la deuxième section présente d'abord une pente uniforme de $0^m,00177$, sur une longueur de $693^m,25$, depuis la rue de Vaugirard jusqu'à la rue du Four-Saint-Germain ; puis une rampe de $0^m,005$ de la rue du Four à la rencontre du boulevard Saint-Germain, sur une longueur de 179 mètres. La place Saint-Germain-des-Prés est traversée, jusqu'à la rue de l'Abbaye, avec une pente de $0^m,0164$.

L'adoption de ce nivellement a nécessité un déblai de $0^m,49$ à la rue Cassette, un déblai de $0^m,65$ à la rue du Vieux-Colombier, un remblai de $1^m,67$ à la rue du Four, et un remblai de $2^m,37$ à la rue Bernard-Palissy.

La dépense totale nécessitée par l'ouverture de la deuxième section de la rue de Rennes s'est élevée à . . . . Fr.   639.000   »

DÉSIGNATION des LOCALITÉS	LONGUEUR	LARGEUR			NATURE		SURFACE
		De la CHAUSSÉE	Des TROTTOIRS	TOTALE	De la CHAUSSÉE	Des TROTTOIRS	
Rue de Médicis							
Rue Bonaparte. . . .							
Rue de l'Abbé-de-l'Épée . .							
Rue I, à l'est de l'Avenue .	2.590	»	»	»	»	»	39.400
Rue J, à l'ouest de l'Avenue .							
Rue Lamé . .							
Rue Charles-Nodier . . .							
Rue de Stael							
Rue Augustin-Thierry . . .							

OBSERVATIONS.

Le palais et le jardin du Luxembourg occupaient autrefois une super-ficie fermée considérable, qui ne peut être évaluée à moins de 450,000 mètres carrés. Cet ensemble présentait, du nord au sud, une longueur de plus de 900 mètres ; sa largeur, de l'est à l'ouest, était d'environ 700 mètres, en y comprenant les maisons de la rue Madame et de la rue Monsieur-le-Prince qui se trouvaient enclavées dans le jardin. Cette situation constituait une entrave sérieuse pour la circulation des voitures et même pour celle des piétons, puisque cette immense surface était toujours inaccessible la nuit.

C'est en raison de cette gêne que fut conçu le projet de prolonger la rue de l'Abbé-de-l'Épée, entre le boulevard Saint-Michel et la rue d'Assas, et de créer, entre cette nouvelle rue et le carrefour de l'Observatoire, un quartier neuf, tout en conservant la grande avenue de l'Observatoire.

Le quartier neuf, dont il vient d'être question, forme un triangle limité au nord par la rue de l'Abbé-de-l'Épée prolongée, à l'ouest par la rue d'Assas, à l'est par le boulevard Saint-Michel ; ce triangle est traversé dans son milieu par la belle avenue de l'Observatoire. Perpendiculairement à cette avenue on a ouvert quatre rues à largeurs variables, de 12 à 20 mètres. Parallèlement à l'avenue, à droite et à gauche, on a établi deux rues bor-dées de plantations ; enfin, une dernière voie de 20 mètres a été tracée pour relier la rue de l'Abbé-de-l'Épée à la rue Carnot. Toutes ces rues sont pavées ; les trottoirs sont inachevés, sauf ceux qui longent le nouveau jar-din. Les chaussées, à droite et à gauche de l'avenue, sont en asphalte.

Ce quartier devant créer un vaste débouché au sud du Luxembourg, il a fallu compléter l'isolement du jardin par l'ouverture de la rue de Médicis, qui part de l'Odéon et qui aboutit au boulevard Saint-Michel, vis-à-vis la rue Soufflot ; elle a 26 mètres de largeur et 275 de longueur. Les trottoirs sont en bitume et ont 8 mètres chacun. La chaussée a 10 mètres, dont 5 d'em-pierrement et 5 de revers pavés. La pente unique est de $0^m,0242$ par mètre.

Le prolongement de la rue Bonaparte, entre la rue de Vaugirard et la rue Vavin, a complété autour du Luxembourg une ceinture non inter-rompue de voies larges, rendant la circulation très-facile dans tout le quar-tier. Longueur : 400 mètres ; largeur : 20 mètres, se divisant en une chaus-sée de 12 mètres et deux trottoirs de 4 mètres chacun. Pentes sur l'axe, variant entre $0^m,00766$ et $0^m,02$ par mètre.

Dépense { pour la rue Médicis. . . . . Fr. 197.000 } 819.000 francs.
{ pour les autres voies . . . . . . 622.000 }

DÉSIGNATION des LOCALITÉS	LONGUEUR	LARGEUR			NATURE		SURFACE
		De la CHAUSSÉE	Des TROTTOIRS	TOTALE	De la CHAUSSÉE	Des TROTTOIRS	
BOULEVARD LA-TOUR-MAU-BOURG, du pont des Invalides à l'avenue de Lamotte-Piquet.	1.030	12 »	14 »	26 »	Mixte empierrem^t et pavage	Bitume	27.300
AVENUE RAPP, entre le pont de l'Alma et le Champ de Mars	540	13 »	23 »	36 »	Mixte empierrem^t et pavage	Bitume	19.440
AVENUE BOS-QUET.	960	13 »	23 »	36 »	Mixte empierrem^t et pavage	Bitume	34.560
AVENUE DU-QUESNE . . .	635	13 »	23 »	36 »	Mixte empierrem^t et pavage	Bitume	22.860

OBSERVATIONS.

Le boulevard Latour-Maubourg, ouvert dans l'axe du pont des Invalides, se prolonge en ligne droite jusqu'à l'avenue de Tourville, derrière l'hôtel des Invalides. Sa largeur, de 26 mètres, se compose de deux trottoirs de 7 mètres, avec un rang d'arbres sur chacun, et d'une chaussée de 12 mètres, dont 5 d'empierrement et 7 de caniveaux pavés.

Dépense (terrassements, pavage et empierrement). . . Fr. 406.000 »

L'avenue Rapp met en communication le pont de l'Alma avec le Champ de Mars. Sa largeur, de 36 mètres, se décompose en deux trottoirs, longeant les maisons, de 3^m,50; deux contre-allées plantées de deux rangs d'arbres, 8 mètres.

Chaussée : 13 mètres { revers pavé de 4 mètres chacun . . . 8 mètres.
zone centrale en empierrement . . . 5 —

Dépense (terrassements, pavage et empierrement). . . Fr. 196.000 »

L'avenue Bosquet et l'avenue Duquesne forment une grande ligne qui, partant du pont de l'Alma, traverse le quartier de l'École-Militaire et celui des Invalides. L'avenue Bosquet occupe, par rapport à l'axe du pont de l'Alma, une position symétrique de celle de l'avenue Rapp. Elle a été construite très-hâtivement, en 1867, de manière à être terminée avant l'ouverture de l'Exposition universelle. L'avenue Duquesne, qui y fait suite, se termine actuellement à la rue Éblé; mais elle doit être prolongée jusqu'au boulevard des Invalides, en complétant la grande ligne de ceinture des boulevards de la rive gauche.

Ces deux voies ont une largeur de 36 mètres, ainsi décomposée :

Contre-allées { trottoirs longeant les maisons, 2 de 3^m,50   7^m,00 } 23 mètres.
contre-allées plantées de deux rangées d'arbres, 2 de 8 mètres. . . . . . . 16^m,00

Chaussée { caniveaux pavés de 4 mètres chacun . . 8^m,00 } 13 mètres.
chaussée macadamisée . . . . 5^m,00

Elles ont coûté,   { l'avenue Bosquet. . . . . Fr. 169.000 »
non compris les trottoirs: { l'avenue Duquesne . . . . 345.000 ▪

DÉSIGNATION des LOCALITÉS	LONGUEUR	LARGEUR			NATURE		SURFACE
		De la CHAUSSÉE	Des TROTTOIRS	TOTALE	De la CHAUSSÉE	Des TROTTOIRS	
AVENUES ABBÉ-LA-SALLE ET ST-FRANÇOIS-XAVIER . . .	330	55 »	30 »	85 »	Asphalte	Bitume	28.000
Prolongement des AVENUES DE SEGUR et DE SUFFREN .	715	14 »	26 »	40 »	Pavage	Bitume	28.600
RUE DE SOLFÉRINO.	320	12 »	8 »	20 »	Asphalte	Granit	6.400
Voies nouvelles ouvertes sur l'ancien Hospice DES MÉNAGES. . . .	500	7.20	4.80	12 »	Pavage	Bitume	6.000

OBSERVATIONS.

A l'avenue Duquesne se rattachent les voies entourant là nouvelle église Saint-François-Xavier, et les élargissements de chaussée opérés à cette occasion sur le boulevard des Invalides et l'avenue de Villars.

Dépense de terrassements, de pavage et d'empierrement Fr. 476.000 »

Les promenoirs sablés ont chacun $21^m,50$ de largeur, et sont comptés dans les dimensions ci-contre.

Dans le même quartier, les prolongements des avenues de Ségur et de Suffren ont été ouverts récemment. Ils ont donné lieu à une dépense de . . . . Fr. 294.000 »

La rue de Solférino (prolongement du pont du même nom) a été ouverte en même temps que le boulevard Saint-Germain qu'elle traverse.

Cette rue doit se continuer jusqu'au boulevard du Montparnasse, au débouché de l'avenue du Maine ; elle se termine actuellement à la rue Saint-Dominique. C'est une voie de 20 mètres, en asphalte comprimé, avec trottoirs de 4 mètres et chaussée de 12 mètres.

La dépense spécialement faite pour cette rue est comprise dans l'ensemble des frais occasionnés par l'ouverture du boulevard Saint-Germain.

Il convient de signaler ici l'ouverture des voies de lotissement tracées sur l'emplacement de l'ancien hospice des Ménages, et qui ont coûté. . . . . Fr. 112.000 »

DÉSIGNATION des LOCALITÉS	LONGUEUR	LARGEUR			NATURE		SURFACE
		De la CHAUSSÉE	Des TROTTOIRS	TOTALE	De la CHAUSSÉE	Des TROTTOIRS	
BOULEVARD MALESHERBES- entre la Madeleine et la porte d'Asnières	2.640	14 »	20 »	34 »	Mixte empierrem^t et pavage	Bitume	90.000
Raccordement des voies ad- jacentes au BOULEVARD MALESHERBES.	3.500	7.20	4.80	12 »	Pavage	Granit et bitume	42.000
RUE VÉZELAY.	172 »	7.20	4.80	12 »	Pavage	Granit	2.064
Voies de déga- gement du nouveau MAR- CHÉ DE L'EU- ROPE	491 »	7.20	4.80	12 »	Pavage	Granit et bitume	5.892

OBSERVATIONS.

Le boulevard Malesherbes s'étend de la place de la Madeleine à la porte d'Asnières. Il part de la place de la Madeleine, en suivant une direction symétrique à celle des anciens boulevards.

Sa largeur totale, qui est de 34 mètres, se compose de deux trottoirs de 10 mètres chacun et d'une chaussée de 14 mètres, formée elle-même d'une zone centrale en macadam de 9 mètres, et de deux caniveaux pavés de 2^m,50 chacun. La voie est pourvue de deux rangées d'arbres.

L'ouverture du boulevard Malesherbes a entraîné l'abaissement de tout le quartier qu'elle traverse : des déblais considérables ont été effectués, tant pour le percement de l'artère principale que pour le raccordement des voies adjacentes, à droite et à gauche. Ces déblais ont atteint, en plusieurs points, jusqu'à 15 mètres de hauteur, et tout l'espace compris entre le boulevard Malesherbes, le boulevard Haussmann, la rue de Courcelles et le parc Monceau a été complétement rasé, nivelé et reconstruit à neuf.

La dépense, dans le VIII° arrondissement, s'est élevée à Fr.   1.702.000   »

Celle des îlots compris entre les voies dans le quartier ci-dessus mentionné s'est élevée à . . . . Fr.   2.143.000   »

Les raccordements des voies adjacentes, ou plutôt la reconstruction de ces voies après abaissement du quartier (rues Malesherbes, de Miroménil, de Monceaux, de Rovigo, de Lisbonne, de Téhéran, de Naples et Delaborde), ont coûté . . . . Fr.   1.618.000   »

Enfin les voies neuves se rattachant à cette opération sont les suivantes :
Rue Vézelay. . . . . Dépense Fr.   98.000   »

Rues de dégagement du nouveau Marché de l'Europe . . 781.000   »

DÉSIGNATION des LOCALITÉS	LONGUEUR	LARGEUR			NATURE		SURFACE
		De la CHAUSSÉE	Des TROTTOIRS	TOTALE	De la CHAUSSÉE	Des TROTTOIRS	
Abords du Parc Monceau. . .							
Avenue de Messine.	400 »	14 »	16 »	30 »	Mixte empierremt et pavage	Bitume	12.000
Avenue de la Reine - Hortense. . . .	800 »	13 »	23 »	36 »	Mixte empierrems et pavage	Bitume	28.800

OBSERVATIONS.

Le parc Monceau, qui est aujourd'hui l'une des plus belles promenades de Paris, était autrefois une propriété privée. — Sur le parcours de l'ancien parc ont été détachés des terrains destinés à permettre l'ouverture de voies nouvelles et à recevoir des constructions. Le parc a maintenant quatre entrées : une sur le boulevard de Courcelles, une sur le boulevard Malesherbes, les deux autres aux extrémités de deux voies nouvelles créées spécialement pour aboutir à cette promenade.

L'avenue de Messine part de la porte sud du parc et aboutit sur le boulevard Haussmann, à peu de distance du carrefour Saint-Augustin. — Elle forme à peu près la limite ouest du quartier, qui a été entièrement déblayé par suite de l'ouverture du boulevard Malesherbes.

La chaussée, de 14 mètres, est formée d'une zone centrale en macadam, de 6 mètres, et de deux caniveaux pavés, de 4 mètres chacun. — La voie est pourvue de deux rangées d'arbres. La dépense s'élève à Fr.   206.000   »

L'avenue de la Reine-Hortense relie la porte ouest du parc Monceau à l'Arc-de-Triomphe de l'Etoile; c'est l'une des douze voies magistrales rayonnant à partir de la place de l'Étoile. La largeur totale de 36 mètres se décompose en :

2 trottoirs de 3^m,50 chacun.	7^m,00	
2 contre-allées de 8 mètres chacune .	16^m,00	36 mètres.
1 zone centrale d'empierrement. . . .	5^m,00	
2 caniveaux pavés de 4 mètres chacu.	8^m,00	

La dépense s'est élevée à. . . . . Fr.   361.000   »

DÉSIGNATION des LOCALITÉS.	LONGUEUR.	LARGEUR			NATURE		SURFACE.
		De la CHAUSSÉE.	Des TROTTOIRS.	TOTALE.	De la CHAUSSÉE.	Des TROTTOIRS.	
RUE DE COURCELLES, élargie à 20 mètres et prolongée jusqu'au boulevard extérieur . . .	450	12 »	8 »	20 »	Mixte empierrem[t] et pavage	Granit et bitume	9.000
RUE DE LISBONNE prolongée.	250	9 »	6 »	15 »	Pavage	Granit et bitume	3.750
RUE DE VIGNY.	145	9 »	6 »	15 »	Pavage	Granit et bitume	2.175
RUES DE REMBRANDT ET MURILLO. . .	496	7 20	4 80	12 »	Pavage	Granit	5.952
BOULEVARD HAUSSMANN ET AVENUE FRIEDLAND							
AVENUE FRIEDLAND	670	14	26	40	Mixte empierrem[t] et pavage	Bitume	26.800

OBSERVATIONS.

Les voies ci-contre forment les abords du parc Monceau. — La dépense de ces voies s'est élevée à . . . . Fr.   242.000   »
Voies de lotissement, dont la dépense s'est élevée à. . Fr.   152.500   »

Cette grande voie, qui part de l'Arc-de-Triomphe et qui est actuellement ouverte jusqu'à la rue Taitbout, est destinée à être prolongée jusqu'au carrefour de la rue de Richelieu et des boulevards intérieurs, où elle formera le prolongement direct du boulevard Montmartre. Elle met ainsi la partie médiane des boulevards intérieurs en communication directe avec l'Arc-de-Triomphe et le bois de Boulogne, de même qu'à l'autre extrémité de Paris le boulevard Voltaire forme également une ligne de communication directe avec la barrière du Trône et le bois de Vincennes.

L'avenue Friedland est l'une des douze voies rayonnant à partir de la place de l'Étoile. Sa largeur totale est de 40 mètres, composée de deux trottoirs de 3^m,50 chacun, deux contre-allées de 9^m,50 chacune, deux caniveaux pavés de 4 mètres chacun et de 6 mètres de chaussée macadamisée. Elle a coûté. . . . . Fr.   371.000   »
Les raccordements des voies latérales (quartier Beaujon, rue du Bel-Respiro, déblais de terrains) ont coûté . . . . Fr.   185.000   »

DÉSIGNATION des LOCALITÉS	LONGUEUR	LARGEUR			NATURE		SURFACE
		De la CHAUSSÉE	Des TROTTOIRS	TOTALE	De la CHAUSSÉE	Des TROTTOIRS	
BOULEVARD HAUSSMANN, entre le Faubourg-Saint-Honoré et la rue Taitbout.	2.281	14 »	16 »	30 »	Mixte empierrem¹ et pavage	Bitume	66.650
RUE DE BERRI, prolongée . .	180	7.20	4.80	12 »	Pavage	Granit et bitume	2.160
RUE DE LA BAUME. . . .	315	7.20	4.80	12 »	Pavage	Bitume	3.780
RUE DE LA PÉPINIÈRE, élargie à 20 mètres.	350	12 »	8 »	20 »	Pavage	Granit et bitume	7.000
RUES D'ANJOU, DE L'ARCADE ET NEUVE-DES-MATHURINS . .	225	7.20	4.80	12 »	Pavage	Granit et bitume	2.700

OBSERVATIONS.

Le boulevard Haussmann présente une largeur de 30 mètres, se décomposant en deux trottoirs bitumés et plantés, de 8 mètres chacun, et en une chaussée de 14 mètres, composée d'une zone empierrée de 6 mètres et de deux revers pavés de 4 mètres chacun.

Les dépenses se décomposent de la manière suivante :

1° Entre le Faubourg-Saint-Honoré et la rue du Havre. (Terrassements, pavage et empierrement.) . . . . Fr. 1.477.000 »

2° Entre les rues du Havre et Caumartin. (Viabilité et assainissement.) . . . . 60.000 »

3° Entre les rues Caumartin et de la Chaussée-d'Antin. (Viabilité, assainissement et éclairage.) . . . . 378.000 »

4° Entre les rues de la Chaussée-d'Antin et Taitbout. (Viabilité, assainissement et éclairage.) . . . . 186.000 »

Les dépenses ci-dessus s'appliquent, indépendamment du boulevard proprement dit, à un certain nombre de voies adjacentes, savoir :

Rue de Berri , prolongée ;

Rue de la Baume ;

Rue de la Pépinière, élargie ;

Prolongements des rues d'Anjou, de l'Arcade et Neuve-des-Mathurins.

DÉSIGNATION des LOCALITÉS	LONGUEUR	LARGEUR			NATURE		SURFACE
		De la CHAUSSÉE	Des TROTTOIRS	TOTALE	De la CHAUSSÉE	des TROTTOIRS	
RUE DE ROME, entre le boulevard Pereire et le boulevard Haussmann. . . .	1.645	12 »	8 »	20 »	Empierrée et pavée	Granit	32.900
RUE DE VIENNE (prolongée). .	75	7.20	4.80	12 »	Pavage	Granit et bitume	900
RUE DE COPENHAGUE. . . .	90	7.20	4.80	12 »	Pavage	Granit	1.080
RUES ANDRIEUX ET BERNOUILLI	265	7.20	4.80	12 »	Pavage	Granit	3.180
RUE longeant le BASSIN MONCEAU	90	6.60	3.40	10 »	Pavage	Granit	900
RUES DE MOSCOU, CLAPEYRON ET MOSNIER	700	7.20	4.80	12 »	Pavage	Granit et bitume	8.400

OBSERVATIONS.

La rue de Rome est destinée à relier le quartier des Batignolles à celui de la Madeleine. Elle a été ouverte à travers le quartier de l'Europe, qui a subi, par suite de ce percement, d'importantes modifications. — Cette voie s'étend du boulevard Haussmann au boulevard Pereire, en longeant le chemin de fer de l'Ouest (rive droite).

Cette opération a nécessité de nombreux raccordements : l'ancienne place de l'Europe, sous laquelle passait le souterrain du chemin de fer, est aujourd'hui remplacée par un vaste pont métallique établi par la Compagnie de l'Ouest. Au point de vue de l'art, ce pont est l'un des plus remarquables de Paris. Il forme, à lui seul, une place de dimensions plus restreintes que l'ancienne et sur laquelle s'ouvrent les amorces de six voies rayonnantes. . . . . Dépense. . Fr. 101.000 »

Trois de ces voies, coupées par la rue de Rome avec un fort déblai, ont donné lieu à des travaux de raccordements s'élevant à Fr. 190.000 »

Des déblais ont été aussi effectués dans des terrains riverains pour une somme de . . . . Fr. 322.000 »

Dans le VIIIe arrondissement, les percements des voies nouvelles suivantes ont été la conséquence de ces divers travaux :

Rue de Vienne prolongée . . . . Dépense . . Fr. 80.000 »

Rue de Copenhague. . . . . » . . Fr. 50.000 »

Rues Andrieux et Bernouilli, entourant les nouveaux bâtiments du collège Chaptal. . . . . Dépense. . . Fr. 98.000 »

Rue longeant le bassin de Monceau (voie de lotissement). Fr. 36.000 »

Rues de Moscou, Clapeyron et Mosnier (voie de lotissem[t]). Fr. 238,000 »

DÉSIGNATION des LOCALITÉS	LONGUEUR	LARGEUR			NATURE		SURFACE
		De la CHAUSSÉE	Des TROTTOIRS	TOTALE	De la CHAUSSÉE	Des TROTTOIRS	
RUES DE MADRID ET PORTALIS .	530	9	6	15	Pavage	Granit et bitume	7.950
RUE DE BRUXELLES . . .	190	7.20	4.80	12	Pavage	Granit et bitume	2.280
QUARTIER DE CHAILLOT . .	»	»	»	»	»	»	»
AVENUE JOSÉPHINE. . . .	945	14	26	40	Mixte empierrem^t et pavage	Bitume	37.800

OBSERVATIONS.

Rues de Madrid et Portalis, mettant en communication directe la place de l'Europe et le boulevard Malesherbes. Dépense . . Fr. 210.000 »

Rue de Bruxelles (actuellement rues Larribe et de Florence) Fr. 33.000 »

Ces deux dernières voies passent à 7 mètres en contre-bas de la rue du Rocher, dont l'ancien niveau a été conservé ; un pont métallique, à poutres droites, couvrant le carrefour des rues de Madrid et Portalis, et un escalier latéral mettent ce carrefour en communication avec la rue du Rocher, ont coûté. . . . . Fr. 181.000 »

Ce quartier, comme celui du boulevard Malesherbes, a subi, par suite des percements qui y ont été effectués, une transformation radicale : à l'exception de la rue Marbeuf, qui est encore à son ancien niveau, tout l'espace compris entre la rue de Chaillot et le quai a été considérablement exhaussé, de manière à former des pentes régulières ; et les remblais ainsi effectués ont atteint, en certains points, jusqu'à 14 mètres de hauteur.

Les principales voies nouvelles sont l'avenue Joséphine et l'avenue de l'Alma, qui relient le pont de l'Alma à l'Arc-de-Triomphe et à l'avenue des Champs-Élysées.

L'avenue Joséphine forme, dans sa partie haute, l'une des douze avenues rayonnant à partir de la place de l'Étoile ; puis, par deux déviations d'alignements, elle aboutit à la place de l'Alma, sur laquelle elle a un débouché commun avec l'avenue de l'Empereur.

Sa largeur, de 40 mètres, se décompose en deux trottoirs de 3^m,50, deux contre-allées sablées et plantées de 9^m,50 et en une chaussée de 14 mètres formée d'une zone en empierrement de 6 mètres, et de deux revers pavés de 4 mètres chacun.

Elle a coûté, pour terrassement, pavage et empierrement. Fr. 430.000 »

DÉSIGNATION des LOCALITÉS	LONGUEUR	LARGEUR			NATURE		SURFACE
		De la CHAUSSÉE	Des TROTTOIRS	TOTALE	De la CHAUSSÉE	Des TROTTOIRS	
AVENUE DE L'ALMA . . .	775	14 »	26 »	40 »	Mixte empierrem[t] et pavage	Bitume	31.000
RUE DE MORNY, entre l'avenue des Champs-Élysées et l'avenue de l'Empereur .	850	12 »	8 »	20 »	Pavage	Granit et bitume	17.000
RUE FRANÇOIS-PREMIER. . .	870	7.20	4.80	12 »	Pavage	Bitume	10.440
RUE D'ALBE. .	170	7.20	4.80	12 »	Pavage	Granit	2.040
RUES NOUVELLES, sur l'emplacement de Ste-Périne. .	965	7.20	4.80	12 »	Pavage	Granit	11.580

OBSERVATIONS.

L'avenue de l'Alma, ouverte dans l'axe du pont de l'Alma, s'étend, suivant un seul alignement droit, de la place de l'Alma à l'avenue des Champs-Élysées. Même profil en travers que celui de l'avenue Joséphine.

La rue de Morny, ouverte en même temps que l'avenue de l'Alma, s'étend de l'avenue des Champs-Élysées à l'avenue de l'Empereur. — Cette voie fait suite à la grande ligne formée par les rues Saint-Lazare, de la Pépinière et Abbatucci.

L'avenue de l'Alma et la rue de Morny (VIIIe arrondissement) ont coûté (pavage, empierrement et terrassements) . . . . Fr. 577.000 »

La rue François-Ier relie le pont des Invalides à la partie haute de l'avenue de l'Alma, et, par suite, à l'avenue des Champs-Élysées. L'établissement de cette voie a coûté, pour terrassements et pavage. Fr. 243.000 »

Elle passe au-dessus de la rue et de l'avenue Marbeuf, au moyen de deux ponts à poutres droites de 8 mètres d'ouverture. Ces ponts et les murs de soutènement qu'il a fallu établir, sur une certaine longueur de la rue, pour éviter d'empiéter sur les terrains riverains, ont coûté. Fr. 257.000 »

Enfin, il a été ouvert, dans le quartier de Chaillot, des voies de lotissement de 12 mètres de largeur, savoir :

Rue d'Albe, entre la rue François-Ier et l'avenue des Champs-Élysées. Dépense . . . . Fr. 40.000 »

Rues nouvelles sur l'emplacement de l'ancien hospice Sainte-Périne, entre les avenues de l'Alma et Joséphine. Dépense. . Fr. 151.000 »

DÉSIGNATION des LOCALITÉS	LONGUEUR	LARGEUR			NATURE		SURFACE
		De la CHAUSSÉE	Des TROTTOIRS	TOTALE	De la CHAUSSÉE	Des TROTTOIRS	
Avenue de l'Empereur, de la place de l'Alma à la porte de la Muette . . .	2.700	18 »	22 »	40 »	Mixte empierrem^t et pavage	Bitume	99.000
Avenue d'Iéna, entre l'Arc-de-Triomphe et la rue de Passy	1.413	13 »	23 »	36 »	Mixte empierrem^t et pavage	Bitume	40.000
Avenue du Roi-de-Rome, entre l'Arc-de-Triomphe et la place du Roi-de-Rome. . .	1.406	14 »	26 »	40 »	Mixte empierrem^t et pavage	Bitume	44.000
Avenue d'Ey-lau, de l'Arc-de-Triomphe à la porte de la Muette . .	1.900	13.30	10 »	23.30	Mixte empierrem^t et pavage	Bitume	44.000

OBSERVATIONS.

L'avenue de l'Empereur forme le prolongement du Cours-la-Reine, vers le bois de Boulogne, en traversant tout le quartier de Chaillot, et notamment la place du Roi-de-Rome. Elle se compose de deux trottoirs de 6 mètres, de deux chaussées de 9 mètres chacune et d'un plateau central sablé et planté, de 10 mètres.

L'exécution de cette avenue a présenté de grandes difficultés de nivellement et a exigé des mouvements de terre extrêmement importants.

L'avenue d'Iéna part de l'Arc-de-Triomphe, traverse le quartier de Chaillot par une section d'alignements dont le dernier coupe le Trocadéro par une ligne parallèle au quai. — A sa rencontre avec la rue de Morny et l'avenue de l'Empereur, on a formé une vaste place rectangulaire de 170 mètres de longueur et 70 de largeur. — Tout l'espace compris entre cette place et le Trocadéro est occupé par la direction des phares.

Cette avenue part de l'Arc-de-Triomphe de l'Étoile et aboutit à la place du Roi-de-Rome. — C'est une grande voie formant un seul alignement droit d'une longueur totale de 1,100 mètres, — l'une des douze grandes avenues rayonnant à la place de l'Étoile.

L'avenue d'Eylau établit une communication directe, à travers le quartier de Chaillot, entre l'Arc-de-Triomphe et la porte de la Muette. — Elle suit un seul alignement droit ayant 1,900 mètres de longueur. Elle est le prolongement de l'avenue de la Reine-Hortense.

DÉSIGNATION des LOCALITÉS	LONGUEUR	LARGEUR			NATURE		SURFACE
		De la CHAUSSÉE	Des TROTTOIRS	TOTALE	De la CHAUSSÉE	Des TROTTOIRS	
BOULEVARD DE MAGENTA, entre la place du Château-d'Eau et l'ancienne barrière Poissonnière	1.950	14 »	16 »	30 »	Pavage	Bitume	54.340
BOULEVARD ORNANO, du boulevard Rochechouart à la porte de Clignancourt. .	730 »	14 »	16 »	30 »	Mixte empierrem[t] et pavage	Bitume	21.900
PLACE DU NOUVEL OPÉRA, à l'est des boulevards	76 »	50 »	10 »	60 »	Pavage	Granit	3.200
RUE GLUCK . .	154 »	12 »	8 »	20 »	Pavage	Granit et bitume	2.900
— MEYERBEER	105 »	12 »	8 »	20 »	Pavage	Granit et bitume	2.000
— HALÉVY. .	269 »	13 »	8 »	21 »	Pavage	Granit et bitume	3.700
— AUBER . .	528 »	12 »	8 »	20 »	Pavage	Granit et bitume	8.640
— SCRIBE . .	348 »	14 »	8 »	22 »	Pavage	Granit et bitume	8.636

OBSERVATIONS.

Le boulevard Magenta forme la suite du boulevard Ornano (qui traverse tout le XVIIIe arrondissement, de l'ancienne barrière Poissonnière à la porte de Clignancourt). Il aboutit sur la place du Château-d'Eau en traversant le Xe arrondissement. Le boulevard Magenta met en communication les chemins de fer du Nord et de l'Est avec ceux de Vincennes, de Lyon et d'Orléans ; il dégage plusieurs établissements importants et un très-grand nombre de voies secondaires.

Le boulevard Ornano, faisant suite au boulevard de Magenta, dégage les chemins de fer du Nord et de l'Est, à travers le XVIIIe arrondissement.

Cette voie aboutit à la porte de Clignancourt et à la route départementale n° 20.

Le dégagement des abords du nouvel Opéra n'a pu se faire qu'au prix de très-grands sacrifices, en raison de la valeur des immeubles de ce quartier. — Les rues indiquées ci-contre sont toutes en communication avec le boulevard Haussmann ou la rue Lafayette, et la rue Auber forme, en outre, une ligne directe avec la rue de Rome prolongée et aboutit ainsi au chemin de fer de l'Ouest (rive droite).

DÉSIGNATION des LOCALITÉS	LONGUEUR	LARGEUR			NATURE		SURFACE
		De la CHAUSSÉE	Des TROTTOIRS	TOTALE	De la CHAUSSÉE	Des TROTTOIRS	
Rue Lafayette entre le Faubourg-Poissonnière et la rue de la Chaussée-d'Antin . . .	1.270 »	12 »	8 »	20 »	Pavage	Granit	24.000

OBSERVATIONS.

La route nationale n° 3 pénétrait dans Paris en empruntant la rue d'Allemagne et la rue Lafayette jusqu'à la rue du Faubourg-Poissonnière. — L'accroissement énorme de circulation produit par les chemins de fer du Nord et de Strasbourg rendait absolument nécessaire le prolongement de la rue Lafayette jusqu'au boulevard Haussmann et jusqu'au nouvel Opéra.

Le percement de cette voie, dans un quartier fort riche, a nécessité de très-grandes dépenses en expropriations d'immeubles et en indemnités de raccordements. — Il a présenté de grandes difficultés d'exécution, par suite de la nature du sol et des questions contentieuses à résoudre.

A cette opération se rattache la création du square Montholon, qui a nécessité des déblais fort considérables, ainsi que l'ouverture des rues de 12 mètres (Mayran, Rochambeau et Baudin).

L'une des conséquences de l'ouverture de la nouvelle rue Lafayette a été l'abaissement de la partie ancienne de cette rue, entre le Faubourg-Poissonnière et le Faubourg-Saint-Denis. — Une grande portion des immeubles en bordure a été déchaussée, et il a fallu payer des indemnités importantes aux propriétaires et locataires.

La rue Lafayette est l'une des voies les plus fréquentées de Paris; elle absorbe la circulation principale entre les chemins de fer du Nord et de l'Est et celui de l'Ouest, soit par les rues de Châteaudun et Saint-Lazare (élargie), soit par le boulevard Haussmann et la rue de Rome.

Une partie de la chaussée de la nouvelle rue a été établie en empierrement; mais on a dû le remplacer par du pavage, afin de réduire les dépenses d'entretien, qui étaient considérables.

La dépense pour viabilité, assainissement et éclairage s'est élevée à . . . . Fr.   1.600.000   »

DÉSIGNATION des LOCALITÉS.	LONGUEUR.	LARGEUR			NATURE		SURFACE.
		De la CHAUSSÉE.	Des TROTTOIRS.	TOTALE.	De la CHAUSSÉE.	Des TROTTOIRS.	
RUE DE MAUBEUGE, entre les rues du Faub.-Montmartre et Rochechouart. .	440	9 60	6 40	16 »	Pavage	Granit	8.879
RUE DE CHATEAUDUN. . .	839	12 »	8 »	20 »	Pavage	Granit	15.400
RUES HIPPOLYTE-LEBAS, CHORON ET MILTON . . .	530	7 20	4 80	12 »	Pavage	Granit	5.640
RUE SAINT-LAZARE, élargie entre la rue de la Chaussée-d'Antin et la rue du Havre.	398	12 »	8 »	20 »	Pavage	Granit	7.950
RUE DE MAUBEUGE, entre la rue Rochechouart et le boulevard de Magenta. . .	1.060	9 60	6 40	16 »	Pavage	Granit	14.664
AVENUE DES AMANDIERS, de la place du Château-d'Eau au cimetière du Père-Lachaise. . . .	224	14 »	8 »	30 »	Mixte empierrem^t et pavage	Bitume	6.720

OBSERVATIONS.

L'ensemble des percements indiqués ci-contre a constitué une seule opération dont la dépense pour viabilité, assainissement
et éclairage ressort à. . . . . Fr. 1.122.000 »
Il suffit de jeter les yeux sur un plan de Paris pour voir de quelle utilité sont ces percements pour la circulation générale. — En effet, la rue de Maubeuge établit une communication facile entre les gares du Nord et de l'Ouest, en traversant en diagonale une partie du IXe arrondissement.

La rue Saint-Lazare ne pouvant plus suffire à l'accroissement de circulation produit par les percements des rues de Maubeuge, Lafayette et Châteaudun, a dû être portée à 20 mètres, au prix de très-grands sacrifices d'argent.

La rue de Châteaudun relie la rue Saint-Lazare à la rue Lafayette, en complétant la ligne de communication entre les gares du Nord, de l'Est et de l'Ouest (rive droite).

Enfin, les rues Hippolyte-Lebas, Choron et Milton facilitent des communications locales très-utiles et forment le dégagement des établissements publics projetés en ce point.

Cette opération comprend, en outre, l'ouverture des rues Baudin, Condorcet, de Belzunce et d'Abbeville.

La rue Baudin, partant de la rue Lafayette, passe sous la rue Bellefond, au moyen d'un pont métallique.

La dépense de cette partie de la rue de Maubeuge et de ses annexes s'est élevée à . . . . Fr. 782.000 »

L'une des cinq grandes voies aboutissant à la place du Château-d'Eau. — Elle traverse une grande partie du XIe arrondissement, pour aboutir au cimetière du Père-Lachaise. — Elle s'arrête actuellement au boulevard Richard-Lenoir.

| DÉSIGNATION des LOCALITÉS. | LONGUEUR. | LARGEUR | | | NATURE | | SURFACE. |
		De la CHAUSSÉE.	Des TROTTOIRS.	TOTALE.	De la CHAUSSÉE.	Des TROTTOIRS.	
BOULEVARD VOLTAIRE, de la place du Château-d'Eau à la place du Trône. . . .	2.932	14 »	16 »	30 » et 40 »	Mixte empierrem^t et pavage	Bitume	90.000
BOULEVARD RICHARD-LENOIR, de la place de la Bastille à l'avenue des Amandiers .	1.460	28 »	32 »	60 »	Mixte pavage et empierrem^t	Bitume	87.600
AVENUE DAUMESNIL . . .	3.030	14 »	8 » et 26 »	30 » et 40 »	Mixte pavage et empierrem^t	Bitume	99.000
BOULEVARD MAZAS, entre le chemin de fer de Vincennes et la place du Trône. . . .	1.280	14 »	17 80	31 80	Mixte pavage et empierrem^t	Bitume	37.500

OBSERVATIONS

Le boulevard Voltaire met Vincennes en communication directe avec la caserne du Prince-Eugène, sur la place du Château-d'Eau, les boulevards intérieurs, la rue de Turbigo et le boulevard de Magenta.

Sa largeur est de 30 mètres sur 2,742, et de 40 mètres sur 210 vers la place du Trône. La chaussée comporte une zone centrale empierrée de 6 mètres et deux revers pavés de 4 mètres chacun.

Le boulevard Richard-Lenoir a été établi sur le canal Saint-Martin. Il comporte deux chaussées de 14 mètres chacune, avec revers pavés de 3 mètres, deux trottoirs le long des maisons, ayant ensemble 6 mètres de largeur, et, enfin, un promenoir central sablé et planté de 32 mètres.

L'avenue Daumesnil se détache de la rue de Lyon, vers la gare de Vincennes, longe ce chemin de fer jusqu'à la rue de Charenton, s'infléchit ensuite à droite, dans la direction de la porte de Picpus, par laquelle elle pénètre dans le bois de Vincennes.

Sa largeur est de 30 mètres entre la rue de Lyon et la place Daumesnil, et de 40 mètres au delà.

Voie importante de communication entre la place du Trône et les chemins de fer de Lyon et d'Orléans.

Sa largeur est de 31^m,80, dont 14 mètres de chaussée empierrée, avec revers pavés de 4 mètres chacun et 17^m,80 de contre-allées.

Le boulevard Mazas traverse le XIIe arrondissement et dégage les chemins de fer désignés ci-dessus, l'hospice Sainte-Eugénie, la caserne de Reuilly et la prison Mazas.

DÉSIGNATION des LOCALITÉS	LONGUEUR	LARGEUR			NATURE		SURFACE
		De la CHAUSSÉE	Des TROTTOIRS.	TOTALE	De la CHAUSSÉE	Des TROTTOIRS	
Rue Michel-Bizot, de la porte de Charenton au Cours de Vincennes. . . .	1.680	12 »	8 »	20 »	Pavage	Bitume	33.600
Rue de Puébla, de la rue Michel - Bizot à la rue Lafayette	4.080	12 »	8 »	20 »	Pavage	Bitume	81.600
Rue Vera-Cruz de la rue de Puebla à la rue de Crimée	860	14 »	10 »	24 »	Pavage	Bitume	20.640
Rue de Mexico, de la rue de Puebla à la porte de Pantin	1.800	12 »	8 »	20 »	Pavage	Bitume	36.000
Avenue Philippe-Auguste, de la place du Trône au boulevard Ménilmontant	1.040	14 »	16 »	30 »	Mixte empierrem^t et pavage	Bitume	31.200

OBSERVATIONS

Cette voie suit à peu près parallèlement le chemin de fer de Ceinture, sur deux alignements droits dont le sommet d'angle est à l'avenue Daumesnil. — Ce percement établit des communications très-utiles dans le XIIe arrondissement.

La rue de Puébla fait suite à la précédente et aboutit à la rue Lafayette, après avoir traversé les XIXe et XXe arrondissements.
Cette voie dégage un très-grand nombre de rues secondaires.

La rue Vera-Cruz se détache de la rue de Puebla au parc des Buttes-Chaumont et limite ce parc jusqu'à la rue de Crimée.

La rue Mexico a le même point de départ que la précédente ; elle contourne le parc, à l'ouest, et se raccorde avec la route d'Allemagne à la porte de Pantin.

L'avenue Philippe-Auguste a été ouverte sur des terrains non bâtis, entre la place du Trône et le boulevard de Ménilmontant, dont elle forme le prolongement.

DÉSIGNATION des LOCALITÉS.	LONGUEUR.	LARGEUR			NATURE		SURFACE.
		De la CHAUSSÉE.	Des TROTTOIRS.	TOTALE.	De la CHAUSSÉE.	Des TROTTOIRS.	
Avenue du Prince-Jérome, de l'Arc de-Triomphe de l'Etoile à la place Pereire.	1.087	13 » et 14 »	23 » et 16 »	36 » et 30 »	Mixte empierrem^t et pavage	Bitume	35.000
Boulevard de Villiers, du boulevard extérieur de Courcelles à la porte de Champerret. .	1.775	14 »	16 »	30 »	Mixte empierrem^t et pavage	Bitume	53.250
Avenue de Wagram, de l'avenue des Ternes à la porte d'Asnières. .	1.480	14 »	16 »	30 »	Mixte empierrem^t et pavage	Bitume	44.400
Boulevard Pereire, de la rue de Rome à l'avenue de la Grande-Armée et au boulevard Gouvion-St-Cyr .	2.400	10 » et 14 »	14 » et 26 »	24 » et 40 »	Mixte empierrem^t et pavage	Bitume	53.600

OBSERVATIONS.

L'une des douze voies magistrales partant de l'Arc-de-Triomphe correspondant à l'avenue d'Iéna.

Cette voie traverse une partie du XVIIe arrondissement, qui n'était pourvue jusque-là que de rues ne suffisant plus à l'accroissement de la circulation.

Elle aboutit à une station du chemin de fer de Ceinture. — Sa largeur est de 36 mètres, de la place de l'Étoile à l'avenue des Ternes, et de 30 mètres au delà.

Ce boulevard fait suite à la rue de Constantinople, traverse le XVIIe arrondissement en coupant sur son passage les avenues de Wagram et du Prince-Jérôme, la place Pereire, et aboutit à la porte de Champerret, en suivant l'alignement du boulevard Bineau.

L'une des douze avenues partant de la place de l'Étoile et construite anciennement jusqu'à l'avenue des Ternes a été prolongée jusqu'à la porte d'Asnières, où elle se réunit au boulevard Malesherbes en débouchant place Wagram. — Elle correspond, au nord de l'Arc-de-Triomphe, à l'avenue du Roi-de-Rome au sud.

Le boulevard Pereire, suivant latéralement le chemin de fer d'Auteuil, au nord et au sud, forme ainsi deux voies distinctes.

La largeur de chaque voie est de 20 mètres sur 1,000 mètres de longueur, de la rue de Rome à la place Pereire, et de 12 mètres de cette place à l'avenue de la Grande-Armée et au boulevard Gouvion-Saint-Cyr.

| DÉSIGNATION des LOCALITÉS. | LONGUEUR. | LARGEUR | | | NATURE | | SURFACE. |
		De la CHAUSSÉE.	Des TROTTOIRS.	TOTALE.	De la CHAUSSÉE.	Des TROTTOIRS.	
BOULEVARDS EXTÉRIEURS .	19.300	»	»	»	Empierrem^t et pavage	Bitume	815.000

OBSERVATIONS

Les chemins de ronde et les boulevards extérieurs de l'ancienne enceinte ont été réunis et transformés presque entièrement en un seul boulevard à doubles chaussées, séparées par un promenoir central sablé et planté de deux rangées d'arbres.

Les boulevards d'Italie et Saint-Jacques ont 70 mètres de largeur. — Le boulevard d'Enfer 38^m,40.

Le boulevard de Vaugirard, 56 mètres sur une partie de sa longueur.

Tous les autres boulevards ont 42 mètres.

Sur quelques-uns de ces boulevards, les deux chaussées sont pavées; sur d'autres, l'une des chaussées est en empierrement.

Ces chaussées ont 9 mètres; les trottoirs, le long des maisons, 3^m,50, et le promenoir central 17 mètres.

N^{os} **626** et **627** du catalogue français.

VOIE PUBLIQUE, VOIRIE, SERVICE VICINAL..

M. HUBERT, Chef de Division, M. JARRY, Chef de Division.

PONT DE LA RUE DE LOURCINE

DONNANT PASSAGE AU BOULEVARD DE PORT-ROYAL.

MODÈLE ET DESSIN.

Auteurs : MM. Vaissière, ❀, ingénieur en chef ; — Buffet, ❀, ingénieur ordinaire ; — Joret, constructeur.

La disposition de l'ancien sol du quartier Saint-Marcel et son affaissement près la rivière de Bièvre ne permettaient de franchir la vallée de ce cours d'eau, par le boulevard de Port-Royal, qu'à des hauteurs considérables au-dessus des voies qui y étaient établies. La traversée de ces voies en remblai aurait eu pour conséquence, ou leur interception ou l'expropriation d'une grande partie des immeubles qui les constituaient. Cette solution aurait nécessité une dépense considérable en même temps qu'elle aurait eu pour effet immédiat de donner au boulevard de Port-Royal une pente relativement excessive (la pente actuelle varie de 0^m,01 à 0^m,02).

Le système des ponts paraissant préférable à tous les points de vue, les ouvrages d'art établis, l'un sur la rue

Pascal, l'autre sur la rue de Lourcine, furent exécutés en 1867.

Pont sur la rue de Lourcine. — Fondations. — Maçonnerie.

Les fondations des culées sont au plus de 3 mètres de profondeur ; elles sont installées sur l'emplacement d'anciennes caves. Les maçonneries ont été assises sur une couche générale de béton de 1 mètre d'épaisseur ; elles sont faites en moellons durs et en mortier de chaux hydraulique. Leur parement est en moellons piqués d'appareil régulier ; des bandeaux en pierre de taille règnent à la naissance des arcs des fermes. — Les socles des culées sont revêtus d'un parement en pierre de taille ; il en est de même des encadrements des enfoncements ménagés aux extrémités des culées pour recevoir quatre urinoirs à stalles ; les rampants des escaliers sont également en pierre dure, et leurs marches sont en pierre de Château-Landon.

Ossature métallique.

L'ossature métallique du pont est constituée des parties principales suivantes :

1° Dix-sept fermes métalliques de 12 mètres d'ouverture normale et de 1^m,50 de flèche. — Chacune de ces fermes est formée d'un arc en fer à double **T** et d'un tympan rigide composé de montants en fer spéciaux jumelés, raidis et maintenus par un treillis en fer plat, qui assure la solidarité des trois parties de la ferme. — Quatre de ces arcs s'appuient par l'intermédiaire de sabots en fonte, permettant un calage régulier ; les longerons reposent librement sur la partie supérieure des culées, au moyen de deux cornières accolées à l'âme de la pièce et destinées à augmenter la surface de contact. Les treize autres fermes sont assemblées avec une poutre métallique ;

2° Cette poutre métallique a pour but de permettre à la lumière du jour de pénétrer sous le pont par l'orifice des escaliers. — Dans ce but, le parement des culées est reculé de toute la largeur des escaliers et, sur toute leur longueur, la poutre dont il vient d'être question repose sur des colonnes en fonte. — Elle est reliée aux culées par des entre-toises métalliques ;

3° Les fers destinés à supporter les voûtes en briques, dans la partie qui recouvre l'escalier, sont à double **T** reposant d'une part sur la poutre, d'autre part sur le haut des culées ;

4° Onze cours de poutrelles transversales, en forme de double **T**, reçoivent à leurs extrémités les parties de la corniche sur laquelle sont fixés les montants du garde-corps. — Ces poutrelles reposent directement sur les longerons des fermes intermédiaires et viennent s'assembler en bout sur les fermes de rive ; cette disposition a eu pour but de donner un aspect plus satisfaisant à l'ensemble, en augmentant la surface des tympans en treillis des fermes de rive ;

5° Les pièces d'entretoisement et de contre-ventement, telles que croix de Saint-André verticales, sont en fer à simple **T**, les barres d'écartement ou entretoises sont en fer à double **T** ;

6° Aux extrémités du pont, un garde-corps en fer se raccordera aux angles des maisons contiguës, quand ces maisons seront construites. — Un garde-corps de même modèle entoure l'entrée des escaliers sur le boulevard.

Chaussées.

Les voûtes destinées à supporter la chaussée sont en briques de 0^m,11 d'épaisseur et recouvertes d'une chape en ciment. La chaussée est constituée d'une couche de béton de 0^m,30 d'épaisseur recouverte d'une couche d'asphalte comprimé de 0^m,05.

Escaliers.

Les escaliers sont établis parallèlement à la rue de Lourcine; leur développement est pris suivant la longueur des culées; à chacune d'elles correspondent deux escaliers qui ont un palier commun au niveau de la rue de Lourcine. Les marches, au nombre de 38 par escalier, sont en pierre de Château-Landon, et les rampants en pierre de roche dure.

L'ossature métallique a été établie en vue de supporter les voûtes en brique recouvertes d'une chaussée de 0^m,35 d'épaisseur moyenne, et aussi le passage d'un cylindre à vapeur de 30 tonnes. Les pièces en fer ont été calculées de façon à ce que, sous les charges précitées, le travail d'aucune d'entre elles ne dépasse 6 kilogrammes par millimètre carré de section.

Dépense.

La dépense totale, pour la construction du pont de Lourcine, s'est élevée à la somme de 194,700 francs.

Savoir :

1° Maçonneries, partie métallique, peinture Fr. 193,300
2° Urinoirs.   1,400

Total égal . . . . . . Fr. 194,700

Épreuves.

Pour faire les épreuves, on a employé un rouleau compresseur du poids de 31,100 kilogrammes que l'on a fait passer lentement, d'abord sur le milieu de la chaussée, puis sur les côtés : 1re épreuve, sur l'axe, flèche maxima 3^m/^{m}, flèche conservée 0^m/^{m}5 ; 2e épreuve, sur le côté droit, maxima 6^m/^{m}, flèche conservée 1^m/^{m} ; 3e épreuve, sur le côté gauche, maxima 5^m/^{m}, flèche conservée 0^m/^{m}8.

Comme on le voit, les flèches conservées par les fermes, aussitôt après le passage du rouleau, étaient très-faibles ; toutefois, on a cru devoir maintenir ce rouleau pendant quatorze heures sur le pont ; mais pendant tout ce temps la flèche constatée sans variation appréciable fut de 3^m/^{m} 1/2 ; après le départ du rouleau, la flèche conservée n'était plus que de 1/2 millimètre seulement.

En résumé, toutes ces épreuves ont donné, dans leur ensemble, le plus satisfaisant résultat.

La construction des ponts de Lourcine a été confiée à la maison Joret, à Paris.

Nº **628** DU CATALOGUE FRANÇAIS

MACHINE BALAYEUSE

SPÉCIMEN

Auteurs : MM. VAISSIÈRE, ❊, ingénieur en chef, médaille de mérite (Vienne 1873) ; — GRÉGOIRE, ❊, ingénieur ordinaire, médaille de mérite (Vienne 1873) ; — BLOT, constructeur et inventeur, médaille de progrès (Vienne 1873).

La machine balayeuse Tailfer-Blot a été inventée par M. Tailfer, en 1864, mais elle n'a été employée d'une manière générale qu'après de longs et minutieux essais dirigés par :

M. MICHAL, inspecteur général des Ponts et Chaussées et directeur du service municipal ;

M. HOMBERG, ingénieur en chef des Ponts et Chaussées et de la voie publique de Paris ;

MM. BUFFET et VAISSIÈRE, ingénieurs ordinaires des Ponts et Chaussées et de la voie publique, à Paris.

Cette machine est très-simple et d'un fonctionnement régulier. Elle occupe peu d'espace et se compose d'un bâti à deux roues, traîné par un cheval, avec un siége destiné au cocher ; à l'arrière se trouve l'appareil balayeur, composé d'un rouleau incliné, de $1^m,85$ de longueur, armé de brins de piazzava affectant une forme hélicoïdale.

Le mouvement est imprimé directement au rouleau balayeur par une roue dentée montée sur l'essieu, parallèlement à l'une des roues, engrenant avec un pignon conique fixé à l'extrémité de ce rouleau.

La mise en travail et le relevage du balai se font à l'aide d'un embrayage et d'une vis sans fin dont le levier et la manivelle sont placés bien à la main du cocher.

La machine s'emploie par tous les temps, et aussi bien sur les chaussées pavées que sur celles en empierrement et en asphalte. La boue recueillie est poussée de pas en pas de l'hélice du balai et rejetée sur la chaussée, où elle forme un tas continu. Ces tas sont repris par un second parcours de la balayeuse et repoussés successivement de $1^m,60$ à chaque passage jusqu'à ce qu'ils soient ramenés sur le bord du caniveau.

L'appareil entier pèse 750 kilogrammes. Un seul cheval suffit à sa traction.

La vitesse de la balayeuse est celle du pas du cheval ; elle balaie une superficie de 5,500 mètres à l'heure.

Le travail d'un homme est de 550 mètres à l'heure.

Une machine équivaut donc à dix ouvriers, mais dix ouvriers toujours prêts, toujours dociles, toujours exacts et qu'aucune température n'arrête.

La machine Tailfer-Blot coûte . . . . . .Fr. 1.000   »

Son entretien annuel revient à   200   »
indépendamment du renouvellement du rouleau-brosse.

Ce rouleau, du prix de 70 francs, dure de 160 à 180 heures.

Cette machine rend d'excellents services à Paris, et elle est très-appréciée du public.

N° **629** du Catalogue français

TONNEAU D'ARROSEMENT

MODÈLE

Auteurs : MM. Vaissière, ✳, ingénieur en chef ; — Grégoire, ✳, ingénieur ordinaire ; — Sony, constructeur et inventeur.

N° **630** du Catalogue français

CYLINDRE COMPRESSEUR A VAPEUR

POUR CYLINDRAGE DES CHAUSSÉES D'EMPIERREMENT, ACTUELLEMENT
EMPLOYÉ POUR LE SERVICE MUNICIPAL DE PARIS

Exécuté au 1/10.

Auteurs : MM. Vaissière, ✳, ingénieur en chef; — Allard, ingénieur ordinaire; — Gellerat, constructeur et inventeur.

L'appareil à vapeur pour cylindrage des matériaux d'empierrement employé sur les chaussées macadamisées de Paris, a été inventé par M. Ballaison, en 1860, et perfectionné par MM. Gellerat et Cie, qui l'exploitent.

La machine repose sur deux rouleaux compresseurs en fonte, indépendants l'un de l'autre, et disposés de manière que leurs axes puissent être rendus convergents; ce qui permet à l'appareil de décrire des courbes. On peut ainsi, sans difficultés, lui faire suivre un parcours quelconque, lorsqu'on veut le transporter d'un point à un autre et le faire changer constamment de piste dans le mouvement de va-et-vient qu'on lui imprime, pour le cylindrage des matériaux répandus sur les chaussées.

Dans les machines construites en dernier lieu par MM. Gellerat et Cie, la chaudière, à foyer pendant, est surmontée de l'appareil moteur consistant en deux cylindres à vapeur accouplés qui commandent, au moyen de deux manivelles, un arbre situé à la partie supérieure de la machine près de l'une de ses extrémités. Cet arbre, parallèle aux axes des rouleaux compresseurs, transmet le mouvement, par l'intermédiaire d'un arbre oblique et de deux engrenages coniques, à un autre arbre qui lui est parallèle et qui est situé à la partie inférieure de la machine entre les deux rouleaux compresseurs. Ce dernier arbre actionne les rouleaux compresseurs, au moyen d'un pignon qui met en mouvement deux arbres latéraux parallèles sur lesquels sont calés des pignons conduisant chacun une chaîne de Galles. Chacune de ces chaînes transmet le mouvement à une roue dentée tournant librement autour de l'essieu de l'un des rouleaux compresseurs. Une tige cylindrique de fort diamètre qui traverse le rouleau de part en part, parallèlement à son essieu, et qui est invariablement fixée à ce rouleau, se prolonge jusqu'à la roue de la chaîne et pénètre dans un coussinet solidement relié au bras de cette roue. Cette tige, désignée par le constructeur sous le nom de *toc*, permet à la roue à chaîne de transmettre le mouvement au rouleau, quelle que soit la position qu'il occupe, lorsqu'on fait converger les essieux. Cette convergence s'obtient de la manière suivante : du côté de la machine où s'opèrent les transmissions de mouvement au moyen de chaînes de Galles et du toc, l'essieu de chaque rouleau est fixé au bâti par une rotule sphérique. Du côté opposé, la machine repose sur chaque essieu par l'intermédiaire de deux galets, et les essieux sont reliés l'un à l'autre par une tige horizontale terminée à ses deux extrémités par deux vis sans fin à filets inverses ; au milieu de cette tige se trouve un engrenage conique qui lui imprime un mouvement de rotation et que le mécanicien peut actionner à la main, au moyen d'une manivelle située sur la plate-forme. Ce mécanisme permet d'écarter ou de rapprocher les extrémités mobiles des essieux, tandis que les autres extrémités, dont l'écartement est invariable, tournent simplement dans leurs rotules. Quant au toc, qui reste toujours parallèle à l'essieu, son déplacement angulaire est rendu possible au moyen d'un évasement ménagé dans le coussinet de la roue à chaîne dans lequel il pénètre, et la transmission de mouvement entre la roue à chaînes et le rouleau continue ainsi à s'effectuer sans difficulté par l'intermédiaire du toc.

En vertu du marché que MM. Gellerat et Cie ont passé avec la Ville de Paris, pour six ans, à partir du 1er février 1872, ils doivent tenir six machines à la disposition du service municipal. Ils en ont sept qui sont de trois modèles différents :

Machines grand modèle pesant 30 tonnes ;

— moyen modèle, pesant 24 tonnes ;

— petit modèle pesant 18 tonnes (1).

Le cylindrage est rétribué en raison composée du poids de la machine et de la distance utile parcourue.

La tonne kilométrique est payée 0 fr. 50 pour les

---

(1) Le tableau suivant donne les principales dimensions de ces trois modèles :

INDICATION du modèle	POIDS moyen	DIAMÈTRE des cylindres	LONGUEUR de génératrice	ÉCARTEMENT des axes des cylindres (2 d)	LONGUEUR du bâti	LARGEUR du bâti (2 l)	DISTANCE parcourue pour un degré du compteur	COURSE maximum des galets de déviation des axes (2 e)	RAYON MINIMUM de giration		OBSERVATIONS
									côté gauche (R)	côté droit (R')	
Grand Modèle	30^t400	1^m450	1^m 900	1^m500×2	6^m250	2^m 700	1^m767	0^m440	19^m76	17^m06	Les rayons de giration sont déterminés par l'axe longitudinal de la machine, d'après les formules ci-dessous :
Moyen Modèle	24^t050	1 450	1 500	1 644×2	6 000	2 200	1 767	0 420	18 32	16 12	
Petit Modèle	18^t000	1 200	1 400	1 360×2	5 200	1 900	1 342	0 380	14 55	12 65	$R = 1 \times \dfrac{2\,d + e}{e}$ $R' = 1 \times \dfrac{2d - e}{e}$

400,000 premières tonnes, et 0 fr. 35 pour les suivantes, faites dans une même année.

Le poids de chaque machine est déterminé une fois pour toutes et inscrit sur la machine.

L'espace parcouru se détermine au moyen d'un compteur indiquant le nombre de tours des rouleaux.

Les nombreux cylindrages exécutés dans Paris démontrent que le nombre de tonnes kilométriques nécessaire pour cylindrer, avec une même machine, un mètre cube de matériaux de même espèce, semble être à peu près indépendant de l'épaisseur du rechargement, lorsque celle-ci ne sort pas des limites ordinaires, c'est-à-dire reste comprise entre $0^m,05$ et $0^m,15$. Du moins, les variations de ce nombre de tonnes kilométriques sont sans corrélation avec les variations d'épaisseur et paraissent provenir surtout de la diversité d'appréciations des agents qui dirigent les cylindrages sur le moment où la prise des matériaux peut être considérée comme complète.

Cette diversité ne permet pas de tirer des documents statistiques recueillis des conclusions rigoureusement exactes en ce qui concerne la comparaison des machines des différents modèles. Toutefois, les résultats moyens d'un grand nombre d'opérations sont résumés dans le tableau suivant.

[[Page number]]

NATURE des MATÉRIAUX.	CUBE des matériaux.	SURFACE cylindrée.	ÉPAISSEUR DU RECHARGEMENT.	CUBE DE SABLE TOTAL.	CUBE DE SABLE PAR MÈTRE CUBE DE matériaux.	LONGUEUR DE génératrice DU cylindre.	POIDS DES MACHINES TOTAL.	POIDS DES MACHINES PAR MÈTRE courant de génératrice du cylindre.	NOMBRE DE KILOMÈTRES PARCOURUS.	SURFACE développée PAR LES CYLINDRES.	NOMBRE DE PASSAGE DE CYLINDRES.	NOMBRE D'HEURES DE CYLINDRAGE.	VITESSE rapportée AU TEMPS TOTAL employé.
(1)	(2)	(3)	(4)	(5)	(6)	(7)	(8)	(9)	(10)	(11)	(12)	(13)	(14)
MACHINES GRAND													
Porphyre . .	10.000	109.708	0.091	2.105	0.21	3.80	30t.4	8t.00	2.579 k 638	9.346.624	85	737	3.500
Meulière. . .	4.055	49.862	0.084	658	0.16	3.80	30.4	8.00	963 059	3.684.510	74	292	3.298
Caillou . . .	»	»	»	»	»	»	»	»	»	»	»	»	»
TOTAUX ET MOYENNES . .	14.055	159.570	0.087	2.763	0.20	3.80	30t.4	8t.00	3.542.697	13.041.134	82	1.029	3.443
MACHINES MOYEN													
Porphyre . .	4.526	41.603	0.108	1.079	0.24	3.00	24t.»	8t.00	1.564 k 745	4.694.233	112	386	4.053
Meulière. . .	9.859	113.834	0.086	1.599	0.16	3.00	24.»	8.00	3.401 433	10.204.295	89	860	3.955
Caillou . . .	4.408	60.316	0.073	735	0.16	3.00	24.»	8.00	1.397 304	4.191.903	69	330	4.230
TOTAUX ET MOYENNES . .	18.793	215.771	0.087	3.404	0.19	3.00	24t.»	8t.00	6.363 479	19.090.433	89	1.576	4.038
MACHINES PETIT													
Porphyre . .	2.037	28.147	0 072	4.»	0.22	2.80	17.1	6.100	762k 554	2.435.152	75	229	3.334
Meulière. . .	3.496	49 967	0 069	608	0.17	2.80	16.6	6.000	1.306 075	3.657.008	73	411	3.180
Caillou. . .	2.613	26.590	0.098	439	0.15	2.80	16.4	5.80	1.010 792	2.830.172	106	330	3.063
TOTAUX ET MOYENNES . .	8.446	104.704	0.077	1.460	0.18	2.80	16.6	6.00	3.079k 421	8.623.332	82	970	3.175
CYLINDRES A													
Porphyre . .	431	6.465	0.067	129	0.29	1.29	5.2	4.00	462.748	592.761	92	278	1.664
Meulière. . .	9.888	125 072	0.079	2.152	0.22	1.15	5.9	5.10	7.538.030	8.561.769	68	4.694	1.844
Caillou . . .	3.066	55.863	0.055	663	0.21	1.15	5.7	5.00	2.520.382	2.892.546	53	1.364	1.717
TOTAUX ET MOYENNES. .	13.385	187.400	0.071	2.944	0.22	1.20	5.6	4.70	10.521.160	12.047.076	64	5.736	1.834

| CUBE cylindré PAR TONNE ET PAR HEURE | NOMBRE DE TONNES KILOMÉTRIQUES EMPLOYÉES | | | DÉPENSE | | | | PRIX DE REVIENT | | OBSERVATIONS |
| | TOTAL. | par mètre carré | par mètre cube | DE cylindrage | DE main-d'œuvre | DE fourniture DE SABLE | TOTALE | par mètre carré | par mètre cube | |
(15)	(16)	(17)	(18)	(19)	(20)	(21)	(22)	(23)	(24)	(25)
MODÈLE.										
0.446	78.421	0.71	7.84	41.112 46	23.393 46	9.682 63	74.188 55	0 68	7 42	Col. 11 $=$ Col. 10 $\times$ Col. 7.
0.465	29.477	0.59	7.27	15.214 22	7.969 08	3.027 64	26.210 94	0.52	6.46	Colonne 12 $= \dfrac{\text{Colonne 11.}}{\text{Colonne 3.}}$
»	»	»	»	»	»	»	»	»	»	Colonne 14 $= \dfrac{\text{Colonne 10.}}{\text{Colonne 13}}$
0.449	107.898	0 68	7.67	56.326 68	31.362 34	12.710 27	100.399 49	0.63	7.14	Colonne 15 $= \dfrac{\text{Colonne 2.}}{\text{Col. 8} \times \text{Col. 14.}}$ Col. 19 $=$ Col 16 $\times$ 0,50 $+$ les frais de barrage et de gardiennage.
MODÈLE.										
0.480	37.478	0.90	8.29	19.578 19	8.977 52	4.954 20	33.509 91	0.80	7.44	
0.479	81.378	0.71	8.25	42.825 51	22.496 57	7.343 08	72.665 16	0.64	7.36	
0.559	33.424	0.55	7.58	16.574 16	5.739 73	3.378 70	25.692 59	0.42	5.83	
0.499	152.280	0.76	8.11	78.977 86	37.243 82	15.645 98	131.837 66	0.61	7.29	
MODÈLE.										
0.539	13.035	0.46	6.40	7.221.17	7.317.00	1.898.42	16.436 59	0.58	8.07	
0.510	21.769	0.45	6.23	12.141.09	6.751.11	2.795.88	21.698 08	0.42	6.20	
0.490	16.317	0.61	6.25	8.344.83	5.280.85	2.609.05	16.434 73	0.60	6.46	
0.506	31.421	0.50	6.25	28.207.09	19.348.96	6.713.35	54.269 40	0.52	6.66	
CHEVAUX.										
0.297	2.446	0.38	5.67	1.337.22	1.441.08	499.79	3.278 09	0.51	7.61	
0.413	44.116	[illegible]	4.46	19.636.26	18.647.62	9.898.28	48.182 46	0.38	4.91	
0.389	14.549	0.26	4.71	6.674.33	7.459.08	3.051.64	16.885 05	0.29	5.33	
0.417	61.111	0.33	4.56	27.647.81	27.247.78	13.449.71	68.345 30	0.36	5.03	

Il paraît ressortir de ce tableau que les machines du plus petit modèle sont les plus avantageuses, c'est-à-dire que pour obtenir un même résultat, il faut moins de tonnes kilométriques avec ces machines qu'avec celles d'un des modèles supérieurs.

Quant au cylindrage par les chevaux, il semble, d'après le tableau qui précède, être plus économique que le cylindrage à vapeur ; mais il y a lieu de remarquer que, dans les opérations dont ce tableau est le résumé, les cylindrages à vapeur ont été exécutés de nuit, tandis que la plupart des cylindrages par les chevaux ont été effectués pendant le jour ; le prix de revient de ces derniers cylindrages devrait donc être augmenté dans une certaine mesure, pour tenir compte de la différence entre le travail de nuit et le travail de jour. Malgré cette correction, une légère différence subsisterait encore en faveur du cylindrage par les chevaux, sous le rapport de l'économie; mais le cylindrage à vapeur présente des avantages inappréciables pour des voies très-fréquentées comme celles de Paris, parce qu'il permet d'obtenir un résultat plus complet avec une rapidité beaucoup plus grande et en imposant une gêne beaucoup moindre à la circulation. Aussi, le cylindrage par les chevaux n'est plus employé que dans des circonstances tout à fait exceptionnelles, et l'appareil à vapeur de MM. Gellerat et Cie est désormais exclusivement affecté au cylindrage de la presque totalité des rechargements sur les voies empierrées de Paris.

PONTS

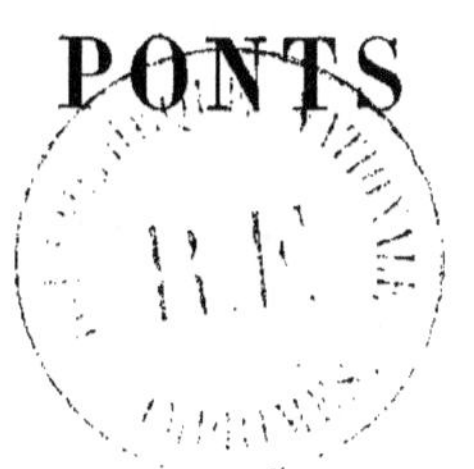

N° **631** DU CATALOGUE FRANÇAIS

PONTS DE BILLANCOURT ET DE COURBEVOIE

ALBUMS.

Auteur du projet : M. LEGRAND, ingénieur civil, médaille
de mérite (Vienne, 1873).

Collaborateur : M. BELLOM, ✳, agent voyer en chef du département
de la Seine.

N° **632** DU CATALOGUE FRANÇAIS

PONT DE SURESNES

ET CONSTRUCTIONS SUR LA SEINE

MODÈLE EN RELIEF.

Auteur du projet : M. LEGRAND, ingénieur civil.

Collaborateur : M. DE FONTANGES, ✳, ingénieur des Ponts et Chaussées.

N° **633** DU CATALOGUE FRANÇAIS

CINQ PHOTOGRAPHIES DANS UN CADRE.

1° PONTS DE BILLANCOURT, DEUX PROJETS : GRAND ET PETIT
BRAS DE LA SEINE ;

2° PONT DE CHENNEVIÈRES (SUR LA MARNE) ;

3° PONT DE COURBEVOIE : MONTAGE DU PONT, ÉLÉVATION
GÉNÉRALE, DESSOUS DU PONT.

Auteur des projets : M. LEGRAND, ingénieur civil.

Collaborateurs : MM. DE FONTANGES, ✳, et PHILIPPE, ingénieurs des
Ponts et Chaussées.

N° **634** du Catalogue français

PONTS CONSTRUITS EN FRANCE

PAR LE SERVICE VICINAL

NOMENCLATURE.

Auteur : M. LEGRAND, ingénieur civil.

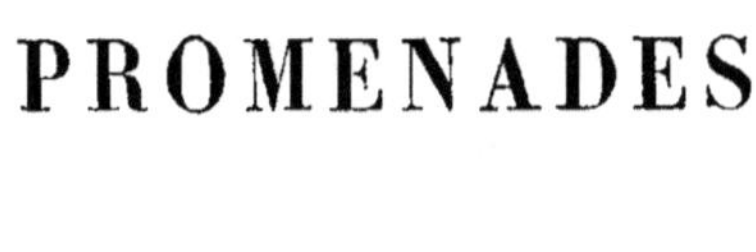

PROMENADES

Renseignements généraux.

PROMENADES DE PARIS

Le programme adopté pour satisfaire, sous le rapport des promenades, aux besoins de la capitale agrandie jusqu'aux fortifications, a consisté à créer quatre grandes promenades, aux quatre points cardinaux attenant à la périphéric, en dehors ou en dedans de l'enceinte, savoir :

Le bois de Boulogne,

Le bois de Vincennes,

Le parc des Buttes-Chaumont,

Le parc de Montsouris ;

Puis à développer ou à créer au moins un jardin ou un square dans chaque arrondissement de Paris.

Ce programme, aujourd'hui exécuté, donne à la population, *en dehors des quatre grandes promenades*, un ensemble de soixante-douze emplacements couverts de végétaux et qui ne présente pas moins d'une surface de 570,662^{mq} 32, soit plus de 57 hectares.

Bois de Boulogne.

Le bois de Boulogne a été cédé par l'État à la Ville de Paris, en vertu d'une loi du 8-13 juillet 1852.

La superficie, entièrement en forêts, avec quelques routes droites, était, à l'époque de la cession, de 676 hectares ; mais, par suite d'acquisitions et de ventes de parties se trouvant en dehors du périmètre primitif, la surface a été portée à 873 hectares.

La longueur totale des allées est de 95 kilomètres, celle des ruisseaux de 9 kilomètres, et celle de la canalisation d'eau, pour l'alimentation des lacs et l'arrosement des routes et pelouses, de 70,700 mètres. Le nombre des bouches d'eau est de 1,915.

Le volume des eaux employées par jour, en été, pour l'arrosement, est de 7,000 mètres cubes, et celui des eaux employées à l'alimentation des lacs et cascades, de 8,000 mètres cubes.

Les dépenses se sont élevées à 16,206,253 fr. 50 c.; mais la Ville a vendu pour 10,401,483 fr. 84 c. de terrains et a reçu de l'État une subvention de 2,110,313 fr. 27 c., ce qui a réduit à 3,694,255 fr. 94 c. les dépenses à sa charge.

La transformation du bois de Boulogne a été entreprise en 1853 et terminée en 1858.

Bois de Vincennes.

Le bois de Vincennes a subi une transformation analogue à celle du bois de Boulogne. On a acquis, pour la réunir à cette promenade, la partie des plaines de Bercy et de Saint-Mandé comprise entre les anciennes limites du bois et le mur d'enceinte des fortifications de Paris. Le bois de Vincennes, comme le bois de Boulogne, commence aux portes de Paris.

Les travaux, entrepris en 1858, sont terminés depuis 1864.

Les pièces d'eau du bois de Vincennes sont alimentées et l'arrosage est fait au moyen des eaux de la Marne, élevées, sur le plateau de Gravelle, par une turbine placée dans la chute des moulins de Saint-Maur.

La surface du bois est de 921 hectares.

La longueur totale des routes et allées est de 70,053 mètres ; celle de la canalisation d'eau forcée de 45,416^m,51, et celle des ruisseaux de 9,900 mètres. Le nombre des bouches d'eau est de 917.

Le volume journalier des eaux de la Marne, servant à l'arrosement et à l'alimentation des lacs, rivières et cascades, est de 15,000 mètres cubes.

Les dépenses faites s'élèvent à 5,695,000 francs, non compris les acquisitions de terrains qui seront couvertes en partie par la revente d'une superficie de 125 hectares, que la loi de cession du bois de Vincennes par l'État à la Ville de Paris, en date du 24 juillet 1860, permet de revendre au profit de la Ville.

Parc des Buttes-Chaumont.

Le parc des Buttes-Chaumont est situé sur l'emplacement de l'ancienne voirie de Montfaucon et des carrières à plâtre ouvertes au pourtour. Il forme un triangle curviligne d'une superficie de 25 hectares, compris entre la rue de Crimée et deux boulevards courbes reliant Belleville à la rue de Puebla. Avant la création du parc, le terrain, coupé par le chemin de fer de Ceinture et par la rue Fessard, n'offrait à la vue que des monticules de terre glaise, d'une aridité complète, et des excavations profondes constituant de véritables précipices. On songea à utiliser cette vaste superficie, si accidentée, pour en faire une promenade publique, en y ajoutant l'eau et la verdure qui manquaient.

Pour obtenir ce résultat, on a dû, dans la partie la plus voisine du centre de Paris, prononcer plus fortement un système de vallées, tracer des allées suivant les pentes, régulariser le sol, y répandre de la terre végétale, faire les semis et les plantations nécessaires. Les travaux d'amélioration n'ont eu une très-grande importance, sur ce point, que parce qu'il a fallu raccorder le parc, dans presque tout son parcours, avec le boulevard de Ceinture, ouvert en tranchée de 17 mètres de profondeur.

L'autre portion des Buttes-Chaumont, où se trouvaient la tranchée ouverte pour le chemin de fer de Ceinture et les carrières à plâtre, et qui forme aujourd'hui la partie la plus pittoresque du parc, a exigé des travaux considérables. La ligne des falaises qui présente, dans son ensemble, un front vertical de 35 mètres d'élévation, était heureusement mouvementée par un grand promontoire surplombant les terrains inférieurs anciennement exploités. On a détaché ce promontoire de la masse, de manière à en faire un rocher dominant à pic un lac qui l'environne de tous côtés.

Ce lac est alimenté par deux ruisseaux qui parcourent les deux vallons du parc. L'un de ces ruisseaux sort de la base du mur de soutènement du boulevard supérieur et tombe, à travers une vaste grotte, en formant une cascade de 32 mètres d'élévation. Ce mur et cette grotte ont été établis pour maintenir les terrains voisins de Belleville, qui glissaient dans les excavations creusées pour les carrières. Les marnes qui surmontaient la pierre à plâtre, sur une épaisseur de 15 mètres environ, et dont les talus, presque verticaux, se dégradaient sous les influences atmosphériques, ont été généralement tranchées suivant des pentes permettant au sol de se soutenir, et de recevoir la terre végétale nécessaire aux plantations. Sur la pointe du promontoire, où il importait de conserver une grande masse surplombant au-dessus des eaux, un revêtement en maçonnerie, imitant les rochers de la base, maintient le terrain peu consistant.

Un pont suspendu, de 65 mètres de portée, jeté au-dessus du lac et de l'allée qui l'entoure, relie cette portion du parc à l'autre, en évitant aux promeneurs de longs détours.

Plusieurs allées carrossables, de 7 mètres de largeur et dont les pentes ne dépassent pas 6 centimètres par mètre, permettent aux voitures de parcourir toute l'étendue du parc, malgré les différences énormes de niveau qu'il présente.

Des sentiers, dont les pentes n'excèdent pas 10 centimètres par mètre, mais qui exigent parfois des escaliers, permettent aux piétons de prendre des raccourcis entre les allées à voitures, et de s'élever jusqu'aux sommets du parc.

Quatre ponts ont été établis pour franchir les bas-fonds : une passerelle, en treillis de fer, sur le chemin de Ceinture ; un pont en maçonnerie et en plein-cintre de 12 mètres d'ouverture, construit à 20 mètres au-dessus d'une route et d'un petit bras du lac ; le pont suspendu de 65 mètres de portée, déjà cité, et un pont biais en arc de cercle, de 18 mètres d'ouverture, exécuté en fer sur culées en maçonnerie.

Les eaux qui alimentent les cascades et les conduites de distribution pour l'arrosage, sont refoulées, par une machine spéciale, du canal de l'Ourcq dans un réservoir situé le long du boulevard supérieur qui entoure le parc.

Le parc des Buttes-Chaumont, étant entouré de voies spacieuses, est clos par des grilles, afin qu'aucun obstacle ne vienne en masquer la vue.

Les travaux, entrepris dans les premiers mois de l'année 1864, sont entièrement exécutés depuis 1869.

La dépense des travaux des ponts et chaussées et de jardinage s'élève à la somme de 2,936,760 fr. 56 c.

La dépense des travaux d'architecture, comprenant

un restaurant de premier ordre, deux de second ordre, huit maisons de garde, une maison de garde double, une rotonde, la grille de clôture, s'élève à la somme de 475,859 fr. 80 c.

La dépense totale est donc de 3,422,620 fr. 36 c.

Parc de Montsouris.

Dans les projets généraux de transformation de la Ville de Paris, on avait arrêté en principe, ainsi qu'on l'a déjà dit, que la capitale, indépendamment des nouveaux squares et boulevards intérieurs, serait comprise entre quatre grandes promenades publiques. Trois ont déjà été exécutées : les bois de Boulogne et de Vincennes, à l'ouest et à l'est ; le parc des Buttes-Chaumont, au nord ; celui de Montsouris, situé à l'extrémité sud de Paris, constituera la quatrième grande promenade. Les terrains sur lesquels on l'établit sont situés à flanc de coteau, au-dessus de la vallée que parcourt la Bièvre, dans une position d'où l'on jouit, sur Paris, d'une vue très-étendue, et où l'on utilise ainsi des terrains qui, coupés par deux chemins de fer, eussent été d'un lotissement très-difficile pour y ouvrir des rues et y élever des constructions.

La surface totale du parc, après son exécution, sera de 15 hectares 84 ares 76 centiares.

Les dépenses prévues au projet monteront à la somme totale de 1,750,000 francs.

Ce parc est actuellement en cours d'exécution, en ce qui concerne les terrassements, le jardinage et la réédification du palais du Bey de Tunis, lequel avait été construit au Champ de Mars, lors de l'Exposition universelle de 1867.

Ce palais, reconstruit sur une base en maçonnerie, est entièrement édifié en bois dans toute la hauteur de son grand étage. Il est de style mauresque, avec pàtis ou cour centrale. Il a 25 mètres de longueur sur 23 mètres de largeur, sans y comprendre les perrons.

Parc Monceau.

Le nouveau parc Monceau, créé en 1861 par l'Administration municipale de la Ville de Paris, est l'une des plus vastes promenades parmi celles qui ornent l'intérieur de la capitale. Elle occupe, en partie, l'ancien domaine de Monceau, dont l'origine remonte au milieu du siècle dernier.

Deux grandes voies carrossables, qu'on a ouvertes en ménageant autant que possible les plantations anciennes, traversent le parc dans toute son étendue et forment le prolongement des boulevards qui viennent y aboutir. Des grilles monumentales décorent les entrées de ces voies.

La superficie du parc de Monceau est d'environ 8 hectares 56 ares, dont 4 hectares 89 ares pour les pelouses proprement dites, 1 hectare 41 ares pour les massifs d'arbres ou arbustes, 16 ares pour la rivière et 1 hectare 97 ares pour les allées.

La dépense totale de transformation et d'aménagement du parc a été de 1,190,000 francs.

Les travaux, commencés au mois de janvier 1861, étaient à peu près terminés le 13 août suivant.

Voici maintenant la description sommaire des principaux squares du nouveau Paris.

SQUARES DE PARIS

Square de la Tour-Saint-Jacques.

Le square de la Tour-Saint-Jacques, d'une superficie de 5,222 mètres carrés, est situé au carrefour de la rue de Rivoli et du boulevard de Sébastopol, et bordé d'autre part par la rue Saint-Martin et la rue Victoria. Il tire son nom de la tour Saint-Jacques qu'il entoure, et dont la construction remonte à 1508.

Les dépenses se sont élevées à la somme de 141,700 francs.

Square des Innocents.

Le square des Innocents, construit en 1859 et en 1860, sert d'entourage à la fontaine des Nymphes. Construite en 1550 par Pierre Lescot, et décorée par Jean Goujon, cette fontaine a subi, en 1860, une restauration complète.

La superficie intérieure du square des Innocents est de 2,008^{mq},66.

Les dépenses d'établissement du square se sont élevées à la somme totale de 201,581 fr. 78 c., dont 178,513 fr. 92 c. pour les travaux d'architecture.

Square du Temple.

Le square du Temple, créé en 1857, sur l'emplacement de l'ancien enclos de ce nom, se compose de trois pelouses principales, dont l'une renferme une pièce d'eau surmontée d'un rocher artificiel. La superficie intérieure est de 7,038^{mq},86.

La dépense totale de construction a été de 148,581 fr. 72 c.

Square Vintimille.

Le square Vintimille, installé au centre de la place de ce nom, ne présente qu'une étendue peu considérable, sa superficie est de 807^{mq},11.

Les dépenses faites pour la transformation et la restauration de ce petit jardin, se sont élevées à la somme de 13,500 francs.

Square Sainte-Clotilde.

Le square Sainte-Clotilde est situé sur la place Bellechasse, devant la nouvelle église Sainte-Clotilde, élevée, il y a quelques années, dans le style architectural du XIIIe siècle.

Le peu d'étendue de cette promenade rendait nécessaire l'adoption de dispositions fort simples, ne pouvant nuire, en rien, à l'aspect du monument situé en arrière.

La surface intérieure du square est de 1,738^{mq},15.

La dépense du square Sainte-Clotilde a été de 32,220 francs.

Square Louvois.

Le square Louvois a été installé, en 1859, sur l'ancienne place Louvois, au milieu de laquelle s'élève la fontaine Visconti.

Cette place était déjà garnie de plantations qui ont été respectées.

La surface enclavée par la grille est de 2,263^{mq},25.

Les frais de transformation de la place en square ont été de 55,645 fr. 45 c.

Square de la Chapelle expiatoire.

Le square de la Chapelle expiatoire, situé entre le boulevard Haussmann et les rues d'Anjou, Boissy-d'Anglas et Neuve-des-Mathurins, entoure la chapelle élevée, en 1825, sur l'emplacement du cimetière où furent inhumés les restes de Louis XVI et ceux de la reine Marie-Antoinette.

La superficie totale est de 6,165^{mq},22 , dont 4,044^{mq},16 seulement sont livrés au public.

La dépense a été de 183,000 francs.

Les travaux ont été exécutés dans le courant de l'année 1865.

Square de Belleville.

Au centre de l'ancienne place des fêtes de Belleville, plantée de tilleuls taillés en berceau, existait un espace vide de 85 mètres de longueur sur 50 de largeur. C'est cet emplacement que l'on a transformé en jardin, en vallonnant le terrain et en y plantant des fleurs et des arbustes.

La surface totale de ce square est de 1 hectare 12 ares 72 centiares.

Exécutés pendant l'année 1861, les travaux ont coûté une somme totale de 19,908 fr. 61 c.

Square Montholon.

Le square Montholon, situé au carrefour de la rue du même nom et de la rue Lafayette, a été établi en 1863.

Il se compose d'une pelouse centrale, en cuvette, ornée d'un rocher qui laisse échapper une nappe d'eau dans un petit bassin.

La superficie totale de ce square est de 4,323^{mq},21.

Les dépenses d'établissement se sont élevées à la somme de 185,000 francs.

Square de Montrouge.

Le square de Montrouge a été installé sur la place existant devant la nouvelle mairie du XIVe arrondissement. Il se compose :

1° D'un jardin proprement dit, de forme quadrangulaire, clos par une grille en fer et orné de trois pelouses plantées, dans l'une desquelles se trouve un groupe en bronze;

2° De deux plateaux plantés de chaque côté du square, devant les bâtiments des écoles.

La surface totale de cette promenade est de 3,886^{mq},75.

Les travaux exécutés pendant les années 1862 et 1863 ont coûté 101,472 fr. 39 c., non compris la grille de clôture.

Square des Arts-et-Métiers.

Le square des Arts-et-Métiers est situé sur un terrain situé entre le boulevard de Sébastopol et la rue Saint-Martin. Il se compose principalement d'une plantation régulière de marronniers, disposés de manière à présenter, au centre, une avenue conduisant à la principale porte d'entrée du Conservatoire des Arts et Métiers, d'où le square tire son nom.

Deux bassins, entourés de gazon, ornés au milieu d'effets d'eau, de figures assises, dues au ciseau des sculpteurs Crauck, Ottin et Gumery, sont situés dans les allées latérales de la plantation.

Ce square mesure 4,044^{mq},89 de surface.

La dépense totale s'est élevée à 320,000 francs.

Square des Batignolles.

Le square des Batignolles, établi sur l'ancienne place de l'église de cette commune, est le plus vaste et le plus pittoresque des squares dont on ait doté le nouveau Paris. Sa contenance est de 1 hectare 50 ares, non compris les larges contre-allées plantées extérieurement à la grille d'enceinte. Sa forme est celle d'un rectangle. Une longue pelouse en pente, entourée d'une allée circulaire, plantée d'arbres de choix et arrosée par un ruisseau à cascades surgissant de terre, au-dessous d'une éminence qui repose sur des roches aux formes singulières : tel est l'aspect d'ensemble de cette promenade.

La dépense totale s'est élevée à la somme de 155,071 fr. 75 c.

Les travaux, commencés en 1862, ont été terminés dans l'année 1863.

Square de la Trinité.

L'église de la Trinité a été construite dans l'axe de la rue de la Chaussée-d'Antin, entre les rues Blanche et de Clichy. On a dû reculer le monument en arrière de la rue Saint-Lazare, afin de trouver un espace suffisant pour développer la façade entre les deux rues qui l'enserrent. L'espace triangulaire compris entre l'église et la rue Saint-Lazare a été utilisé par sa transformation en jardin. On a apporté ainsi un peu de verdure dans ce quartier, et l'on a créé un lieu de repos pour les promeneurs et les enfants, sans masquer l'aspect du monument.

L'exécution des travaux a eu lieu en 1865 et 1866.

La surface totale occupée est de 3,117^{mq},69.

Les dépenses se sont élevées à 430,000 francs.

Square Monge.

L'ouverture de la rue Monge a laissé un îlot triangulaire entre cette rue, celle des Écoles et les bâtiments de l'École polytechnique. Il était très-difficile, par suite d'une différence de niveau considérable, de rapprocher l'École de la nouvelle voie, et il n'était pas non plus convenable de masquer, par des constructions particulières, un édifice aussi important. On prit alors le parti de limiter, par une terrasse, les terrains de l'École polytechnique, et d'affecter l'espace triangulaire, en contrebas, à la création d'un square qui est très-utile pour les habitants si nombreux de ce quartier.

Le square Monge a été exécuté dans le cours de l'année 1868.

La surface totale qu'il occupe est de 3,917^{mq},62.

Les dépenses s'élèvent à 132,072 fr. 18 c.

Square Victor.

Lors de la construction du chemin de fer de Ceinture, la portion en remblai, sur la rive gauche de la Seine, entre le quai de Javel et la porte de Sèvres, a limité, d'un côté, un espace de terrain triangulaire, qui était bordé, des deux autres côtés, par la rue Militaire et le quai. Ce terrain, qui se trouvait très en contre-bas du chemin de fer, était peu propre à être vendu pour y établir des constructions particulières. La Ville de Paris a pensé qu'il était préférable d'y construire un jardin public qui donnerait un peu de verdure à ce quartier qui en était déshérité, et attirerait la population de ce côté, jusque-là très-désert. Ce jardin, établi et entretenu économiquement, n'est pas clos ; il est composé simplement de pelouses entourées d'allées et plantées de quelques massifs. Il a été exécuté en même temps que l'élargissement à 40 mètres de la rue Militaire qui le borde d'un côté, entre le quai et la porte de Sèvres. La dépense spéciale occasionnée par cette création a été confondue dans les frais d'exécution du projet général, qui se sont élevés à 419,203 fr. 19 c.

La surface totale du square est de 21,000 mètres.

Les travaux, commencés en 1865, ont été terminés en 1867.

Trocadéro.

Les terrains du Trocadéro qui s'étendaient entre Chaillot et Passy, ayant été abandonnés depuis longtemps, étaient devenus un réceptacle d'immondices de toutes sortes. Un pareil état de choses ne pouvait être maintenu en face de l'Exposition universelle qui devait s'ouvrir au milieu du Champ de Mars. On se décida alors à exécuter les projets prévus depuis plusieurs années par la Ville de Paris, lesquels consistaient à créer une vaste place, descendant en pente douce sur la Seine, et dont la partie élevée était terminée par un demi-cercle, sur lequel venaient déboucher neuf boulevards traversant les quartiers de Passy et de Chaillot. En cours d'exécution, le projet primitif a été modifié : on a élargi la place, de manière à lui donner le même développement que le Champ de Mars, et les pentes ont été augmentées de manière à constituer un vaste amphithéâtre, où la population de Paris tout entière peut se grouper pour voir les fêtes du Champ de Mars. Cette surface a été recouverte de pelouses, entourées de parterres qui égaient la vue et qui évitent l'aridité qu'aurait présentée un emplacement aussi considérable dépourvu de toute verdure.

L'exécution des travaux a eu lieu en 1866 et 1867.

La surface totale occupée par cette place est de 93,620^{mq},96.

Les dépenses faites pour l'exécution des travaux se sont élevées à la somme totale de 3,228,240 fr. 02 c.

Fleuriste de la Muette.

L'extension donnée par la Ville de Paris à ses jarins publics, le développement des plantations de ses avenues, l'aménagement des grandes promenades des bois de Boulogne et de Vincennes exigeaient une quantité toujours croissante d'arbres, d'arbustes et de fleurs. En s'adressant à l'industrie privée, la Ville de Paris eût trouvé difficilement les fournitures qui lui étaient nécessaires, surtout en ce qui concerne les nouvelles espèces végétales, qu'elle voulait développer dans ses jardins et qui n'existaient pas en quantité suffisante chez les horticulteurs de profession. Dans tous les cas, on a pensé que l'Administration obtiendrait facilement tout ce qui convenait à des besoins aussi divers ; qu'elle pourrait donner au développement des végétaux la direction la meilleure ; qu'elle obtiendrait ces résultats avec des dépenses moindres en créant de vastes établissements horticoles, véritables manufactures de plantes.

Le plus important est le jardin fleuriste organisé en 1855, à côté de la Muette, dans les terrains du clos Georges, détachés du bois de Boulogne et remis par l'État à la Ville avec cette promenade. Il comprend : les logements et les bureaux du jardinier en chef et des principaux chefs de . culture, qui doivent habiter à côté des serres ; une orangerie , une serre à multiplications , une serre dite *de sevrage*, dix-sept serres de dimensions diverses, dix-huit petites serres pour l'éducation des plantes annuelles, couvrant ensemble une surface de 6,867 mètres ; une surface de 5,000 mètres de châssis de couches, un hangar pour les tulipes, divers bâtiments de service et 6,587 mètres de jardins pour la culture des plantes de plein air.

Le Fleuriste contient enfin de vastes caves établies dans les anciennes carrières de Passy, au-dessous du clos Georges.

Il renferme diverses collections très-remarquables de camélias, d'azalées, de palmiers et de tulipes, acquises anciennement par la Ville, et qui couvrent en partie les frais de leur entretien par les produits à retirer de la vente de leurs fleurs.

Les frais de premier établissement des diverses constructions et l'arrangement du sol ont coûté 400,000 francs.

Le Fleuriste peut produire, par an, 3,000,000 de plantes environ, qui ne reviennent qu'à 0 fr. 13 c. en moyenne, tandis que la valeur marchande des plantes de choix, sorties du Fleuriste, dépasse 0 fr. 50 c.

Cet établissement, qui a une réputation dans le monde horticole, a reçu des élèves jardiniers venant de toutes les nations.

Il a rendu d'importants services à la science horticole, en vulgarisant l'emploi dans nos jardins des grandes plantes colorées, très-décoratives, et qui n'étaient pas acclimatées dans notre pays. Il a obtenu, du reste, ce résultat important à peu de frais, par des échanges avec tous les établissements horticoles étrangers, et par les dons de voyageurs qui ont parcouru l'Australie, la Chine, la Cochinchine et le Japon.

Pépinières.

La Ville possède trois pépinières pour élever les arbres et les arbustes qui lui sont nécessaires.

La première, située au milieu du bois de Boulogne, près de la route d'Auteuil, a été créée en 1859. Elle contient 32,088 mètres superficiels et produit les arbres et arbustes à feuilles persistantes nécessaires à l'ensemble du service.

La seconde, installée également au bois de Boulogne, mais dans la plaine de Longchamps, est destinée à l'élevage des arbres et des arbustes de toute nature, à feuilles caduques, la nature argileuse du sol qu'elle occupe étant très-propre à la végétation de ces plantes. Elle occupe une surface de 45,000 mètres.

Enfin la troisième, destinée à l'éducation des arbres d'alignement, est située à Bry-sur-Marne, sur un vaste terrain de 184,000 mètres superficiels, acquis par la Ville en 1869, moyennant 60,000 francs, et qui en vaut au moins le double aujourd'hui. On y élève, en grand nombre, des arbres bons à transplanter en mottes et qui fourniront dans quelques années, à la Ville, de grands et beaux arbres pour combler les vides des plantations de ses avenues et de ses boulevards.

PLANTATIONS

SERVICE DES PLANTATIONS

Renseignements généraux.

Les anciens boulevards de Paris étaient autrefois garnis de plantations chétives, confiées à des entrepreneurs qui répondaient de leur reprise et qui étaient chargés aussi de l'entretien et de l'abatage des arbres qui ne pouvaient vivre dans un sol d'ailleurs tout à fait impropre à la végétation. Ce système ne donnait que des résultats insuffisants.

Aussi, lorsque l'Administration municipale voulut mettre ses plantations en rapport avec les améliorations qu'elle apportait à l'état des voies publiques de Paris, elle crut devoir former un service spécial des promenades. Elle renonça au système de l'entreprise pour la plantation et l'entretien des arbres, et elle y substitua l'exécution directe par un personnel de jardiniers et de cantonniers compétents et intéressés au succès des végétaux qu'ils plantent et qu'ils ont mission de faire prospérer.

Trois conditions principales sont indispensables à la vie des arbres : un bon sol ; — la faculté laissée aux racines de se développer dans ce sol, proportionnellement à l'accroissement de l'arbre et au développement des branches à l'extérieur ; — l'éloignement des éléments contraires à la végétation.

Le sol de Paris est formé, en général, de détritus de toute nature, impropres et souvent hostiles à la végétation. La première précaution à prendre, pour la réussite des arbres, consiste donc à leur préparer un terrain artificiel dans lequel ils puissent développer leurs racines ; on l'obtient en creusant des tranchées continues de trois mètres de largeur sur un mètre de profondeur, tranchées qu'on remplit ensuite de terre végétale.

Pour faire arriver l'eau aux racines des arbres, on commence d'abord par réserver, à leur pied, une vaste cuvette qu'on recouvre d'une grille, pour que le sol reste toujours perméable. Lorsque les racines se sont éloignées du tronc et se sont répandues au loin, l'eau ne peut pénétrer par la surface du sol, parce qu'il a été rendu imperméable au moyen du bitume ou du pavage, ou parce qu'il a acquis, d'une manière quelconque, la consistance qu'on doit lui donner dans l'intérêt de la circulation. C'est alors qu'il faut amener l'humidité à l'extrémité des radicelles, à l'aide d'un système général de drains qui enveloppent les arbres et se relient entre eux par un drain conducteur, commuquant avec les branchements d'égout. En ouvrant un clapet qui ferme la communication des drains avec l'égout, lorsqu'ils servent à l'arrosage, l'ensemble du réseau se transforme, pendant l'hiver et au moment des pluies abondantes, en un vaste système de drainage.

Pour préserver les végétaux des atteintes du public et de l'action du vent, on a supprimé l'ancien tuteur, ainsi que l'épinage, qui est très-défavorable à la croissance des arbres et dont l'aspect disgracieux ne convient pas dans les promenades d'une capitale. On l'a remplacé par un corset-tuteur, en bois ou en fer, peint en couleur verte, et formé de neuf branches de deux mètres de hauteur, fortement recourbées à la base, engagées dans le sol et réunies entre elles par sept liens circulaires.

Pour arrêter les effets délétères des fuites du gaz, on a obligé la Compagnie concessionnaire à envelopper ses conduites dans un drainage en cailloux, et ses branchements dans des drains ordinaires mis en communication avec l'air extérieur ; ce qui permet au gaz de s'échapper, et ce qui facilite la recherche des fuites révélées par l'odeur qui s'échappe des orifices ménagés au pied de chaque appareil, où aboutit le branchement.

Tels sont les principaux procédés à l'aide desquels il a été possible de doter Paris des plantations qui constituent aujourd'hui l'un de ses principaux ornements et qui contribuent puissamment à l'agrément et à la santé des habitants. Il est facile de comprendre que l'ensemble des précautions qui viennent d'être décrites ait occasionné une assez forte dépense ; aussi, le prix d'un arbre ordinaire d'alignement ne revient pas à moins de 180 francs (1).

(1) PRIX D'UN ARBRE AVEC FOURNITURE DE TERRE VÉGÉTALE

Mètres cubes de déblais : $3^m \times 5^m \times 1 =$	15^{mc}	4^f	»	60^f	»	
Mètres cubes de terre végétale : Même cube.	15	4	»	60	»	
Perche pour tuteur : De 5 à 6 mètres de hauteur.	»	»	»	1	50	
Total.	. . . .	. . . .		121	50	
A déduire un rabais moyen de 15 %.	. . . .	. . . .		18	23	
Reste.	. . . .	. . . .		103	27	103^f 27
Drainage : Drainage complet pour un arbre, comprenant fourniture de tuyaux de $0^m,05$ et $0^m,08$, la colonne montante, les raccords, etc.	»	»	»	11	15	
Fontainerie nécessaire (estimation moyenne pour un arbre)	»	»	»	2	50	
Total.	. . . .	. . . .		13	65	13 65
Grille au pied de l'arbre : Grille grand modèle, de.	225^k	0,25		56	25	
A déduire le rabais de 17 %.	. . . .	. . . .		9	56	
Reste.	. . . .	. . . .		46	69	
Transport à pied d'œuvre.	»	»	»	2	»	
Pose, piquets compris.	»	»	»	3	»	
Total.	. . . .	. . . .		51	69	51 69
Corset en fer : Corset en fer de $2^m,30$ de hauteur, avec barreaux de $0^m,013$, y compris peinture.	»	»	»	8	70	8 70
Arbre : Fourniture de l'arbre.	»	»	»	5	»	5 »
Main-d'œuvre de plantation.	»	»	»	1	69	1 69
Total pour un arbre.				184	»	

Mais cette dépense n'a rien d'excessif, étant donnés les services rendus par les plantations. En effet, celles-ci sont indispensables pour renouveler l'air vicié de la grande cité, en absorbant l'acide carbonique qu'elles décomposent et qu'elles transforment en oxygène ; elles procurent de l'ombre au public qui circule sur les voies magistrales de Paris ; enfin, elles contribuent puissamment à la décoration de la ville.

On a planté sur les voies principales, lorsqu'on a voulu obtenir immédiatement de l'ombrage et un aspect décoratif, de grands arbres qu'on trouvait dans les environs de Paris ou dans les jardins expropriés, et qu'on transplantait avec leurs mottes, au moyen de chariots spéciaux. Cette opération, grâce à la bonne construction des chariots, est devenue possible dans des conditions de prix accessibles, la dépense, suivant la dimension des arbres, variant de 25 à 120 francs et ne dépassant jamais ce dernier chiffre, même pour les arbres de 10 à 15 mètres de hauteur. On peut assurer aujourd'hui la reprise des neuf dixièmes des arbres ainsi plantés, à la condition de choisir des sujets qui ne soient pas pris au milieu des forêts, et dont il ne faille pas couper les grosses racines. Cependant, ces arbres restent toujours sans végéter pendant plusieurs années, et ne valent jamais, dans la suite, ceux qui ont été transplantés dans leur jeune âge.

Les voies plantées ont acquis un développement considérable dans ces dernières années. Aujourd'hui, toute voie de plus de 26 mètres de largeur est bordée, sur chaque contre-allée, d'une rangée d'arbres. A partir de 36 mètres, il y en a deux ; pour les largeurs de plus de 40 mètres, on établit, en général, un plateau planté au milieu, séparé, de chaque côté de la façade des maisons, par une chaussée et un trottoir. Dans tous les cas, les lignes d'arbres sont placées à 5 mètres au moins de la façade des maisons ; l'intervalle qui les sépare est aussi de 5 mètres, et elles sont éloignées de 1ᵐ,50 de la bordure des trottoirs.

Les secondes lignes d'arbres, plantées jadis beaucoup plus près des maisons, sur un assez grand nombre de voies anciennes, ont été abattues pour le chauffage des habitants pendant le siége, notamment dans les quartiers des Champs-Élysées et des Invalides. Elles ne seront pas remplacées, et les jeunes arbres conservés seront employés à compléter les premières lignes.

Le choix des essences à adopter pour les plantations de Paris présente de sérieuses difficultés. Il faut choisir des arbres qui poussent rapidement, qui donnent de l'ombre, qui aient un bel aspect et qui ne soient pas atteints facilement par les insectes xylophages. Les seules espèces qui réunissent toutes ces conditions sont le platane et le marronnier.

Le platane pousse vite, s'élève à une grande hauteur et donne des ombrages touffus.

Le marronnier est plus lent à se développer au début ; mais la magnificence de son port, la beauté de son feuillage et de ses fleurs, lui donnent le premier rang dans la décoration des avenues.

L'orme est aussi un très-bel arbre d'alignement ; mais il a l'inconvénient d'être très-accessible au ravage d'un insecte, le scolyte, qui le détruit souvent, malgré les procédés ingénieux mis en usage par la science pour le préserver de ses atteintes.

Le tilleul, très-bel arbre d'alignement, a l'inconvénient de produire des fleurs précieuses, que le public cherche à se procurer en dégradant l'arbre.

L'acacia et le vernis du Japon, très-rustiques, n'ont que des feuilles étroites, ne donnant pas d'ombre.

Les diverses essences de peuplier, de tulipier, et autres arbres analogues, exigent des terrains humides et ont un bois cassant.

Les érables de diverses espèces ne donnent que des arbres de seconde grandeur.

On vient d'essayer, sur l'avenue en face de l'Opéra, une nouvelle essence, *le planera*, déjà employée sur le boulevard de l'Hôpital, et qui paraît de nature à donner de belles plantations d'alignement.

Le nombre des arbres d'alignement, dans Paris, s'élève aujourd'hui à 102,154.

Les bancs, complément obligé de la voie plantée, sont au nombre de 8,428.

Les dépenses annuelles d'entretien des plantations et des bancs s'élèvent (chap. 14, § 4, 2°, art. 7 du budget) à 190,000 francs, représentant environ une dépense de 1 fr. 49 c. par arbre, et de 4 francs par banc, y compris le remplacement des arbres morts et des bancs brisés et la peinture à renouveler chaque année.

PROMENADES DE PARIS

2 Volumes.

M. HUBERT, Chef de Division.

Auteur : M. ALPHAND, C. ❋, Inspecteur général des Ponts et Chaussées, Directeur des Travaux de Paris, médaille de progrès (Vienne 1873).

Collaborateurs : MM. DARCEL, ❋, ingénieur en chef du service des Promenades, médaille de coopération (Vienne 1873); — GRÉGOIRE, ❋, ingénieur ordinaire du service des Promenades, médaille de coopération (Vienne 1873); — DAVIOUD, ❋, architecte en chef des Promenades de Paris, médaille de coopération (Vienne 1873); — BARILLET, ❋, jardinier en chef des Promenades de Paris, médaille de coopération (Vienne 1873); — HOCHEREAU, ❋, architecte, Inspecteur des Promenades de Paris; — J. ROTHSCHILD, éditeur.

Nº **636** DU CATALOGUE FRANÇAIS

QUINZE PLANCHES DANS UN SEUL CADRE

1º *Titre de l'ouvrage :* Les Promenades de Paris (1), par M. ALPHAND, C. ❋, Inspecteur général des Ponts et Chaussées, Directeur des Travaux de Paris.

---

(1) Voir *Renseignements généraux*, page 103 et suivantes.

2º *Plans généraux* : Le Bois de Vincennes (1). — Les Champs-Élysées. — Les Buttes-Chaumont (2).

3º *Architecture* : Café restaurant aux Buttes-Chaumont (3). — Porte Dauphine. — Tribunes de Longchamps. — Kiosque de l'Empereur. — Grilles du parc Monceau (4). — Grilles des squares de la Trinité et de Montholon.

4º *Vues pittoresques* : Vue du square de la Trinité (5). — Avenue Daumesnil.

5º *Chromolithographies* : Begonia rex Solanum. — Warscenwiczii.

---

(1) Voir page 104.
(2) Voir page 105.
(3) Voir page 105.
(4) Voir page 109.
(5) Voir page 114.

ARCHITECTURE

SERVICE DES TRAVAUX D'ARCHITECTURE

M. MENSAT, Chef de Division.

N° **637** DU CATALOGUE FRANÇAIS.

PALAIS DE JUSTICE

DEUX PLANS, COUPE, ÉLÉVATION ET DIVERSES VUES
PHOTOGRAPHIQUES.

Auteurs des projets : MM. Duc (Joseph-Louis), C. ✳, architecte en chef, prix de Rome 1862, membre de l'Institut, grand prix de l'Empereur (1869), Inspecteur général du service d'Architecture de la Ville de Paris; — Dommey, architecte en chef, décédé; — Daumet, ✳, prix de Rome (1855), architecte ordinaire, médaille 3ᵉ classe (1867, Exposition universelle).

Collaborateurs : MM. Lassus (décédé), — Lenoir (Albert), — Godebeuf, — Galand, — Lebouteux, — Bonnet, — Guillaume, — Ollier (décédé), — d'Herbecourt, — Chaudet, Inspecteurs.

Lehmann (de l'Institut), — Bonnat, — Ulmann, — Lefebvre; peintres.

Dumont, de l'Institut, — Jouffroy, de l'Institut, — Jaley, de l'Institut, — Lemaire, de l'Institut, — Duret, de l'Institut, — Perraud, de l'Institut, — Toussaint (décédé), — Gumery (décédé); statuaires.

Dennelle, artiste décorateur.

Le Palais de Justice est l'un des monuments les plus importants et les plus intéressants de Paris.

Il centralise les Tribunaux de première instance civile

et correctionnelle; la Cour d'appel civile et correctionnelle, et la Cour de cassation.

Le périmètre de l'édifice est un quadrilatère de 180 mètres sur 200. La surface couverte est de 9,000 mètres, dont 1,550 sont occupés par la nouvelle Préfecture de police (1).

L'aspect général du Palais de Justice est d'un caractère architectonique assez complexe, mais qui détermine suffisamment l'histoire des diverses transformations d'un monument commencé au moyen âge, continué sous Louis XIII, sous Louis XIV, et destiné à être terminé à notre époque. Les travaux contemporains d'isolement et d'agrandissement ont été entrepris en 1840, pendant le préfectorat de M. de Rambuteau. Leur achèvement exigera encore près de dix années; ils auront donc duré quarante-quatre ans environ.

La configuration de l'îlot qui renferme le Palais de Justice a été subordonnée à l'alignement des quais aboutissant au terre-plein du Pont-Neuf.

D'autre part, le niveau du sol du monument, élevé sur un soubassement général, a été déterminé par les anciennes constructions et par la Sainte-Chapelle. Ce niveau, conservé par les architectes aux époques de Louis XIII et de Louis XVI, s'est nécessairement imposé aux travaux de l'époque moderne.

---

(1) Les façades de cet édifice départemental se développeront sur la place Dauphine, sur le quai des Orfévres, et, en retour, sur la rue de la Sainte-Chapelle. Sur le quai, la façade principale aura 87^m,27 de longueur, et les trois façades réunies présenteront un développement total de 138^m,20. Elles s'élèveront à 20 mètres de hauteur, divisés en quatre étages, savoir : le rez-de-chaussée à arcades, contenant les grandes salles destinées aux services publics; le premier étage, consacré aux appartements de réception et aux services administratifs; et, enfin, le comble habitable, pouvant servir aux archives et aux logements des employés. Les travaux sont dirigés par M. Diet. La dépense prévue s'élèvera à la somme totale de 8,340,544 francs.

La dépense totale, y compris les achats de terrains, de maisons et les travaux d'appropriations provisoires, atteindra probablement un chiffre de 35 millions de francs.

N **638** DU CATALOGUE FRANÇAIS

TRIBUNAL DE COMMERCE

DEUX PLANS, COUPE, ÉLÉVATION, DIVERSES VUES.

Auteur du projet : M. BAILLY (Antoine-Nicolas), O. ※, Architecte en chef.

Collaborateurs : MM. LAISNÉ, — HERMANT, Inspecteurs.

    ROBERT FLEURY, de l'Institut; — JOBBÉ DUVAL, — DENUELLE, — COLLIGNON, — CHAUVIN; peintres.

    CHEVALLIER, — SALUSON, — ELIAS ROBERT, — EUDES, — CARRIER-BELLEUSE, — PASCAL MICHEL, — CHAPU, — CABET, — MAINDRON; statuaires.

Le Tribunal de commerce était installé dans le palais de la Bourse. Les locaux affectés à son service étant devenus insuffisants, un édifice spécial a été élevé dans la Cité, vis-à-vis du Palais de Justice, sur une partie de l'emplacement occupé autrefois par le Marché aux Fleurs. Cet emplacement est limité par le boulevard du Palais (sur lequel s'ouvre l'entrée principale), et par le quai Desaix, la rue du Marché-aux-Fleurs et la rue Constantine.

Le style du monument rappelle l'époque de la renaissance italienne au seizième siècle.

Les travaux, commencés en 1860, ont été achevés en cinq années.

La dépense totale des constructions et des décorations intérieures s'est élevée à 3,437,816 fr. 72 c.

Conformément au programme tracé à l'architecte, le dôme du Tribunal forme point de vue sur l'axe du boulevard de Sébastopol (rive droite).

Les parties en façades sur les voies publiques réservent des espaces occupés par des boutiques à location.

Le rez-de-chaussée est affecté aux quatre Conseils de prud'hommes, et le surplus du palais est spécialement approprié pour les importants et nombreux services du Tribunal de commerce.

Nᵒ **639** DU CATALOGUE FRANÇAIS.

PRISON DE LA SANTÉ

DEUX PLANS, COUPE, ÉLÉVATION, DIVERSES VUES.

Auteur du projet : M. VAUDREMER, ❋, (prix de Rome), médaille pour l'art (Vienne 1873).

Collaborateurs : MM. THOMAS, AUBERTIN, Inspecteurs, médailles de coopération (Vienne 1873).

La nouvelle maison d'arrêt et de correction située rue de la Santé (XIVᵉ arrondissement), dans l'ancien enclos de la Charbonnerie, a été construite en remplacement de la prison des Madelonnettes, démolie pour livrer passage à la rue de Turbigo.

Elle peut contenir 1,000 détenus, savoir : 500 prévenus soumis au régime de l'isolement, et 500 condamnés vivant en commun pendant le jour, et isolés pendant la nuit.

L'ensemble des bâtiments se divise en quatre parties : l'administration et ses dépendances, — le quartier des prévenus, — l'infirmerie des condamnés, — et le quartier des condamnés. — Les bâtiments d'administration sont aménagés au pourtour de la cour d'entrée. Ils ont deux étages sur rez-de-chaussée. Le quartier des prévenus, disposé suivant le système cellulaire déjà appliqué à Mazas, se compose de quatre constructions rayonnant autour d'un bâtiment central.

Les quartiers des condamnés sont installés autour de deux préaux. — Les ateliers, les chauffoirs, réfectoires et promenoirs sont au rez-de-chaussée. Les dortoirs cellulaires occupent les étages supérieurs.

Toute la maison est chauffée par un appareil unique.

La superficie des bâtiments est de 10,000 mètres environ.

La surface occupée, de 128,000 mètres.

La dépense totale des travaux exécutés par M. Vaudremer, architecte de la Ville de Paris, s'est élevée à 6,500,000 francs.

CASERNES.

Renseignements généraux.

La Ville de Paris a fait construire, depuis 1850 (1):

Pour la Garde de Paris et les Sapeurs-Pompiers, la grande caserne de la Cité.

Et pour le service de l'octroi de Paris les casernes spéciales ci-après indiquées, savoir :

Dans le	XIIme	arrondissement,	1	caserne.
Dans le	XIIme	—	3	—
Dans le	XIVme	—	3	—
Dans le	XVme	—	1	—
Dans le	XVIme	—	3	—
Dans le	XVIIme	—	3	—
Dans le	XVIIIme	—	2	—
Dans le	XIXme	—	3	—
Dans le	XXme	—	3	—

---

(1) Il est utile d'ajouter que le département de la Seine a fait édifier, pendant la même période de temps, des casernes de gendarmerie à Sceaux, à Saint-Denis, à la Belle-Épine, à Nanterre, à Joinville et à Neuilly.

N° **640** du Catalogue français

CASERNE DE LA CITÉ

DEUX PLANS, COUPE, ÉLÉVATION ET DIVERSES VUES

Auteur du projet : M. CAILLAT (Victor), ✻, architecte.

Collaborateurs : M. CERNESSON, Inspecteur.

MM. MAINDRON, LEBOEUF, statuaires.

La caserne de la Cité et les deux hôtels qui y sont annexés sont destinés à concentrer, à proximité de la Préfecture de police, un régiment de sapeurs-pompiers avec son état-major, ainsi qu'un corps important d'officiers et de soldats de la garde municipale.

La façade principale est située rue de la Cité, vis-à-vis l'église cathédrale de Notre-Dame.

Les côtés latéraux se développent, au Nord, sur l'avenue de Constantine, et au Sud, sur le quai du Marché-Neuf.

La façade postérieure occupe une rue d'isolement, entre la caserne elle-même et les hôtels d'état-major qui s'étendent sur le boulevard du Palais, en face du Palais de Justice.

Le style de ces différentes constructions rappelle certains édifices d'une destination analogue, bâtis à Florence et à Gênes au dix-septième et au dix-huitième siècle.

La surface occupée est d'environ 6,000 mètres carrés ; les cours absorbent près de 3,000 mètre.

Des caves aérées et spacieuses existent sous tous les corps de bâtiment, dont les cinq étages sont consacrés aux logements des officiers, sous-officiers et soldats mariés ou célibataires.

Les travaux, commencés en 1864, ont été achevés en avril 1867.

La dépense totale s'est élevée à 7,400,000 francs.

ÉGLISES.

Renseignements généraux.

Depuis l'année 1850, la Ville de Paris a terminé la contruction des églises :
    Sainte-Clotilde,
    Saint-Vincent de Paul,
    Saint-Jean-Baptiste,
    Saint-Bernard,
    Notre-Dame de Clignancourt,
    Notre-Dame de la Gare,
    Saint-Eugène,
    Saint-Martin des Champs,
    Saint-Éloi,
    Saint-Marcel,
    Saint-Michel des Batignolles.

Elle a construit les églises de :
    La Trinité,
    Saint-Augustin,
    Saint-Ambroise,
    Saint-Joseph,
    Notre-Dame de la Croix.
    Notre-Dame des Champs,
    Saint-François-Xavier.

Les temples réformés :
    Du Saint-Esprit (rue Roquépine),
    Et de la Résurrection (à Grenelle).

Les temples israélites :
    De la rue des Victoires,
    De la rue des Tournelles.

Elle a restauré la plupart des vieilles églises et notamment :

Saint-Étienne du Mont,
Saint-Leu,
Saint-Germain l'Auxerrois,
Et Saint-Laurent.

De plus, la Ville de Paris a construit de nombreux presbytères.

ÉGLISE SAINT-AMBROISE

PLAN, COUPE, ÉLÉVATION ET MONOGRAPHIE

Auteur du projet : M. BALLU (Théodore), O. ❋, membre de l'Institut, Inspecteur général du service d'Architecture de la Ville de Paris, médaille pour l'art (Vienne 1873).

Collaborateurs : MM. DEPERTHES, — PICQ, — GION, Inspecteurs.

MM. LENEPVEU, peintre, membre de l'Institut ;
Ouri, artiste décorateur ;
DEVERS, peintre sur émail ;
SOULACROIX, cartons desdites peintures.
OUDINÉ , — LOISON, — CHATROUSSE, — CAMBOS , —
TALUET , — JACQUEMART , — TRAVAUX ; statuaires.

M. MARÉCHAL (de Metz) (Vitraux).

L'église Saint-Ambroise, située dans le XI° arrondissement et consacrée au culte catholique, a remplacé une ancienne église qui portait le même nom et dont les dimensions étaient devenues insuffisantes.

Le nouvel édifice, isolé de tous les côtés et dont l'aspect rappelle le style du douzième siècle, est construit sur un terrain d'une superficie de 4,500 mètres environ. Il en occupe la plus grande partie, environ 2,900 mètres.

Du côté du chevet, un emplacement de 1,500 mètres a été réservé pour la construction d'un presbytère, d'une salle de catéchisme et de diverses dépendances.

Les travaux ont duré six années et la dépense a atteint le chiffre de 2,117,000 francs.

N° **642** du Catalogue français

ÉGLISE SAINT-AUGUSTIN

PLAN, COUPE, ÉLÉVATION ET DESSINS

Auteur du projet : M. Baltard (Victor), prix de Rome,
O. ✳, membre de l'Institut (décédé).

Collaborateurs : M. Train, — Radigon, — Capitaine, — Lheureux,
Roger, Inspecteurs.

MM. Bezard, — Signol, de l'Institut, — Bouguereau, —
Brisset. — Paul Balze ;

Denuelle, artiste décorateur ;

Jouffroy, membre de l'Institut, — Jaley, membre
de l'Institut, — Cavelier, membre de l'Institut, —
Schroder, — Carrier-Belleuse, — Cordier, —
Jacquemart, — Millet, — Gilbert, — Schoene-
werk, — Travaux, — Perrey, — Farochon, —
Chardigny, — Ottin, — Desprez, — Brunet, —
Taluet, — Lepère, — Bonnassieux, membre de
l'Institut ; statuaires.

MM. Lequesne, — Chambard, — Gruyère, — Leharivel ;
statuaires.

MM. Maréchal (de Metz), — Ch. Lavergne, — Oudinot, —
Nicod (Vitraux).

L'église Saint-Augustin, consacrée au culte catholique,
est située boulevard Malesherbes et en perspective sur l'axe
de la première partie de ce boulevard. — Son périmètre
est de 2,573 mètres superficiels. — La nef a 35 mètres
de hauteur, et le dôme 60 mètres jusqu'à la naissance du
campanile.

Le hauteur totale de ce dôme atteint 80 mètres.

Les travaux ont duré depuis 1860 jusqu'en 1870.

La dépense totale est évaluée à 5,700,000 francs.

ÉGLISE SAINT-BERNARD.

PLAN, COUPE, ÉLÉVATION.

Auteur du projet : M. Magne (Auguste-Joseph), ✳, Inspecteur général du service d'Architecture de la Ville de Paris, médaille pour l'art et le mérite (Vienne 1873).

Collaborateurs : MM. Marguerie, — Loustau, — Vibert ; peintres ; Laurent Gsell, — Oudinot (Vitraux) ; Perrey père, — Geoffroy de Chaume, — Michel Pascal ; statuaires.

L'église Saint-Bernard, située dans le XVIIIe arrondissement, est consacrée au culte catholique.

Elle occupe une surface de 17,000 mètres.

L'édifice se compose d'une nef, de bas-côtés et de quatorze chapelles, y compris celle du transept et celle de la Vierge.

Pour augmenter la surface intérieure accessible aux fidèles, diverses tribunes ont été disposées dans l'étage du triforium.

Le style de l'église Saint-Bernard rappelle celui du seizième siècle.

Les travaux, commencés en 1858, ont été terminés en 1861.

La dépense s'est élevée à 1,600,000 francs.

N° **644** du Catalogue français.

ÉGLISE SAINT-FRANÇOIS-XAVIER.

PLAN, COUPE, ÉLÉVATION.

Auteurs du projet : commencé par M. Lusson, architecte, continué par
M. Uchard, ✳ (Prix de Rome).

Collaborateurs : MM. Faure, Inspecteur ;
Bonnassieux, de l'Institut ;
Thomas, — Falguière, — Sanson, — Franceschi, — Mme Bertaux ; statuaires ;
Romain-Cazes, — Delaunay, — Jules Lefebvre, Denuelle, artiste décorateur ;
Maréchal, — Ottin (Vitraux).

Cette église, consacrée au culte catholique, est située sur le boulevard des Invalides.

Elle est destinée à desservir l'une des paroisses de Paris formée par le VIe arrondissement et par certaines portions du VIe et du XVe.

Son périmètre extérieur occupe environ 240 mètres. — La surface couverte est de 2,775 mètres, et la surface intérieure de 1,330 mètres. — La largeur de la façade, y compris les tours, est de 31 mètres, et la longueur totale de l'édifice de 93^m,30.

La hauteur des voûtes de la nef est de 22^m,30. Celle de la coupole, de 25^m,30.

Le vide intérieur de l'église représente environ 30,000 mètres cubes.

L'architecture de Saint-François-Xavier rappelle le style de diverses constructions analogues dont l'origine remonte au commencement de la renaissance italienne.

Les travaux, commencés à la fin de 1861, d'après les plans de M. Lusson, ont été une première fois suspendus en 1863 jusqu'en mai 1865, puis une seconde fois interrompus, depuis 1869 jusqu'en 1872. — Actuellement dirigés par M. Uchard, architecte de la Ville de Paris, ils seront probablement terminés à la fin de 1875, après avoir coûté environ 3,463,183 francs.

Il est à propos de faire remarquer que l'orientation de Saint-François-Xavier a été subordonnée à l'exécution d'un boulevard qui, partant du pont des Saints-Pères, devait venir longer la façade latérale droite du monument.

Ce projet n'ayant point été exécuté, la direction de l'axe de l'église présente une irrégularité qu'on ne s'explique pas aujourd'hui, bien qu'elle ait eu sa raison d'être.

N° **645** DU CATALOGUE FRANÇAIS.

EGLISE SAINT-JOSEPH.

PLAN, COUPE, ÉLÉVATION.

Auteur du projet : M. BALLU (Théodore), O. ✻ (Prix de Rome), membre de l'Institut, Inspecteur général du service d'Architecture de la Ville de Paris.

Collaborateurs : MM. SALARD, Inspecteur ;
PICHON, — Savinien PETIT ; peintres;
Paul BALZE, peintre sur émail ;
OUDINOT (Vitraux);
MAILLET, — BAUJAULT, — MOREAU-VAUTHIER;
statuaires.

L'église Saint-Joseph, consacrée au culte catholique et située rue Saint-Maur-Popincourt, est destinée à remplacer une chapelle provisoire installée rue Corbeau (X^e arrondissement) et devenue insuffisante.

Cette église sera incessamment terminée et livrée au culte. Son caractère architectural, d'une grande simplicité, rappellera le style du douzième siècle. Les colonnes de la nef sont en pierre noire polie, provenant des carrières de Soignies (Belgique).

La surface occupée par les constructions est de 2,293 mètres.

La dépense n'excédera pas 1,500,000 francs.

N° **646** DU CATALOGUE FRANÇAIS

ÉGLISE SAINT-LAURENT.

FAÇADE ET FLÈCHE

Auteur du projet : M. DUFEUX (Constant), (décédé).

Collaborateurs : M. AUBERTIN, Inspecteur ;
        Mme BERTAUX, — MM. LEVEEL, — DANTAN aîné, —
        FULCONIS, — GRUYÈRE, — PERREY père, —
        COURTET, — GEOFFROY DE CHAUME ; statuaires
    M. Paul BALZE, peintre sur émail.

L'ancienne église Saint-Laurent (du xve siècle) ayant été dégagée par le percement du boulevard de Strasbourg et du boulevard de Magenta, sa façade s'est ainsi trouvée placée en reculement sur la place, à l'intersection des deux grandes voies nouvelles. Mais les dimensions de l'édifice étant insuffisantes pour les besoins du culte de la paroisse, et, d'autre part, le portail, qui datait du xvie siècle, étant loin d'être en harmonie avec les autres parties de l'église, l'Administration municipale a chargé **M.** Constant Dufeux d'agrandir Saint-Laurent, d'établir une flèche dans l'axe de la rue de la Fidélité et, enfin, de reconstruire un portail en harmonie avec le corps de l'église.

Le style du xve siècle a été conservé à l'ensemble de l'église ; mais l'époque actuelle a été caractérisée aussi par quelques détails d'aspect contemporain, notamment par l'introduction, dans le système ornemental, de certaines fleurs qui n'étaient pas connues autrefois (le dahlia et l'hortensia, par exemple), et par divers détails décoratifs du tympan et du rinceau de la corniche.

Les travaux ont été terminés en 1867.

La dépense s'est élevée à 644,338 francs.

N^o **647** DU CATALOGUE FRANÇAIS

ÉGLISE NOTRE-DAME DE CLIGNANCOURT.

PLAN, COUPE, ÉLÉVATIONS, PHOTOGRAPHIES

Auteur du projet : M. LEQUEUX, ✳, prix de Rome, 1834.

Collaborateurs : MM. DODIN, Inspecteur ;
        ROMAIN-CAZES, — DUMAS, — Émile LAFON,
        — Mme Nélie JACQUEMART ; peintres ;
        SCHRODER, — LEPÈRE, — OTTIN ; sculpteurs ;
        DENUELLE, artiste décorateur.

Cette église mesure 78 mètres de l'entrée du porche au fond du chœur. Sa longueur totale, y compris la chapelle de la Vierge, est de 93 mètres. Sa largeur, prise au transept, est de 36 mètres.

L'édifice affecte la forme d'une croix latine. L'architecture rappelle l'époque de la renaissance italienne.

ÉGLISE NOTRE-DAME DE LA CROIX.

PLAN, COUPE, ÉLÉVATION

Auteur du projet : M. HÉRET, architecte.

Collaborateurs : MM. DIONIS DU SÉJOUR, Inspecteur;
BARTHÉLEMY, — CHAMBARD, — LEENHOFF, —
DENECHEAU ; statuaires.

Le porche de cette nouvelle église est situé en regard de la rue Julien-Lacroix. Sa façade latérale est parallèle à la chaussée de Ménilmontant. La plus grande longueur du monument est de 96^m,85, et sa plus grande largeur, de 37^m,85. La surface totale des constructions est de 3,195 mètres.

La façade principale est dominée par un clocher en pierre dont la hauteur atteint 78 mètres. Ce clocher est flanqué à droite et à gauche de quatre tours carrées terminées par des clochetons décorés de colonnes.

L'église Notre-Dame de la Croix rappelle le style roman du xie au xiie siècle.

Ce caractère d'architecture a été subordonné à la destination actuelle de l'édifice. L'emploi du fer apparent, assemblé et orné, a été adopté notamment dans les nervures des voûtes de la grande nef. Les travaux principaux, retardés par diverses circonstances, ont duré six années.

La dépense totale s'élèvera à 2,361,855 francs.

ÉGLISE NOTRE-DAME DES CHAMPS.

PLAN, COUPE, ÉLÉVATION

Auteur du projet : M. Ginain (Léon) (Prix de Rome), Architecte.

Collaborateurs : MM. Dupré, Inspecteur;
Le Père, — Thomas (Jules) ; statuaires.

Cette église est située près de la gare du chemin de fer de l'Ouest, sur le boulevard du Montparnasse, entre les rues du Montparnasse et Stanislas (VI° arrondissement).

Sa construction, commencée en 1867 et interrompue à plusieurs reprises, est aujourd'hui fort avancée.

L'intérieur, composé d'une grande nef (coupée par un transept) et de deux bas-côtés, a 81 mètres de longueur depuis la porte d'entrée jusqu'au fond de la chapelle de la Vierge.

La nef a 20 mètres de hauteur.

La surface bâtie est d'environ 2,000 mètres carrés.

Les systèmes de construction les plus économiques ayant été employés, la dépense n'atteindra que le chiffre relativement restreint de 1,728,768 francs.

N° 650 DU CATALOGUE FRANÇAIS

ÉGLISE SAINT-PIERRE DE MONTROUGE

PLAN, COUPE, ÉLÉVATION

Auteur du projet : M. VAUDREMER, ✳ (Prix de Rome), architecte, médaille pour l'art et le mérite (Vienne 1873).

Collaborateurs : MM. NOGUET, Inspecteur ;
LEHARIVEL, — MANIGLIER ; statuaires.

L'église Saint-Pierre de Montrouge, consacrée au culte catholique, occupe un espace triangulaire dont le sommet aboutit au carrefour des Quatre-Chemins. Cet espace est limité à l'est et à l'ouest par l'avenue d'Orléans et par la chaussée du Maine.

La nouvelle église présente une longueur totale de 70 mètres du clocher à l'abside ; — la nef, entre les axes des colonnes qui la supportent, mesure 13 mètres ; la distance entre les murs des bas-côtés dans œuvre atteint 23 mètres ; celle entre les deux murs des transsepts est de 38 mètres. — Le clocher est d'une hauteur de 38 mètres.

La couverture de l'édifice est en tuiles à emboîtement.

La charpente, visible à l'intérieur, est en sapin coloré en rouge, sur les faces apparentes.

Chacun des murs de la nef est supporté par huit arcatures, pleins cintres portant sur des colonnes en granit.

La dépense s'élève à environ 1,900,000 francs.

EGLISE DE LA TRINITÉ.

PLANS, COUPE, FAÇADE, PHOTOGRAPHIES

Auteur du projet : M. BALLU (Théodore) O✳, architecte, prix de Rome, membre de l'Institut, Inspecteur général du service d'Architecture de la Ville de Paris, médaille pour l'art (Vienne 1873).

Collaborateurs : MM. ROGUET, — LORAIN ; Inspecteurs ; — DURET, de l'Institut, — CAVELIER, de l'Institut, — MAILLET, — CRAUCK, — CARPEAUX, — GUIL-LAUME, de l'Institut, — LOISON, — VITAL-DUBRAY, — MANIGLIER, — MOREAU, — DOUBLE-MARD, — AIZELIN, — CUGNOT, — GAUTHIER, — GILBERT, — FESQUET, — LEBOURG, — HÉBERT, — TRUPHÈME, — VARNIER, — FRISON, — E. THOMAS, — CHATROUSSE, — LESCORNÉ, — DANTAN jeune, — BOSIO, — DEMESMAY, — DENECHEAU, — GUMERY, — Paul DUBOIS ; statuaires ;

MM. BARRIAS, — JOBBÉ-DUVAL, — Émile LÉVY, — DELAUNAY ; peintres ;

MM. OUDINOT, — NICOD (Vitraux), — Paul BALZE (Émail) ; — DENUELLE, décorateur.

La paroisse de la Trinité n'était autrefois desservie que par une chapelle provisoire insuffisante établie dans le IXᵉ arrondissement, à l'entrée de la rue de Clichy.

La nouvelle église est située en perspective à l'extrémité de la rue de la Chaussée-d'Antin.

Elle occupe une surface de 3,000 mètres environ. Les travaux ont duré six années et la dépense s'est élevée à 3,950,000 francs.

N° **652** DU CATALOGUE FRANÇAIS.

SYNAGOGUE.

RUE DE LA VICTOIRE.

PLAN, COUPE, ÉLÉVATION

Auteur du projet : M. ALDROPHE, O. ✳, architecte.
Collaborateur : M. EYERRE, Inspecteur.
(Voir ci-après le Temple israélite de la rue des Tournelles.)

N° **653** DU CATALOGUE FRANÇAIS

TEMPLE ISRAÉLITE.

PLACE ROYALE ET RUE DES TOURNELLES

PLAN, COUPE, FAÇADE, PHOTOGRAPHIES.

M. VARCOLLIER, architecte.

Le Temple israélite de la place Royale, actuellement en construction, a été commencé avant la guerre de 1870 ; les travaux, plusieurs fois interrompus, seront probablement achevés dans le courant de l'année 1875.

Cet édifice couvre un espace d'environ 1,485 mètres superficiels, compris entre la place Royale et la rue des Tournelles. C'est sur cette dernière rue, malheureusement fort étroite, que s'élève la façade principale du temple. Cette disposition, peu favorable à l'effet et même à l'accès de l'édifice, résulte du désir de conserver intact, sur la place Royale, l'ancien bâtiment du temps de Louis XIII, qui fait partie de l'ordonnance régulière de cette place.

Le bâtiment en façade sur la place Royale, reste de l'ancien hôtel Dangeau, occupé naguère par la mairie du VIIIe arrondissement (ancien Paris), a été utilisé dans le projet actuel pour y placer l'appartement destiné au grand-rabbin de France. La façade en a donc été conservée et restaurée avec soin, ainsi que l'escalier principal, dont la belle rampe en fer forgé est un des spécimens les plus importants que nous ayons de l'art industrieux des ferronniers du XVIIe siècle.

Le Temple proprement dit est disposé à peu près sur les mêmes données générales que celui de la rue de la Victoire; c'est-à-dire qu'il se compose d'une grande nef accompagnée de deux étages de tribunes desservies par cinq escaliers différents.

Quant au style de l'édifice, il résulte, soit des dispositions mêmes de l'édifice, soit des emblèmes et des inscriptions propres au culte israélite, soit enfin de l'emploi raisonné des matériaux modernes (la fonte et le fer).

La surface intérieure du temple est de 700 mètres environ, y compris le sanctuaire, mais non compris les dépendances. La surface des tribunes du 1er étage est de 430 mètres et celles du 2e étage ont environ 295 mètres superficiels. Le nombre des siéges fixes, à raison de un demi-mètre de surface par personne, sera d'environ 1,350, tant au rez-de-chaussée que dans les tribunes.

Enfin la dépense générale de cette construction, non compris l'estimation du terrain, ne dépassera pas, avec le mobilier fixe, la valeur de 1,000,000 francs que le Consistoire israélite et la Ville de Paris fournissent à frais communs.

TEMPLE DE GRENELLE.

PLAN, COUPE, ÉLÉVATION.

Auteur du projet : M. Godeboeuf (Eugène), ✳, médaille de mérite (Vienne 1873).

A cet édifice affecté au culte consacré par la confession d'Augsbourg, et dont la façade est située en bordure sur la rue Quinault, est annexé un groupe scolaire comprenant une école de garçons, une école de filles et un asile.

Par suite de l'exiguïté du terrain (comportant seulement la construction d'une petite tribune installée dans la partie antérieure de la nef), on a dû utiliser au rez-de-chaussée et au premier étage les parties latérales des trois écoles, en y établissant des tribunes supplémentaires pour les jours de grande cérémonie.

A cet effet, de grandes ouvertures, ordinairement closes par des parties en menuiserie, viennent s'ouvrir à l'occasion de certaines solennités.

L'église et le groupe scolaire occupent une surface de 941 mètres, dont 744 sont couverts, tandis que 197 forment les cours.

Les travaux ont duré trois ans, et la dépense s'est élevée à la somme de 240,000 francs.

ÉDIFICES CONSACRÉS A L'ENSEIGNEMENT

SORBONNE.

DEUX PLANS, COUPE, ÉLÉVATION, PHOTOGRAPHIE.

Auteur du projet : **M. LHEUREUX**, architecte.

Le projet de restauration de la Sorbonne comporte :
La construction d'une salle monumentale destinée aux grandes solennités universitaires et notamment à la distribution des prix du Concours général. On y arrivera par une rue projetée contiguë à la Sorbonne, par la rue Saint-Jacques et par la grande cour de la Sorbonne. — Cette salle sera précédée d'un vestibule et d'une galerie de dégagement; elle contiendra 1,500 personnes.

La durée des travaux sera de deux années.

La dépense s'élèvera à 800,000 francs.

ÉCOLE DE MÉDECINE DE PARIS.

DEUX PLANS, COUPE, ÉLÉVATION, PHOTOGRAPHIE.

Auteur du projet : **M. GINAIN** (Léon), architecte, prix de Rome.

La reconstruction des bâtiments de la Faculté de médecine de Paris a eu pour but de donner à cet édifice l'extension nécessitée par le nombre toujours croissant (dépassant aujourd'hui 4,500) des élèves qui le fréquentent.

Le projet d'ensemble divise les travaux en deux sections : la première, comprenant les bâtiments affectés aux études générales et à l'administration, dans un espace circonscrit par la rue de l'École-de-Médecine, la rue Hautefeuille et le boulevard Saint-Germain. Les nouvelles constructions devant se raccorder avec les anciens bâtiments de l'École de médecine, terminés en 1786, comportent la conservation du grand amphithéâtre actuellement existant, des amphithéâtres et des laboratoires de chimie, des salles de collections, d'une vaste bibliothèque, des bureaux et du logement du doyen de la Faculté.

La surface occupée par cette première section est d'environ 7,000 mètres.

La deuxième section, destinée à l'installation des services d'études pratiques, comprendrait les bâtiments de l'hôpital des cliniques dans l'ancien couvent des Cordeliers et les espaces affectés actuellement aux pavillons de dissection. Les principales distributions se composent : d'un grand amphithéâtre pour les cours de la Faculté, de diverses salles pour l'enseignement libre, des grands laboratoires de physiologie, d'une cour pour les animaux, des aquariums, etc., des services de l'anatomie pratique comprenant des salles de dissection, des laboratoires d'histologie, de chimie pathologique et autres dépendances, du musée d'anatomie pathologique installé dans l'ancien réfectoire des Cordeliers, des laboratoires particuliers pour les professeurs et de divers logements.

L'édifice sera limité par la rue de l'École-de-Médecine, la rue Antoine-Dubois, la rue Monsieur-le-Prince et la rue Racine. La zone de constructions particulières existant sur ces deux dernières rues est conservée par économie, en même temps que pour dissimuler à la vue du public l'aspect intérieur des locaux destinés aux services anatomiques.

La surface occupée par l'École pratique est d'environ 12,000 mètres.

La dépense totale atteindra probablement le chiffre de 9,500,000 francs.

N° 657 du Catalogue français.

COLLÉGE CHAPTAL.

DEUX PLANS, ÉLÉVATION, VUE INTÉRIEURE ET DIVERSES VUES.

Auteur du projet : M. Train, architecte, médaille de mérite
(Vienne 1873).

Collaborateur : M. Hue, Inspecteur, médaille de coopération
(Vienne 1873).

Le Collége municipal Chaptal est destiné à recevoir 1,000 élèves, dont 600 internes et 400 externes. Il est divisé en trois sections distinctes, savoir : le petit collége, le moyen collége et le grand collége.

Les quatorze corps de bâtiments qui composent l'ensemble de l'édifice occupent une superficie de 5,312 mètres.

La surface couverte est de 6,992 mètres.

La surface développée par tous les étages réunis est de 21,245 mètres.

Les travaux, commencés en juillet 1866, complétement suspendus en juillet 1870, ont été repris au mois de septembre 1871.

La dépense, par élève (terrain et construction), est évaluée à 5,000 francs; le mètre superficiel de construction coûtera 500 francs.

Les plans du Collége Chaptal ont été subordonnés au programme d'ensemble le plus simple et le plus propre à laisser pénétrer partout l'air et le soleil.

N° **658** DU CATALOGUE FRANÇAIS.

COLLÉGE ROLLIN.

DEUX PLANS, COUPE, ÉLÉVATION.

Auteur du projet : M. ROGER (Alexandre), ※, architecte, médaille de mérite (Vienne 1873).

Collaborateur : M. SUFFIT, Inspecteur.

Le Collége Rollin, destiné à contenir 1,000 élèves, occupe une surface de 15,700 mètres, dont le périmètre est encadré par quatre voies spacieuses.

Les bâtiments sont séparés par deux cours principales et par deux cours accessoires dont la superficie est d'environ 8,400 mètres.

La surface couverte est de 7,280 mètres.

D'anciennes carrières de gypse existant sous le sol de l'édifice ont nécessité des substructions qui n'ont pas moins de 10 à 11 mètres de profondeur.

Le caractère des constructions ne peut être rattaché à aucune classification architectonique bien définie. Il est la résultante du mode de construction employé et de l'affectation spéciale des bâtiments.

Les dépenses du gros œuvre, aujourd'hui presque terminé, s'élèveront à 5,000,000 de francs.

N° **659** DU CATALOGUE FRANÇAIS.

FAÇADE DU LYCÉE SAINT-LOUIS.

FAÇADE, PHOTOGRAPHIES.

Auteur du projet : M. BAILLY (Antoine-Nicolas), O. ❋, Inspecteur général honoraire du service d'Architecture de la Ville de Paris.

L'ouverture du boulevard Saint-Michel ayant entraîné la démolition des bâtiments du Lycée Saint-Louis, autrefois situés en bordure sur la rue de la Harpe, la façade de ce Lycée a dû être reconstruite sur le nouvel alignement.

Elle offre un développement de 118 mètres environ.

Le style, d'un caractère contemporain, est approprié à la destination de l'édifice.

Les travaux ont duré un peu plus de deux années.

La dépense s'est élevée à 992,666 francs.

N° **660** DU CATALOGUE FRANÇAIS.

FAÇADE DU LYCÉE CONDORCET.

FAÇADE, PHOTOGRAPHIES.

Auteurs du projet : M. DUC (Joseph-Louis), C. ❋ (Prix de Rome), membre de l'Institut, grand prix de l'Empereur (1869), diplôme d'honneur (Vienne 1873) ; — M. ROGER (Alexandre), ❋.

Le caractère de cette façade est subordonné aux distributions intérieures de l'édifice, en raison desquelles l'économat et un grand réfectoire occupent le rez-de-chaussée, tandis que le premier étage est consacré aux appartements du proviseur et du censeur.

11

N° **661** du Catalogue français.

ÉCOLE MUNICIPALE TURGOT.

DEUX PLANS, COUPE, ÉLÉVATION.

Auteur du projet : M. Chat, architecte, médaille de mérite
(Vienne 1873).

Collaborateur : M. Maillet, artiste sculpteur.

Cette école est destinée à donner aux jeunes gens qui se préparent au commerce ou à l'industrie, l'enseignement primaire supérieur.

Les salles et les amphithéâtres de l'édifice actuel peuvent recevoir 2,000 élèves.

L'ensemble des constructions occupe une surface de 4,882 mètres. La surface couverte est de 3,422 mètres.

Les préaux et les cours ont un développement de 1,460 mètres.

Les divers étages de l'école sont desservis par deux larges escaliers placés aux extrémités d'une galerie parallèle à la façade, et par trois autres escaliers conduisant aux amphithéâtres et au service spécial de chimie.

Le bâtiment d'administration situé au centre de la façade est consacré aux bureaux et aux logements des directeurs et des divers employés.

Le grand amphithéâtre contient 250 à 300 élèves.

Les travaux, commencés à la fin de 1866, interrompus par la guerre, n'ont pu être achevés qu'en 1874.

La dépense s'est élevée à 1,375,000 francs.

ÉCOLE COLBERT.

DEUX PLANS, COUPE, ÉLÉVATION.

Auteur du projet : M. Villain (François-Alphonse) (Prix de Rome),
architecte, médaille de mérite (Vienne 1873).

Collaborateurs : MM. Lacombe, Inspecteur, médaille de coopération
(Vienne 1873);

Consanove, sculpteur d'ornements.

Cette École est spécialement consacrée aux jeunes gens
qui se destinent au commerce et à l'industrie. Les études
durent trois ans. — Les élèves, externes, sont au nombre
de 500.

Les amphithéâtres de physique, de chimie, d'histoire
naturelle, les salles de dessin, de modelage, d'enseignement
religieux, etc., sont installés au premier étage.

Les salles d'études, les classes qui ne comportent pas
un mobilier spécial, sont situées au rez-de-chaussée.

La surface occupée par les constructions est d'environ
,550 mètres. Les travaux ont duré trois années.

La dépense s'est élevée à 1,147,365 francs.

ÉCOLE DE LA RUE ÉBLÉ.

PLAN, COUPE, ÉLÉVATION.

Auteur du projet : M. Hérard, architecte, médaille de 3e classe (1851).

L'école de la rue Éblé est destinée à donner gratuitement l'instruction à 300 jeunes filles et à recueillir dans
une salle d'asile 200 enfants dont les familles habitent
cette partie du VIIe arrondissement.

Indépendamment des classes et des préaux couverts, cet édifice comprend : deux logements pour les directrices de l'école et de l'asile ; deux logements pour les sous-directrices, et le logement du concierge.

Les jeunes filles, divisées en quatre classes, ont un préau couvert commun ; les enfants de l'asile ont une classe et un préau couvert et spécial.

Le style de l'édifice rappelle, dans une certaine mesure, l'architecture du moyen âge.

Les travaux, commencés le 20 janvier 1872, ont été terminés au mois de décembre de la même année.

La surface occupée par le bâtiment est de 626 mètres ; la surface des préaux découverts est de 1,398 mètres.

La dépense s'est élevée au chiffre de 292,031 francs.

N° **664** du Catalogue français.

ÉCOLE, AVENUE DE LA MOTTE-PIQUET.

PLAN, COUPE, ÉLÉVATION.

Auteur du projet : M. FLAMENT, architecte.

Le groupe scolaire, élevé sur l'avenue de la Motte-Piquet et dirigé par des professeurs laïques, renferme une école de filles et une école de garçons qui peuvent recevoir chacune 250 enfants. Les directeurs et les professeurs sont logés dans l'étage d'attique.

La superficie occupée est de 1,530 mètres. Les préaux découverts en occupent 850. Le caractère de la construction rappelle l'architecture de la fin du xvie siècle.

Les travaux, commencés le 1er septembre 1868, ont été terminés le 1er avril 1869.

La dépense s'est élevée à 384,000 francs.

ÉCOLE, AVENUE DAUMESNIL.

PLAN, COUPE, ÉLÉVATION.

Auteur du projet : M. CORDIER, architecte.

Ce groupe scolaire occupe une superficie de 2,200 mètres environ, limitée par le boulevard Mazas, l'avenue Daumesnil et l'impasse Bouton. Il contient une école pour 370 garçons, une école pour 365 jeunes filles, et un asile pour 165 enfants.

Il est composé de deux bâtiments parallèles et perpendiculaires à l'axe longitudinal de l'emplacement. Chacune de ces deux constructions comprend six classes de 60 places, en moyenne.

Le style des bâtiments est approprié à leur destination.

Les travaux ont duré une année.

La dépense s'est élevée à 530,000 francs, soit à environ 590 francs par élève.

N° **666** DU CATALOGUE FRANÇAIS.

ÉCOLE, RUE D'ALÉSIA.

PLAN, COUPE, ÉLÉVATION.

Auteur du projet : M. VAUDREMER, ✳, prix de Rome, médaille pour l'art et le mérite (Vienne 1873).

MAIRIES.

Renseignements généraux.

La Ville de Paris a fait construire, depuis 1850, neuf mairies affectées aux services municipaux des Ier, IIIe, IVe, VIIe, XIe, XIIIe, XVe, XVIe et XXe arrondissements. Les dispositions intérieures de ces neuf édifices ont été administrativement déterminées par un même programme, conformément auquel chaque mairie doit contenir :

1° Une justice de paix et tous les locaux qu'elle comporte; c'est-à-dire le prétoire public, la salle d'attente, le greffe, le cabinet du juge, etc., etc.;

2° Le bureau de bienfaisance et ses dépendances, telles que le cabinet de consultations médicales, la salle d'attente et son entrée spéciale, les salles de commissions pour les Administrateurs, les bureaux, les caisses, le cabinet du trésorier, etc., etc.;

3° Les locaux affectés au service de la mairie elle-même, savoir : une grande salle de réunion publique, une salle des mariages, des cabinets pour le maire et les adjoints, les bureaux de l'état civil, des décès, des mariages, des sociétés de secours mutuels, de la Caisse d'épargne, des ingénieurs de la voie publique, du gaz, des eaux, ainsi que les logements des secrétaires et des garçons de bureau, et, enfin, des corps de garde pour les sergents de ville et les pompiers.

MAIRIE DU IIIe ARRONDISSEMENT.

DEUX PLANS, COUPE, ÉLÉVATION.

Auteurs du projet : M. CALLIAT (Victor), ✻, architecte ; — M. CHAT.

Collaborateurs :   M. IGNACE, Inspecteur, médaille de coopération (Vienne 1873) ;

MM. PASCAL, — LAGRANGE ; statuaires.

La Mairie du IIIe arrondissement est située en avant du square du Temple.

Elle occupe une superficie de 3,160 mètres, dont 1,233 de surface en constructions, et 1,233 de cours et de jardins.

L'aile gauche contient tous les services de la mairie

La justice de paix, la salle des fêtes et les salons qui en dépendent, la grande salle des commissions, les bureaux de l'octroi, etc., etc., sont installés dans l'aile droite.

Les travaux ont été commencés en 1864 et achevés en 1867.

La dépense s'est élevée à 1,677,257 francs.

MAIRIE DU IVe ARRONDISSEMENT.

DEUX PLANS, COUPE, ÉLÉVATION ET VUES DIVERSES.

Auteur du projet : M. BAILLY, O. ✻, architecte.

Collaborateurs : MM. LAISNÉ, — DUSSOURD ; Inspecteurs.

Cet édifice, destiné à concentrer les services municipaux du quartier de l'Hôtel-de-Ville, est de forme trapézoïdale. Il occupe une superficie de 2,300 mètres environ, délimitée par les rues de Rivoli, Vieille-du-Temple, Saint-Antoine et par la place Saint-Jean, sur laquelle se trouve l'entrée principale; son style, approprié à sa destination, est d'un caractère tout contemporain.

Les travaux ont duré cinq ans.

La dépense s'est élevée à 1,781,001 francs.

N° **669** du Catalogue français

MAIRIE DU XIe ARRONDISSEMENT.

DEUX PLANS, COUPE, ÉLÉVATION MODÈLE.

Auteurs du projet : MM. Gancel, architecte, médaille de mérit (Vienne 1873).

Collaborateurs : MM. Villain, — Hénard ; Inspecteurs ; Maniglier, statuaire.

La nouvelle Mairie du XIe arrondissement (l'un des plus populeux de Paris), est située au centre même de cet arrondissement, à la rencontre du boulevard Voltaire et de l'avenue Parmentier. La superficie occupée est d'environ 2,400 mètres.

Le style de la renaissance, adopté pour la façade principale, a été modifié dans les autres parties de l'édifice et approprié à leur destination.

Les différents services de la mairie sont installés à l'entrée, sur la place Voltaire.

La justice de paix et ses dépendances occupent la partie postérieure.

Les travaux ont duré un peu plus de trois ans.

La dépense s'est élevée à 2,300,000 francs.

MAIRIE DU XVI° ARRONDISSEMENT.

DEUX PLANS; COUPE, ÉLÉVATION.

Auteur du projet : M. GODEBEUF (Eugène), ✳, médaille de mérite
(Vienne 1873).

Collaborateur : M. THIERRY, Inspecteur, médaille de coopération
(Vienne 1873).

La configuration du terrain sur lequel est élevé cet édifice présente un angle aigu à la jonction de deux grandes voies publiques.

Par suite, une forme particulière a dû être donnée à la cour principale dont le côté gauche est parallèle aux façades situées sur la rue de la Pompe.

La surface occupée est de 4,952 mètres. Les constructions couvrent 2,383 mètres.

Les travaux ont duré quatre années.

La dépense atteint le chiffre de 2,346,762 francs.

MAIRIE DU XX° ARRONDISSEMENT.

DEUX PLANS, COUPE, ÉLÉVATION

Auteur du projet : M. SALLERON, architecte, médaille de mérite
(Vienne 1873).

Collaborateur : M. BOUVARD, Inspecteur, médaille de coopération
(Vienne 1873).

La nouvelle Mairie du XX° arrondissement a été construite au centre de la nouvelle place de Puebla, au point de jonction de quatre voies projetées qui doivent rattacher cette place à l'intérieur de Paris et aux communes de Romainville et de Bagnolet.

La surface totale de l'emplacement occupé est d'environ 4,000 mètres, dont 2,400 de surface construite, et 811 mètres de cours.

Le style, approprié à la destination de l'édifice, est d'une grande simplicité.

Les travaux, commencés en 1867 et interrompus à diverses reprises, ne sont pas encore terminés.

La dépense prévue doit atteindre le chiffre de 1,096,736 francs.

THÉATRES

N° **672** DU CATALOGUE FRANÇAIS

THÉATRE DU CHATELET.

DEUX PLANS, COUPE, ÉLÉVATION, VUES ET MONOGRAPHIE.

Auteur du projet : M. DAVIOUD, ✳, Inspecteur général du service
d'Architecture de la Ville de Paris, mé-
daille pour l'art et le progrès (Vienne 1873).

Collaborateurs : MM. RENAULT, Inspecteur ;
AIZELIN, — CHEVALIER, — ROBERT, —
CHATROUSSE, — SALMSON ; statuaires.
M. CAMBON, peintre-décorateur.

Les principaux théâtres de drame et de genre étaient
autrefois groupés sur l'ancien boulevard du Temple.

Au moment de l'ouverture du boulevard du Prince-
Eugène, le théâtre du Cirque et le théâtre Lyrique ont été
transférés en face l'un de l'autre, sur la nouvelle place du
Châtelet, dont la décoration a été complétée par le déplacement et la réinstallation de la fontaine du Palmier
(construite en 1808 sur les dessins de Bralle, pour perpétuer le souvenir de l'expédition d'Égypte).

Cette décentralisation a eu pour effet d'apporter, dans
un nouveau quartier plus rapproché de la rive gauche, un
contingent utile de circulation et d'animation.

Le théâtre du Châtelet (ancien Cirque) occupe une
surface de 3,717 mètres présentant la forme d'un parallélogramme, dont les grands côtés sont situés sur le quai de
la Mégisserie et sur l'avenue Victoria.

La façade présente, sur la place, un double rang d'arcades superposées.

Les petites places ont une entrée spéciale sur l'avenue Victoria.

La salle, dont la sonorité est remarquable, offre des dimensions à peu près analogues à celles de l'ancien Opéra récemment incendié. Elle contient 3,000 places.— On y remarque l'absence des avant-scènes, jugées inutiles dans un théâtre d'optique. Elle est éclairée par un plafond lumineux en cristal dépoli.

Les travaux ont duré deux années, et la dépense s'est élevée à 3,437,348 francs.

N° **673** DU CATALOGUE FRANÇAIS

THÉATRE-LYRIQUE.

DEUX PLANS, COUPE, ÉLÉVATION, VUES ET MONOGRAPHIE.

Auteur du projet : M. DAVIOUD (Gabriel-Jean-Antoine), ✳, Inspecteur général du service d'Architecture de la Ville de Paris, médaille pour l'art et le progrès (Vienne 1873).

Collaborateurs : MM. LUCAS, Inspecteur, médaille de coopération (Vienne 1873);

Élias ROBERT, statuaire;

NOLAU, — RUBÉ, — CAMBON ; peintres.

Le Théâtre-Lyrique occupe, en face du précédent, sur la place du Châtelet, un parallélogramme d'une surface de 3,717 mètres, dont les grands côtés sont délimités par l'avenue Victoria et le quai de la Mégisserie.

Les travaux ont duré deux années et la dépense s'est élevée à 2,247,815 francs.

THÉATRE DU VAUDEVILLE.

DEUX PLANS, COUPE, ÉLÉVATION, MODÈLE EN PLATRE.

Auteur du projet : M. Magne (Auguste-Joseph), ✼, Inspecteur général du service d'Architecture de la Ville de Paris, médaille pour l'art et le mérite (Vienne 1873).

Collaborateurs : MM. Monnier, Inspecteur, médaille de coopération (Vienne 1873);

Oliva, — Cordier, — Gilbert, — Samrson, — Chevalier, — Dubois-Davesnes, — Hébert (Émile) ; statuaires ;

Mazerolles, — Foulouque; peintres d'histoire.

Rubé, — Chapron ; peintres-décorateurs.

L'ancien théâtre du Vaudeville, autrefois situé place de la Bourse, a dû disparaître au moment du percement de la rue Réaumur, et il a été reconstruit à l'angle du boulevard des Capucines et de la Chaussée-d'Antin, sur l'emplacement occupé précédemment par l'hôtel Sommariva.

La nouvelle construction occupe une superficie totale de 1,360 mètres carrés.

Le vestibule du Vaudeville actuel est de forme circulaire; il est accessible par trois grandes baies en regard desquelles trois autres ouvertures, conduisant dans les diverses parties du théâtre, sont symétriquement disposées.

La salle, éclairée par un plafond lumineux, est largement desservie par plusieurs escaliers spéciaux. La scène, machinée en fer, est élevée sur trois dessous.

La construction du Vaudeville et des maisons de rapport adjacentes, commencée en janvier 1867, a été terminée le 1ᵉʳ avril 1869. L'ouverture de la salle a pu avoir lieu le 22 du même mois.

La dépense totale, y compris l'installation de tous les services, s'est élevée à 1,800,000 francs.

Le nouveau Vaudeville repose sur un sol sablonneux, détrempé par la nappe d'eau qui formait autrefois le ruisseau des Porcherons. Le niveau liquide étant supérieur au radier des dessous, il a été établi, pour rendre ces dessous étanches, un béton général d'un seul jet et dont la résistance a été calculée de façon à annuler la pression des eaux.

N° **675** DU CATALOGUE FRANÇAIS

THÉATRE DE LA GAITÉ.

PLAN, COUPE, ÉLÉVATION

Auteur du projet : M. CUSIN, architecte.

Collaborateurs : MM. TRILHE, Inspecteur ;

VITAL DUBRAY, — DOUBLEMART, — GODIN ; sculpteurs ;

JOBBÉ-DUVAL, peintre.

La façade et l'entrée principale de ce théâtre sont situées sur le square des Arts-et-Métiers.

L'entrée des artistes est sur la rue Réaumur.

L'édifice, isolé latéralement des construction voisines par deux passages de 3 mètres de largeur, couvre un espace de 33 mètres sur 63 mètres. — Il est construit en fer. — Le plafond, modifié aujourd'hui, était lumineux.

La salle a un diamètre de 16 mètres et se compose :

D'un parterre auquel sont adossées 12 baignoires ;

D'un amphithéâtre appuyé de 6 loges à droite et 6 loges à gauche et de 2 loges d'avant-scènes ;

De 23 loges de 1re galerie avec 2 loges d'avant-scènes ;

De 18 loges de 2me galerie avec amphithéâtre ;

Enfin, d'un amphithéâtre supérieur.

Un vestibule d'arrivée, 2 foyers, de chacun 17 mètres sur 11, sont affectés aux spectateurs.

La salle est desservie par 6 grands escaliers, sans compter le grand escalier d'arrivée.

Les spectateurs des étages supérieurs accèdent à leurs places par des escaliers spéciaux.

La salle peut contenir 3,000 personnes.

La scène a une ouverture de rideau de 11 mètres de largeur sur 13 mètres de hauteur ; la hauteur totale du comble au fond des caves est de 35 mètres.

La profondeur des dessous est de 9 mètres.

Les travaux ont duré deux années.

La dépense des constructions s'est élevée à 1,500,000 fr.

Nº **676** DU CATALOGUE FRANÇAIS

ORPHEON.

(Modèle.)

PLAN, COUPE, ÉLÉVATION, PHOTOGRAPHIE.

Auteur du projet : M. DAVIOUD, ✳, architecte, médaille pour l'art et le progrès (Vienne 1873).

L'exécution de ce projet est en ce moment ajournée. La dépense estimative de ladite exécution atteindrait le chiffre de 5,300,000 francs.

MARCHÉS.

Renseignements généraux.

Indépendamment des Halles centrales, la Ville de Paris a fait construire, depuis l'année 1850, un assez grand nombre de marchés, savoir :

1° Le *marché des Ternes*, situé entre le boulevard Pereire, la rue Demours et la rue de l'Arcade, sur une superficie de 1,900 mètres ;

2° Le *marché du Prince-Eugène*, superficie 1,687 mètres ;

3° Le *marché Saint-Maur-Popincourt*, superficie 1,708 mètres;

4° Les *marchés :*

du	IIme arrondissement,	superficie	2,652	mètres.
du	IIIme	id.	id.	2,693	—
du	IVme	id.	id.	1,850	—
du	VIIIme	id.	id.	2,652	—
du	XVme	id.	id.	1,600	—
du	XVIme	id. deux marchés ayant			
			ensemble	2,005	—
du	XVIIme	arrondissement,	superficie	2,919	—
du	XVIIIme	id.	id.	2,582	—
du	XIXme	id.	id.	1,834	—
du	XXme	id.	id.	1,706	—

Pendant la même période, le grand marché aux bestiaux et les abattoirs de la Villette, qui occupent 50 hectares, ont remplacé les anciens abattoirs situés presque au centre du nouveau Paris.

De plus, les opérations destinées au développement de l'entrepôt des vins ont été commencées au quai Saint-Bernard, à Bercy et à Ivry.

Enfin, la Ville de Paris a fait construire, dans le Vme arrondissement et sur un emplacement circonscrit par la rue du Fer-à-Moulin et les rues du Pont-aux-Biches et Censier, la nouvelle halle, destinée à la concentration de l'approvisionnement des cuirs.

N° **677** DU CATALOGUE FRANÇAIS.

HALLES CENTRALES.

PLANS, ÉLÉVATION, VUES.

Auteur du projet : M. BALTARD (Victor), O. ✳, architecte (Prix de Rome), membre de l'Institut, médaille pour l'art et le progrès (Vienne 1873), (décédé).

Collaborateurs : MM. HUILLARD, — RADIGON, — PAPPERT, — TOUCHARD, médaille de coopération (Vienne 1873).

Les Halles centrales de Paris sont destinées à concentrer la vente de tous les genres d'approvisionnements en denrées.

Elles occupent une surface de 33,480 mètres.

Leur type de construction, en fer et en fonte, a servi de modèle à la plupart des bâtiments d'une affectation analogue récemment construits en France et même à l'étranger.

La difficulté de couvrir de grands espaces avec des points d'appui peu encombrants paraît avoir été définitivement résolue par ce nouveau genre d'architecture, si propre à favoriser l'aération puissante indispensable aux grands emmagasinements de denrées.

De vastes sous-sols abritent les marchandises invendues.

Les travaux, commencés en 1864, ont été achevés en 1869.

La dépense s'est élevée à 13,000,000 de francs.

NOUVEAU MARCHÉ DU TEMPLE.

PLAN, ÉLÉVATION, PHOTOGRAPHIE.

Auteur du projet : M. de Mérindol (Jules-Charles-Joseph), ✳,
architecte.

La façade principale de ce nouveau marché est située
un peu obliquement sur la rue du Temple et dans l'alignement du square du Temple. Il résulte de cette obli-
quité que la façade longitudinale sur la rue Percée
présente une différence de 4 mètres en moins avec le
côté du marché qui s'étend sur la rue Du-Petit-Thouars.

La surface totale occupée est de 14,235^m,14 ; la surface
affectée aux boutiques est de 8,232^m,86.

Sauf les colonnes d'appui, pour lesquelles on a employé
la fonte de Marquise (Pas-de-Calais), la construction tout
entière est en fer.

Les colonnes de fonte du rez-de-chaussée, coulées d'un
seul morceau, atteignent, à leur base et aux chapiteaux,
0^m,80 × 0^m,72 ; leur emboîtement et leur ajustement sur
les différentes faces sont exécutés avec une rare précision.

Les travaux, commencés au mois de février 1863, ont
été entièrement terminés à la fin de décembre 1865.

La dépense totale s'est élevée à 3,120,000 francs.

N°. **679** du Catalogue français.

MARCHE PLACE D'ITALIE.

PLAN, ÉLÉVATION, PHOTOGRAPHIE.

Auteur du projet : **M. Dubois, architecte.**

Ce marché, destiné à desservir le XIIIe arrondissement, occupe une superficie de 2,672 mètres , dont 1,485 sont affectés à 298 boutiques.

La construction est principalement en fer et en fonte. Sept grandes allées, dont quatre sont longitudinales et quatre transversales, desservent le marché.

La couverture est en zinc.

Les travaux ont duré une année.

La dépense s'est élevée à 775,717 francs.

N° **680** du Catalogue français.

MARCHÉ PLACE DE L'EUROPE.

PLAN, ÉLÉVATION, PHOTOGRAPHIE.

Auteur du projet : M. Dubois, architecte.

Ce marché, destiné à desservir le VIIIe arrondissement, occupe une superficie de 2,715 mètres.

Les boutiques, au nombre de 300, absorbent une surface de 1,412 mètres.

La construction est principalement en fer et en fonte.

Huit grandes allées, dont quatre sont longitudinales et quatre transversales, desservent le marché.

La couverture est en zinc.

Les travaux, exécutés d'après les projets de M. Dubois, architecte, ont duré onze mois.

La dépense s'est élevée à 691,000 francs.

N° 681 DU CATALOGUE FRANÇAIS.

MARCHE ET ABATTOIRS DE LA VILLETTE.

PLAN, ÉLÉVATION, PHOTOGRAPHIES.

Auteurs du projet : MM. BALTARD, O. ✳, (de l'Institut), médaille pour l'art (Vienne 1873),

et JANVIER, ✳, architecte, médaille de progrès (Vienne 1873).

Les anciens abattoirs étaient contigus à l'ancien mur d'enceinte. Le passage constant des bestiaux, les émanations fétides des tueries et des fondoirs compromettaient la sécurité et l'hygiène des rues voisines. Dès lors il était indispensable de déplacer ces établissements, et pour mieux assurer l'approvisionnement, l'économie des frais de transport, le bon marché de la denrée, il importait, en les réunissant en un seul édifice, de les rapprocher du marché aux bestiaux.

Abattoir.

Le nouvel abattoir occupe un vaste emplacement, limité sur ses divers côtés par la rue de Flandre, par les fortifications, par une voie ferrée spéciale se reliant au chemin de fer de Ceinture, par le canal de l'Ourcq (qui sépare l'abattoir du marché aux bestiaux) et par le canal Saint-Denis.

La ligne d'axe qui divise l'ensemble des constructions est perpendiculaire à la rue de Flandre.

L'étendue des terrains occupés est de 31 hectares (dont 44,218 mètres couverts de constructions).

Le style de ces constructions est complétement subordonné à l'usage auquel les divers bâtiments sont affectés.

Le sol sur lequel s'élèvent les abattoirs étant en contre-bas, des remblais très-considérables ont dû être exécutés. — Les fondations, assises sur un terrain argileux, sont profondes et construites d'abord en béton, puis en pierres meulières. En élévation, les socles des bâtiments sont en pierres d'Anstrude, les assises et dosserets en pierres de Crouy avec remplissage, soit en moellons piqués, soit en briques de Bourgogne apparentes.

Les planchers des greniers destinés à l'approvisionnements des fourrages sont en fer hourdis en mortier et recouverts de bitume pour atténuer les causes d'incendie.

Les combles sont couverts en tuiles mécaniques de Bourgogne, dites de *Montchanin*.

On pénètre dans l'abattoir par neuf portes carrossables, et par six entrées spéciales pour les piétons, reliées entre elles par une grille de 120 mètres de longueur.

Lorsque l'abattoir sera complétement construit, il contiendra 64 pavillons occupant ensemble une superficie de 82,111 mètres.

Sur 279 échaudoirs que doivent contenir les abattoirs, il en existait 149 en activité au 1er janvier 1874; 26 étaient construits, mais non encore livrés; 104 restent à élever.

Chaque corps de bâtiment se compose de deux pavillons parallèles, desservis par une cour commune qui sert de cour de travail pour les échaudoirs et pour les bouveries, et de cour de service en même temps que de parc pour les bestiaux.

Deux pavillons d'administration sont installés à droite et à gauche, à l'entrée des abattoirs.

La porcherie est une vaste nef couverte par une coupole de 34 mètres de diamètre.

Certaines dispositions particulières ont été appliquées dans cette porcherie : notamment un chemin de fer aérien qui permet de faire circuler les porcs et de les accrocher avec célérité ; un appareil pour les brûler par le gaz et remplacer la paille d'une manière avantageuse, économique et rapide, tout en écartant les causes d'incendie et de détérioration des bâtiments.

Les travaux, qui sont encore en cours d'exécution, ont été commencés le 9 septembre 1863. La somme dépensée jusqu'à ce jour est de 14,540,700 francs.

Marchés aux bestiaux.

L'emplacement occupé par ce nouveau marché est borné par la rue d'Allemagne, par le Dépotoir, par le canal de l'Ourcq, qui le sépare des abattoirs et sur lequel sont établis deux ponts qui réunissent les deux établissements ; par l'embranchement du chemin de fer de Ceinture, qui amène les bestiaux jusque dans le marché, et par les fortifications.

On entre au marché aux bestiaux par cinq portes carrossables réunies par une grille de 95 mètres de développement. Quatre entrées spéciales sont réservées aux piétons. Elles sont séparées pas les pavillons consacrés au concierge, à l'octroi et à la régie.

Les animaux sont amenés au marché, soit à pied, soit en chemin de fer.

Pour ceux qui arrivent à pied, de vastes parcs de comptage, divisés par des barrières en bois fortement assujetties, sont installés à gauche de l'entrée du marché. Au milieu de ces parcs est un abri qui permet de compter facilement les animaux un à un ; des tambours destinés à compter les moutons permettent de faire cette opération sans que ces animaux puissent s'étouffer ni passer plus d'un à la fois.

Quant au bétail venu par le chemin de fer, de nouveaux parcs de comptage sont établis au fond, à droite de l'établissement. Les animaux transportés en wagon, de toutes les parties de la France, sont descendus sur un quai de débarquement, puis classés dans des parcs, comptés et conduits sur le marché où ils sont répartis, suivant leur nature, sous trois grands abris spécialement aménagés. Ces trois abris sont construits en fer et en fonte, celui du milieu, d'une superficie d'environ 18,000 mètres, est destiné à l'exposition et à la vente des bœufs; il peut contenir envrion 6,000 bœufs, attachés à des lisses en fer supportées par des bornes en fonte.

A gauche, l'abri aux moutons, d'une surface de 12,330 mètres, est divisé par des grilles de fer en compartiments dans lesquels peuvent être parqués 30,000 moutons.

A droite, la halle aux veaux, d'une surface de 12,330 mètres, est divisée par des grilles en fer en 174 compartiments distincts, dont 70 peuvent contenir 2,500 veaux.

Le surplus des compartiments est destiné aux procs et peut en contenir 4,000.

Derrière ces halles sont de vastes étables destinées à recevoir les bestiaux, soit à leur arrivée, soit après la criée, s'ils sont invendus et s'ils peuvent être réexposés au marché suivant sans avoir perdu ni leur force ni leur embonpoint. Ces étables sont construites en pierre et meulière; l'eau y circule abondamment. Elles se composent de trois groupes de bâtiments au centre de chacun desquels est ménagée une cour de service (de 53 mètres de long sur 15 mètres de large) munie d'abreuvoirs. En avant de ces bouveries définitives sont des bouveries et porcheries provisoires. L'ensemble de ces bâtiments permet d'héberger 2,240 bœufs, 7,400 moutons, 2,200 veaux et porcs.

Le marché et les abattoirs sont mis en communication à l'aide des deux ponts dont il vient d'être parlé. Ces ponts sont munis de rampes douces pour le passage des bestiaux et des voitures. Sur deux de ces rampes sont disposés des parcs pour le comptage des bœufs et des moutons se vendant aux abattoirs. Dans l'axe des ponts, sont réservés des passages pour les piétons, qui y accèdent à l'aide d'escaliers à doubles rampes avec paliers.

Les ponts sont composés de fermes en fer, posées sur des culées en maçonnerie, surmontées de pilastres destinés à recevoir les grilles qui forment clôture entre le marché et le canal. Le tablier est garni de trottoirs avec grilles dites *garde-fous ;* il est voûté en briques avec chape en ciment de Portland.

La halle centrale contient un grand espace occupé par de vastes abreuvoirs.

En avant de ces abreuvoirs sont des bâtiments affectés aux divers services nécessaires à l'exploitation du marché ; l'un de ces bâtiments, celui de gauche, est affecté aux bureaux et aux logements de la régie ; on y trouve aussi une vaste salle servant en même temps de Bourse, de lieu de séance pour la distribution des prix d'encouragement à l'agriculture, ainsi que de local pour le tirage des places.

Le bâtiment de droite comprend les bureaux et logements des agents employés aux divers services administratifs de la Préfecture de police et de la Préfecture de la Seine, ainsi qu'un corps de garde et un bureau télégraphique.

Des trink-halls, deux buvettes-restaurants, des réservoirs, de petits bâtiments affectés au service de l'octroi complètent le marché.

Il est à propos d'ajouter que l'ancienne fontaine du Château-d'Eau, construite en 1811 par l'architecte Simon Richard, a été transférée à l'entrée des marchés. Son caractère décoratif, très-simple, est en harmonie avec l'ensemble des bâtiments.

La dépense des travaux s'élève aujourd'hui à 12,233,000 francs.

L'ensemble de ces travaux n'est pas terminé.

N° **682** du Catalogue français

FONTAINES DU THÉATRE-FRANÇAIS.

PLAN, COUPE, ÉLÉVATION ET PERSPECTIVE, DESSINS.

Auteur du projet: M. Davioud (Gabriel-Jean-Antoine), ✻, architecte, médaille pour l'art et le progrès (Vienne 1873), Inspecteur général du service d'Architecture.

Collaborateurs : MM. Wild, Inspecteur;
Carrier-Belleuse, — Moreau (Mathurin), — Eudes, — Gauthier; statuaires.

L'exécution de ces fontaines a exigé deux années de travaux.

La dépense s'élève à 230,000 francs.

FONTAINE SAINT-MICHEL.

ÉLÉVATION, VUES.

Auteur du projet : M. Davioud (Gabriel-Jean-Antoine), ✳, architecte, médaille pour l'art et le progrès
(Vienne 1873), Inspecteur général du service
d'Architecture.

Collaborateurs : MM. Flament, Inspecteur;
Duret, — Guillaume, — Barre, — Elia-
Robert, — Gumery, — Jacquemart, — De
Bay, — Rouillard; statuaires.

L'exécution de cette fontaine a exigé deux années de travaux.

La dépense s'est élevée à 500,000 francs.

FONTAINE DU CHATEAU-D'EAU.

PLAN, COUPE, ÉLÉVATION, DESSINS.

Auteur du projet : M. Davioud (Gabriel-Jean-Antoine), ✳, architecte, médaille pour l'art et le progrès
(Vienne 1873), Inspecteur général du service
d'Architecture.

Collaborateurs : MM. Quellain, — Hermain; inspecteurs.
Jacquemart, — Villeminot; sculpteurs.

N° **685** DU CATALOGUE FRANÇAIS.

FONTAINE DU LUXEMBOURG.

PLAN, COUPE, ÉLÉVATION, PERSPECTIVE, DESSINS.

Auteur du projet : M. DAVIOUD (Gabriel-Jean-Antoine), ✻, archi tecte, médaille pour l'art et le progrès (Vienne 1873).

Collaborateurs : MM. FLAMENT, Inspecteur, médaille de coopération (Vienne 1873);
CARPEAUX, — FREMIET; statuaires.
VILLEMINOT, sculpteur, médaille de coopération (Vienne 1873).

Lorsqu'il fut décidé qu'on ouvrirait des rues au travers de la pointe sud des annexes du jardin du Luxembourg, de manière à faire communiquer entre eux deux quartiers complétement séparés l'un de l'autre, l'opinion publique réclama la conservation de la grande artère qui s'étend entre le Palais du Luxembourg et l'Observatoire. La Ville de Paris se rendit acquéreur de cette allée, et tout en lui laissant son caractère propre, elle l'encadra de deux voies publiques et la décora de parterres à la française, de statues et d'objets d'art, de manière à la mettre en rapport avec le reste de la partie centrale du jardin du Luxembourg

De plus il fut décidé qu'elle serait terminée, du côté de la place de l'Observatoire, par une fontaine monumentale.

Ces divers travaux de transformation ont duré quatre années.

La dépense s'est élevée à 600,000 francs.

N° **686** DU CATALOGUE FRANÇAIS

Monographie de l'Hôtel de Ville.

MM. CAILLAT, ✳, architecte;
LE ROUX DE LINCY.

PHOTOGRAPHIES DE L'ESCALIER DE LA COUR CENTRALE

M. BALTARD, O. ✳, membre de l'Institut, architecte.

N° **687** DU CATALOGUE FRANÇAIS

Orphéon

ALBUM DES DESSINS DU PROJET

M. DAVIOUD, ✳, architecte, Inspecteur général du service d'Architecture.

N° **688** DU CATALOGUE FRANÇAIS

Monographie du Théâtre-Lyrique.

M. DAVIOUD, ✳, architecte.

N° **689** DU CATALOGUE FRANÇAIS

Monographie du théâtre du Châtelet.

M. DAVIOUD, ✳, architecte.

N° **690** DU CATALOGUE FRANÇAIS

Monographie du théâtre du Vaudeville.

M. MAGNE, ✳, architecte, Inspecteur général du service d'Architecture.

Nᵒ **691** du Catalogue français

Monographie de l'église Saint-Ambroise.

M. Ballu, O. ✳, de l'Institut, architecte.

N **692** du Catalogue français

Monographie de l'église de la Trinité.

M. Ballu, O. ✳, de l'Institut, architecte.

Nᵒ **693** du Catalogue français

Monographie du Palais de Justice.

M. Duc, C. ✳, de l'Institut, architecte.

Nᵒ **694** du Catalogue français

Monographie des Halles Centrales.

M. Baltard, O. ✳, de l'Institut, architecte.

Nᵒ **695** du Catalogue français

Concours pour la reconstruction de l'Hôtel de Ville.

PLANS, COUPES, ÉLÉVATIONS ET PERSPECTIVES, DESSINS. PREMIER PRIX, EN COURS D'EXÉCUTION

MM. Ballu et Deperthes, architectes.

Projets de : MM. Rouyer, 2ᵉ prix, — Davioud, 3ᵉ prix, — Vaudremer, 4ᵉ prix, — Magne, 5ᵉ prix, — Moyaux et Lafforgue, 6ᵉ prix.

PHOTOGRAPHIE DE DEUX PLANS DE LA FAÇADE PRINCIPALE ET D'UNE COUPE

BEAUX-ARTS

M. MICHAUX, ✻, Chef de Division.

M. TISSERAND, I. ✻, Chef de Bureau.

SERVICE DES BEAUX-ARTS

Renseignements généraux.

Le Service des Beaux-Arts de la Ville de Paris a pour mission de concourir, avec l'aide du service d'Architecture, à la décoration artistique des divers édifices municipaux et départementaux, ainsi qu'à l'entretien des objets d'art que renferment ces édifices. Il encourage libéralement, au nom de la Ville et du Département, toutes les formes de l'art, en proposant, chaque année, des commandes de peinture, de sculpture, de vitraux, de gravure en taille-douce et de gravure en médailles.

Dans chacun de ces genres, il procède par série : ainsi, il prend les églises une à une, qu'elles soient de construction ancienne ou nouvellement bâties, concentre ses efforts et ses crédits sur un point déterminé, et arrive, avec le temps, à compléter la décoration picturale et sculpturale de chaque édifice. Les squares, les mairies, les écoles et autres établissements publics participent aussi à ses crédits, dans une mesure variable.

Les peintures murales et les tableaux les plus remarquables, que la Ville et le Département font exécuter, sont exposés à diverses chances de destruction ou d'avarie. On ne peut, d'ailleurs, les voir que sur place, et leur valeur artistique mérite une plus grande publicité. Pour leur as-

surer la renommée dont ils sont dignes et pour maintenir
en même temps, à un niveau élevé, l'une des formes de
l'art auxquelles la photographie et ses dérivés font une
concurrence chaque jour plus redoutable, le Service confie
aux meilleurs graveurs en taille-douce le soin de reproduire
les œuvres jugées les meilleures. Vingt-six planches, de
dimensions diverses, ont déjà été publiées et sont mises,
moyennant un prix modéré, à la disposition du public (1).

Un même sentiment de sollicitude à l'égard d'une spé-
cialité artistique peu encouragée, la gravure en médaille
ainsi que le désir de perpétuer le souvenir des grands travaux accomplis par l'édilité parisienne, ont déterminé la
Ville à faire frapper un certain nombre de médailles com-
mémoratives, qui sont distribuées entre les membres du
Corps municipal et font l'objet d'un échange avec les pièces
analogues, frappées par les grandes villes de l'Europe et
du monde civilisé.

Cet ensemble de travaux artistiques est dirigé par une
Commission spéciale composée des artistes et des savants
les plus distingués, la plupart membres de l'Institut. La
Commission donne son avis sur tous les projets de com-
mande et d'acquisition d'œuvres d'art. Elle propose au choix
du Préfet les artistes qu'elle juge les plus propres à produire de bons ouvrages ; elle examine, avant toute com-
mande définitive, les esquisses, les modèles, les cartons, etc.;
suit la marche des travaux en cours d'exécution, et se
rend soit dans les ateliers, soit sur place, pour apprécier
l'œuvre une fois achevée et en prononcer l'acceptation.

Pour remplir toutes les obligations artistiques qu'elle s'est
imposées, la Ville de Paris a consacré, depuis 1850, une
somme d'environ 6,000,000 fr. à la décoration des édi-

---

(1) Chez l'éditeur Haro, 20, rue Bonaparte.

fices municipaux de construction ancienne. On peut citer notamment les églises Saint-Germain des Prés et Saint-Vincent de Paul, décorées par Hippolyte Flandrin; les églises Saint-Eustache, Saint-Severin, Saint-Roch, dont les chapelles ont été dotées de peintures murales; les églises Saint-Gervais, Saint-Merry, dont la décoration est très-avancée, l'ancien Hôtel de Ville, dans l'intérieur duquel on admirait le plafond d'Ingres; les peintures d'Eugène Delacroix, de Léon Cogniet, de Lehmann, de Cabanel, de Bénouville, etc., etc.

Les édifices que la Ville a fait construire ou restaurer, depuis 1850, ont été décorés à l'aide de crédits spéciaux, et l'on peut évaluer à une somme de 2,800,000 fr. les travaux de cet ordre. On y voit figurer, entre autres monuments, les églises Saint-Ambroise, Saint-Augustin, Sainte-Clotilde, Saint-François-Xavier, Saint-Joseph, Notre-Dame de la Croix, Notre-Dame des Champs, Notre-Dame de Clignancourt, la Trinité, les écoles Turgot et Chaptal, les théâtres du Châtelet, de la Gaîté, du Vaudeville et le Théâtre-Lyrique; la plupart des squares de Paris, les fontaines Saint-Michel, du Luxembourg et du Théâtre-Français, le Palais de Justice, la Préfecture de Police, le Tribunal de Commerce, etc., etc.

Enfin, des crédits annuels, dont l'ensemble s'élève à 400,000 fr. environ, ont été affectés à des travaux de copie, pour la décoration des églises et autres édifices communaux de la banlieue.

La Ville de Paris et le Département de la Seine ont donc employé, comme encouragement à l'art, une somme approximative de 10 millions, depuis l'année 1850. En se montrant aussi libéraux envers les artistes, ils ont puissamment contribué à maintenir le niveau de la grande peinture et de la sculpture monumentale; ils ont permis à des débutants heureusement doués de se produire et de développer leur talent, aux réputations naissantes de s'affermir, et aux grandes renommées de se montrer, jusqu'à la fin, dignes de la faveur publique.

COLLECTIONS HISTORIQUES

COLLECTIONS HISTORIQUES.

Renseignements généraux.

Hotel Carnavalet.

L'hôtel Carnavalet, œuvre remarquable des architectes Bullant et Mansart, décoré par le ciseau de Jean Goujon, illustré par la résidence de Mme de Sévigné, a été acquis pr la Ville, ia y a quelques années, et sauvé d'une destruction imminente. Une restauration intelligente lui a rendu, au dedans et au dehors, son aspect primitif, et des constructions annexes, qui s'élèvent en ce moment sur trois côtés du jardin, en continuant les bâtiments existants, permettront de grouper, dans des conditions analogues à celles de la cour de l'École des Beaux-Arts, toute une série de débris intéressants pour l'histoire de l'art parisien. Des fragments d'architecture et de sculpture, des édicules caractéristiques, quelques édifices même, échappés en entier aux incendies et aux démolitions, formeront, par leur juxtaposition, des galeries continues et encadreront une cour centrale où viendront prendre place les restes artistiques du vieux Paris.

Une partie de l'hôtel, qui constitue lui-même un charmant spécimen de l'art français au xvie siècle, est affectée à l'installation de la bibliothèque de la Ville de Paris, reconstituée après l'incendie de 1871.

Les salles du rez-de-chaussée reçoivent les nombreux objets d'art et d'antiquité que mettent journellement à découvert les travaux opérés pour la transformation de

Paris, ainsi que les fouilles exécutées soit par les particuliers, soit par l'Administration municipale. La réunion de ces objets, que le service historique recueille incessamment et groupe selon les données de la science, formera, avec le temps, un musée lapidaire intimement lié à l'histoire parisienne et à l'art parisien.

Quelques salles du premier étage renferment un certain nombre d'objets appartenant à l'art décoratif ou industriel, et destinés, dans la pensée de ceux qui les ont réunis, soit à offrir des modèles de technologie comparée, soit à fournir des éléments pour une histoire de l'industrie artistique à Paris. Les collections de cette nature, encore peu nombreuses, ne peuvent se développer que lentement, au moyen de dons, de découvertes et d'échanges. Des recherches minutieuses, une érudition sûre et une critique éprouvée sont les conditions nécessaires d'une telle formation.

Les *collections historiques* de la Ville de Paris ne sauraient donc être autre chose que les *testimonia* matériels de son histoire. C'est dans ces limites qu'elles doivent se renfermer.

Surveillance archéologique des fouilles et démolitions.

Ce service a pour mission de relever officiellement sur les chantiers de travaux municipaux et départementaux, officieusement sur les chantiers de travaux privés, toutes les indications de nature à reconstituer la topographie et l'aspect de l'ancien Paris. Il s'occupe également de recueillir les fragments d'architecture et de sculpture trouvés dans le sol et ayant appartenu à d'anciens édifices, ainsi que les objets d'art et d'antiquité arrachés aux vieux bâtiments parisiens, que le mouvement des constructions modernes tend chaque jour à faire disparaître.

Parmi les chantiers qui ont fourni le plus d'objets et de renseignements depuis 1865, époque de la création de ce service, on peut citer :

1° Le percement de la rue Gay-Lussac, où l'on a rencontré les substructions parfaitement conservées d'un édifice important de l'époque gallo-romaine ;

2° La construction du nouvel Hôtel-Dieu, qui a entraîné la démolition de trois anciennes églises : Sainte-Marine, Saint-Denis de la Chartre, Saint-Symphorien, et a permis de recueillir, à côté de nombreux fragments sculptés provenant de monuments romains ou du moyen âge, une certaine quantité d'objets curieux de toute sorte et de toute nature ;

3° La démolition de la maison syndicale du corps des Drapiers, rue des Déchargeurs, dont la façade a été démontée avec soin et transportée à l'hôtel Carnavalet ;

4° La démolition de l'ancien couvent de l'Ave-Maria, rue des Barres ;

5° Les travaux d'égout du Lycée Napoléon (ancienne abbaye de Sainte-Geneviève), travaux dans lesquels a été trouvé un dépôt considérable de médailles romaines en or, comprenant les monnaies frappées sous les règnes de Néron à Septime Sévère.

Le Service entreprend aussi, sur des points déterminés, des fouilles spéciales, ayant pour but soit l'étude de questions historiques ou topographiques non élucidées, soit la recherche d'objets d'antiquité destinés aux collections municipales. Voici quelles ont été, depuis l'année 1866, les principales fouilles exécutées dans ces conditions :

1° Fouilles de l'ancienne porte Saint-Honoré et de ses abords, place du Théâtre-Français, faites pour aider à déterminer le point où a eu lieu l'attaque de Paris par Jeanne d'Arc, en 1429 ;

2° Fouilles exécutées dans la cour du Louvre pour mettre à découvert les substructions intactes du château de Philippe Auguste et de Charles V ;

3° Déblaiement des arènes gallo-romaines, situées dans la rue Monge ;

4° Fouilles de l'ancien cimetière Saint-Marcel, qui ont fourni au Musée parisien de nombreux et intéressants monuments funéraires, des inscriptions, des vases en terre cuite, des vases de verre et différents autres objets ;

5° Fouilles de l'antique nécropole du faubourg Saint-Jacques, qui ont produit des inscriptions funéraires de l'époque gallo-romaine, ainsi qu'une quantité considérable de vases en terre cuite variés de couleur, de forme et de dimension.

Le service de surveillance archéologique, établi en 1863, est le pourvoyeur le plus actif des collections historiques parisiennes. Il est confié à M. Théodore Vacquer, qui recueille depuis trente ans les éléments d'une monographie de Paris gallo-romain.

HISTOIRE GÉNÉRALE DE PARIS

III

HISTOIRE GÉNÉRALE DE PARIS.

La Ville de Paris, qui, de temps immémorial, fait consigner, dans des registres spéciaux, les faits relatifs à son histoire, s'est constamment préoccupée, depuis trois siècles, du soin de mettre en œuvre les matériaux amassés par ses clercs et ses greffiers. Tantôt elle a excité les écrivains à entreprendre cette tâche, en son nom et avec son aveu; tantôt elle s'est empressée de venir en aide aux érudits qui en avaient pris spontanément l'initiative. Ses archives, détruites aujourd'hui, contenaient la preuve des nombreuses subventions et souscriptions consenties par elle en faveur des historiens, des jurisconsultes, des topographes, des héraldistes, des généalogistes et autres savants qui avaient fait des choses parisiennes l'objet de leurs études.

Ces diverses entreprises, quoique très-favorisées, ont généralement peu survécu aux hommes qui les avaient conçues : elles ont produit des ouvrages estimables, mais imparfaits à certains égards. Aucune série, historique, administrative ou topographique, n'est complète. Sauval, Félibien, de Lamare, pour ne citer que les auteurs les plus considérables, ont construit solidement certaines parties de l'édifice; mais le monument reste inachevé, et pour être assuré qu'on n'interrompra point encore la constrution, il fallait en asseoir les fondations sur des bases plus solides. Aux subventions, aux souscriptions et autres secours passagers, il convenait de substituer une assistance permanente; aux essais intermittents, un travail régulier et continu.

La transformation de Paris, accomplie dans ce dernier quart de siècle, constituait d'ailleurs une dette considérable envers le passé, et l'Administration municipale avait été la première à comprendre qu'en faisant disparaître l'aspect séculaire de la cité, elle contractait devant le public l'obligation d'en conserver le souvenir dans une suite de publications monumentales.

De 1838 à 1856, elle a publié à ses frais plusieurs grandes monographies, et encouragé diverses études d'histoire parisienne.

En 1860, elle s'est occupée de faire rechercher et mettre en ordre les documents relatifs à l'administration et à la topographie du vieux Paris. Un service spécial, créé pour réunir et coordonner les éléments de ce travail, a exploré avec succès tous les grands dépôts de manuscrits et d'imprimés.

Cet essai ayant donné, en quelques années, les résultats les plus satisfaisants, le Service historique reçut, en 1865, de nouveaux développements et fut autorisé à publier un programme de travaux qui peut se résumer ainsi :

« Pour écrire l'histoire de Paris, il ne suffit point de créer, en suivant les anciens errements, une de ces œuvres laborieusement complexes, telle qu'il s'en produit encore aujourd'hui. C'est un thème trop vaste, pour qu'on puisse songer à le traiter autrement que sous forme de monographies et de recueils documentaires. En effet, indépendamment des faits religieux, civils et politiques qui sont le fonds commun de toute histoire, la formation successive de la cité, sa topographie, son administration, ses monuments, ses institutions de toute nature constituent autant de branches distinctes, qu'il est impossible d'embrasser à la fois sans confusion. Ceux qui l'ont tenté autrefois et qui le tentent encore aujourd'hui, en écrivant de prétendues Histoires de Paris, composées de quelques volumes, — où s'entassent les faits généraux de nos annales, pêle-mêle avec les incidents particuliers de la vie parisienne, — ne font qu'accroître, sans profit réel pour la science, la bibliographie d'un sujet qui a ses sources distinctes et ses limites parfaitement marquées. »

« Il ne peut plus être question aujourd'hui, pour les historiens de Paris, de faire des livres avec des livres, et de loger plus ou moins maladroitement l'histoire de France dans les rues de sa capitale. Il ne suffit pas, non plus, comme aux deux derniers siècles, de décrire une ville longtemps immobile, mais qui a si prodigieusement changé d'aspect depuis trente ans; de retracer avec plus ou moins de bonheur, des mœurs, des coutumes, des institutions, tout un mécanisme administratif si complétement transformé de nos jours. Il faut lire et commenter les vieux textes, évoquer par la science un passé qui ne se comprend plus à la distance où nous le voyons aujourd'hui, et restituer laborieusement, avec l'aide de l'érudition éclairée par la critique, ce que les chroniqueurs et les vieux historiens, plus heureux que nous sous ce rapport, se bornaient à constater *de visu*. »

Les premiers travaux, publiés de 1866 à 1870, répondent à l'importance du sujet et aux promesses du programme. Ils comprennent les ouvrages suivants :

I. — *Introduction à l'histoire générale de Paris.* (1 vol.)

C'est un exposé du plan adopté pour la nouvelle entreprise, et un tableau résumé des efforts tentés par la Ville de Paris, depuis les temps les plus reculés, tant pour réunir les éléments de son histoire que pour encourager les savants à l'écrire dans des conditions dignes d'elle.

Toutes les indications éparses dans les manuscrits et dans les livres ont été réunies avec le plus grand soin et établissent ce fait désormais hors de toute discussion : La Ville de Paris a préparé elle-même les matériaux de ses annales, de telle sorte qu'en les mettant en œuvre elle-même, elle ne fait que reprendre son bien et continuer sa propre tradition.

De nombreuses pièces justificatives occupent les deux tiers du volume et constituent un recueil de documents du plus grand intérêt. L'ouvrage a pour auteur M. L.-M. Tisserand, chef du bureau des travaux historiques.

II. — *La Seine. Études sur le bassin parisien aux âges antéhistoriques.* (3 vol.)

Cet ouvrage a pour objet la topographie *antéparisienne*, c'est-à-dire la connaissance du terrain, à moitié submergé, sur lequel s'est élevée plus tard la Lutèce gauloise. Il fait connaître les premiers êtres qui ont animé cette vague région ; il coordonne l'ensemble des inductions que la science a pu tirer jusqu'ici, après avoir constaté la présence de l'homme primitif dans le bassin de Paris et recueilli les vestiges de sa grossière industrie. C'est une œuvre mixte qui touche en même temps aux sciences naturelles et aux sciences historiques, mais qui se rattache

plus étroitement aux études de topographie ancienne que
la Ville encourage, et qui doivent toujours précéder les
investigations historiques proprement dites. L'étude géologique et anthropologique du bassin parisien est en réalité
la préface lointaine de la *Topographie historique* du vieux
Paris.

L'auteur de cet ouvrage est M. Belgrand, membre de
l'Institut, inspecteur général des Ponts et Chaussées, directeur des Eaux et des Égouts de la Ville de Paris. L'Avant-
propos a été écrit par M. Tisserand, et certains appendices ont pour auteurs MM. Roujou et Bourguignat.

III. — *Topographie historique du Vieux Paris,* par Adolphe
  Berty. (Région du Louvre et des Tuileries. 2 vol. et 2
  feuilles de plan restitué.)

C'est ici l'entreprise la plus considérable du Service
historique, et la pierre angulaire de l'édifice qu'il s'ef-
force d'élever. Quelques explications feront comprendre
l'importance qu'il y attache.

La *Statistique monumentale,* éditée par le ministère de
l'Instruction publique, a été le point de départ de la *Topographie*. Lorsqu'il s'est agi, pour compléter cette œuvre,
de tracer un plan restitué du vieux Paris, on s'est aperçu
que les plans anciens n'avaient, pour la plupart, aucune
valeur géométrale, et que les grands édifices, civils et
religieux, se détachaient seuls du milieu des constructions bourgeoises et marchandes qui les enserraient. Il
restait ainsi, entre les monuments publics, les hôtels sei-
gneuriaux et les habitations princières, de grands espaces
couverts par des maisons de toute grandeur et de toute destination désignées, par de curieuses enseignes, habitées, pour
la plupart, par des gens de métier et offrant une variété

infinie de construction, de décoration et d'aménagement.
C'est cette immense lacune, figurée par des hachures dans
les plans ordinaires, qu'un chercheur a entrepris de combler, au moyen de plans restitués, où apparaissent distinc-
tement toutes les parcelles bâties. Ces parcelles, dont on
raconte la formation, les réunions et les démembrements,
d'après les censiers et autres documents authentiques,
forment par leur juxtaposition des îlots de maisons qui
reproduisent exactement la physionomie de l'ancien
Paris.

Le lecteur pénètre, à la suite de l'auteur, dans les rues
qui circonscrivent ces îlots; il en apprend les noms et les
modifications diverses ; il se promène ainsi dans la vieille
ville, frappant de porte en porte, rencontrant en chemin palais, églises, hôtels, et allant de maison en
maison jusqu'à ce qu'il ait visité les deux côtés de la rue.
Un doigt sur le plan, un doigt sur le texte, il voit dans
celui-ci le commentaire perpétuel de celui-là; de la simple notice qui suffit à une maison de bourgeois et d'arti-
san, il passe à la monographie que réclament toute grande
résidence, toute fondation civile ou religieuse. Tout le
vieux Paris défile ainsi devant ses yeux.

L'originalité de ce travail, auquel l'Institut a rendu
hommage, c'est d'avoir su utiliser les textes de manière à
en tirer des plans. La restitution géométrale du Paris du
moyen âge y est partout la résultante des indications
fournies par les chartes.

L'auteur est mort avant d'avoir pu achever son œuvre;
mais il a laissé des notes, des croquis et des indications
de toute nature, qui permettront de continuer le travail.
Les deux premiers volumes, consacrés à la région du
Louvre et des Tuileries, ont été publiés avec la collabora-
tion littéraire de M. Tisserand et des appendices de

M. Legrand ; un troisième volume est sous presse, et les autres suivront à peu d'intervalle.

IV. — *Paris et ses historiens*, recueil d'écrits et de documents originaux, par MM. Le Roux de Lincy et L.-M. Tisserand. (1 vol. et 1 plan de restitution.)

La pensée qui a présidé à la publication de ce volume, — le premier d'une série qui promet d'être longue, — est celle dont se sont inspirés les auteurs du recueil des *Historiens de France*. Les anciens chroniqueurs parisiens, les *descripteurs* de la vieille ville, soit qu'ils en aient parlé incidemment, soit qu'ils lui aient consacré un ouvrage spécial, sont aujourd'hui à peu près inconnus ; et pourtant ils ont vu le Paris de leur temps, ils ont raconté ce dont ils avaient été témoins ; aucun témoignage ne vaut le leur. Dans leurs naïfs écrits, oubliés pour la plupart, ils exposent simplement les mœurs, les coutumes de leurs contemporains, décrivent leurs habitations, racontent les menus incidents de la vie parisienne, parcourent librement les rues, recueillent les *dits et crieries* qu'ils entendent, pénètrent dans les maisons des grands, nous en dépeignent minutieusement l'intérieur et nous en présentent les hôtes. C'est la société du temps prise sur le vif ; c'est le Paris des XIIᵉ, XIIIᵉ, XIVᵉ et XVᵉ siècles, vu tel qu'il apparaissait alors, tel que l'ont aperçu des observateurs en situation de bien voir et en mesure de bien raconter.

Antérieurement au XIVᵉ siècle, on rencontre, en grand nombre, des mentions isolées, des passages à extraire, dont la réunion formera une sorte d'anthologie historique extrêmement curieuse ; avec le XIVᵉ siècle seulement, apparaissent les premiers écrivains qui aient consacré à la description de Paris un travail de quelque étendue, et présenté leurs notes sous la forme d'une composition régulière. Ces écrivains sont Jean de Jandun (1323), Raoul de Presles (1371), Guillebert de Metz (1407), Astesan (1451). Le texte de ces *descripteurs*, traduit, annoté largement, enrichi d'appendices dont les éléments, pris ailleurs, suppléent à tout ce que ceux-ci n'ont point dit, a pour commentaire les miniatures du temps et toutes les représentations figurées, à peu près contemporaines, qui peuvent en faciliter l'intelligence. Un plan de Paris, en 1380, complète la restitution de cette curieuse époque de la vie parisienne.

Le vieux Paris, ainsi décrit et illustré, offre autant d'intérêt à l'œil qu'à l'esprit, et les descriptions, les chroniques originales, commentées de cette façon, complètent très-heureusement les restitutions topographiques qui font l'objet de l'ouvrage précédent.

La perte d'un grand nombre de documents, dans l'incendie de l'Hôtel de Ville, a rendu difficile la continuation du recueil des *Historiens de Paris*. Cependant les lacunes seront prochainement comblées, et l'ouvrage pourra être repris.

V. — *Le Cabinet des manuscrits de la Bibliothèque nationale,* par M. Léopold Delisle. (2 vol.)

Les Anciennes Bibliothèques de Paris, par M. Alfred Franklin. (3 vol.)

La Première Bibliothèque de l'Hôtel de Ville, par L.-M. Tisserand. (1 vol.)

La série à laquelle appartiennent ces trois ouvrages semble se rattacher plus particulièrement à l'histoire des lettres et des sciences à Paris, en France et dans le monde civilisé. En réalité, c'est un des côtés les plus curieux et les moins connus de l'histoire parisienne. Sans doute, des travaux de ce genre présentent un intérêt général ; mais ils contribuent aussi à mettre en lumière l'une des raisons pour lesquelles, depuis le xiie siècle jusqu'à nos jours, Paris a exercé une influence si considérable sur le progrès et la diffusion des connaissances humaines.

Pour ne parler que des collections manuscrites, objet des études spéciales de M. Léopold Delisle, leur histoire se confond souvent avec celle des ateliers parisiens, d'où sortaient non-seulement ces livres d'étude, que dévoraient les maîtres et les écoliers de presque toutes les universités de l'Europe, mais encore les beaux volumes enluminés, qui charmaient les loisirs de la noblesse et de la haute bourgeoisie, dans tous les pays où régnait la langue française. Dans les temps modernes, nous voyons les collections parisiennes fournir un aliment inépuisable à la curiosité des philologues, des historiens et des antiquaires. Raconter la formation de ces collections, c'est donc, en quelque sorte, faire l'histoire intellectuelle de Paris et du monde savant, depuis les détails qui se rattachent à la fabrication matérielle et à la vente du livre (calligraphie, miniature, reliure, librairie, etc.), jusqu'aux plus hautes questions de prépondérance littéraire, qui ont toujours eu le privilége de passionner les Parisiens.

L'histoire et la description détaillée des nombreuses bibliothèques que possédaient les monastères, les colléges, les palais, les résidences princières, puis les grands dépôts créés à Paris, depuis l'invention de l'imprimerie, ne se rattachent pas moins directement à l'histoire de la cité. La première bibliothèque s'établit, comme la première école, à l'ombre de la vieille basilique de Notre-Dame.

Plus tard, à mesure que la vie religieuse et littéraire se développe, il ne se fonde pas une abbaye, il ne s'établit pas un groupe scolaire à Paris, sans que les manuscrits d'abord, les imprimés ensuite, ne viennent prendre place sur les pupitres, où on les lit avec passion, où on les *enchaîne*, pour les conserver à l'usage de tous.

L'origine de chacun de ces dépôts, leurs accroissements, leurs vicissitudes, le souvenir des personnages qui les ont créés, soutenus, enrichis, jusqu'à l'époque où la Révolution s'en empare et les confisque, l'influence qu'ils ont pu exercer, non-seulement sur les connaissances, mais encore sur la prospérité de Paris et le développement de ses quartiers, tout cela appartient bien à l'histoire parisienne. Et pour rendre la relation plus étroite encore, un plan-fleuron, emprunté à l'un des anciens plans de Paris est placé en tête de chaque monographie, de manière à localiser l'établissement et à désigner le lieu où était établie la bibliothèque.

Des *fac-simile*, des *ex libris*, des vues contemporaines, reproduites avec une grande fidélité, complètent cet ensemble topographique et littéraire tout à la fois.

Parmi les grandes bibliothèques de Paris, celle de la Ville devait occuper une place d'honneur : fondée vers le milieu du siècle dernier, alors que les grands dépôts de manuscrits et d'imprimés n'avaient qu'une publicité extrêmement restreinte, ouverte libéralement aux lecteurs, dans un quartier absolument dépourvu de ressources littéraires, elle prit la tête du mouvement intellectuel d'alors et fut la véritable avant-courrière des bibliothèques publiques modernes, qui appartiennent à tous les travailleurs.

Que de vicissitudes en un siècle ! Transférée de l'hôtel

Lamoignon dans la maison professe des Grands Jésuites, confisquée par le Directoire au profit de l'Institut, reconstituée péniblement par un homme de cœur, patronnée et enrichie par les magistrats et les conseillers qui se sont succédé à l'Hôtel de Ville, promenée de la rue Saint-Antoine au quai d'Austerlitz et à la place Lobau, elle est venue périr misérablement, avec toutes ses richesses artistiques, dans l'incendie de 1871!

Toutes ces péripéties, racontées simplement, comme il convient à un récit de ce genre, émeuvent pourtant le lecteur : on s'attendrit sur le malheur de ces pauvres livres : *sunt lacrymæ rerum*. Une ample collection de documents inédits, dont presque tous les originaux ont disparu, achève de donner à cette monographie le caractère sévère qui lui est propre.

A côté de ces treize volumes, publiés en quelques années, se placent les ouvrages en cours d'impression, en préparation et en projet.

Ceux qui appartiennent à la première catégorie auront vu le jour au moment où paraîtront ces lignes. L'analyse sommaire que nous allons en donner permettra au lecteur de se convaincre qu'ils ne dépareront point la collection.

Étienne Marcel, Prévôt des Marchands (1356-1358), (1 vol.), est un tableau rapide du développement anormal que prit soudainement la Prévôté bourgeoise après la bataille de Poitiers et pendant la captivité du roi Jean. Cette monographie, écrite par M. Perrens, inspecteur de l'académie de Paris, inaugure la série des études d'histoire municipale et des biographies de Prévôts, telles qu'elles sont indiquées dans le plan de la collection.

Les Sceaux, Armoiries, Couleurs, Devises et Livrées de la ville de Paris (2 vol.) sont, en réalité, une histoire héraldique du pouvoir municipal. En suivant pas à pas la marche et les transformations nécessaires des signes extérieurs, par lesquels se manifestait l'édilité parisienne, on mesure, de siècle en siècle, le développement et les temps d'arrêt de cette institution ; on comprend mieux ses relations avec la royauté, les grands dignitaires, les seigneurs, la bourgeoisie marchande, les métiers et le peuple ; on se rend un compte exact de la place qu'elle occupait à Paris sous l'ancien régime, de l'influence qu'elle y exerçait et les traditions qu'elle nous a léguées. Et ce n'est pas seulement l'histoire de Paris qui gagne à être étudiée à ce point de vue : l'histoire de notre pays offre des particularités inexplicables pour qui ne connaît pas les us et coutumes héraldiques du Corps municipal parisien.

Dans un livre de ce genre, les documents originaux et les représentations figurées ont une place nécessaire ; elle leur a été faite aussi large que possible.

Les Jetons de l'Échevinage parisien, par feu d'Affry de la Monnoye (1 vol.), présentent l'histoire de Paris sous un aspect assez voisin de celui que nous venons d'indiquer. La numismatique est proche parente de l'héraldique : les jetons procèdent des sceaux ; ils ont seulement quelque chose de plus individuel et offrent ainsi un caractère mixte. Tandis qu'un côté de la pièce métallique montre l'effigie du roi ou une vue de Paris, l'écusson national ou les armoiries municipales, l'autre côté fait voir le blason ou la devise propre du magistrat qui l'a frappée, rappelle sommairement ses actes, les rattache aux faits généraux de notre histoire et ajoute aux documents écrits toutes les indications que le bronze peut transmettre.

Ce livre, c'est le médaillier municipal expliqué et commenté.

Le Livre des métiers, d'Étienne Boileau, Prévôt de Paris, est un document des plus précieux pour l'histoire de l'industrie parisienne et du commerce au moyen âge. Feu Depping en a donné une édition estimable, mais insuffisante au double point de vue de la correction des textes et de l'explication des mots. Celle que la Ville va publier a été soumise à une critique sévère; toutes les variantes des manuscrits existants y sont soigneusement relevées; un glossaire et une introduction historique permettent de pénétrer aussi avant que possible dans l'esprit et dans la lettre de ce curieux document.

Le Livre des métiers peut être le point de départ d'une série de publications sur les métiers de Paris, au point de vue de la réglementation publique.

Parmi les ouvrages en préparation, il convient de mentionner :

1° Un troisième dernier et volume de l'ouvrage intitulé : *le Cabinet des Manuscrits de la Bibliothèque nationale*, présentant des spécimens d'écriture parisienne du v° au xvi° siècle, avec de savants commentaires sur le travail calligraphique des artistes parisiens;

2° Un troisième volume de *la Topographie historique du*

Vieux Paris, consacré à la région du bourg et du faubourg Saint-Germain ;

3° Un quatrième et un cinquième volume du même ouvrage, ayant pour objet la Cité et l'Université ;

4° Un *Épitaphier général de Paris*, offrant le relevé de toutes les inscriptions funéraires ayant existé dans les églises et dans les cimetières de la capitale, et présentant aussi une histoire sommaire de la population parisienne, depuis le xiie siècle.

La *Topographie historique* compte et localise les maisons de l'ancien Paris ; l'*Épitaphier* nous en fait connaître les habitants. Les deux ouvrages se complètent l'un par l'autre.

On peut encore considérer comme étant à l'état de préparation plus ou moins avancée :

1° Un travail de reproduction, par les meilleurs procédés de gravure héliographique, des plans originaux de la Tapisserie (1512), de Du Cerceau (1560), de Quesnel (1609), de Mérian (1615) et autres « pourtraicts de Paris », antérieurs au plan presque géométral de Gombourt (1652) ;

2° Une transcription des 104 volumes manuscrits conservés aux Archives nationales et connus sous le nom de *Registres du Bureau de la Ville*. C'est la véritable histoire administrative de Paris, écrite par les clercs et les greffiers de la Prévôté des Marchands, sous la dictée et le contrôle des magistrats municipaux eux-mêmes.

Enfin, de nombreux ouvrages appartenant aux diverses séries de la collection et devant y prendre place, au fur et à mesure qu'ils verront le jour, ne sont encore aujourd'hui qu'à l'état de projet. Il suffit de mentionner :

1° Un *Cartulaire général de Paris*, vaste recueil documentaire embrassant l'histoire administrative de la Ville, du vi^e au xive siècle ;

2° Une compilation de même nature, présentant l'histoire du droit, des usages et de l'organisation judiciaire à Paris et dans le Parisis, pendant le moyen âge ;

3° Un tableau administratif et statistique du Paris moderne, comparé aux autres capitales du monde civilisé (1800-1870).

Cete revue rapide des publications historiques de la Ville de Paris permet d'apprécier l'esprit dans lequel a été fondée la collection et la pensée qui préside aujourd'hui à la continuation des travaux. Rien, dans le passé, n'a été aussi largement conçu ; rien n'est plus sympathique aux hommes du présent ; tout fait donc espérer que l'avenir ne fera pas défaut à cette grande entreprise.

BEAUX-ARTS.

N° **696** DU CATALOGUE FRANÇAIS.

Collection de Photographies de Peintures. Sculptures et Vitraux

Exécutés dans les monuments de Paris.

N° **697** du Catalogue français.

Décoration des voûtes de l'église de la Trinité.

ESQUISSES.

N° **698** du Catalogue français.

Pénétration.

Côté droit, tympan du fond du chœur.

M. Barrias, ✳.

N° **699** du Catalogue français.

Pénétration.

Côté gauche, tympan au-dessous de l'orgue.

M. Jobbé-Duval, ✳.

N° **700** du Catalogue français.

Vitraux pour l'église Saint-Étienne du Mont.

ESQUISSES.

M. Felon (Joseph), peintre.

N° **701** du Catalogue français.

Rose de la nef de l'église Saint-Augustin.

M. Lafaye (Prosper), peintre.

N° **702** du Catalogue français.

Vitraux pour l'église Saint-Ambroise.

ESQUISSES.

M. Maréchal, peintre.

Nᵒ **703** du Catalogue français.

Vitraux de l'église de la Trinité.

Aquarelles.

M. Oudinot, peintre.

Nᵒ **704** du Catalogue français.

Décoration du foyer du Théâtre-Lyrique.

Nᵒ **705** du Catalogue français.

Décoration du plafond de la grande salle du Tribunal de commerce.

Nᵒ **706** du Catalogue français.

Décoration du plafond de la Cour de cassation.

1, Palais de Justice.

Nᵒ **707** du Catalogue français.

Décoration des chapelles de Saint-François-Xavier et de Saint-François de Sales.

Église Saint-Sulpice.

Nᵒ **708** du Catalogue français.

Décoration de la chapelle de la Vierge.

Église de la Trinité.

M. Denuelle (Alexandre-Dominique), peintre.

ALBUMS.

Nᵒ **709** du Catalogue français.

Album.

Photographies, d'après les peintures d'Hippolyte Flandrin.
Église Saint-Germain des Prés.

———

Nᵒ **710** du Catalogue français.

Album.

Lithographies, d'après les peintures d'Hippolyte Flandrin.
Église Saint-Vincent de Paul.

———

Nᵒ **711** du Catalogue français.

Album.

Photographies, d'après les peintures de M. Lehmann. Salle des Fêtes
(Hôtel de Ville).

———

Nᵒ **712** du Catalogue français.

Album.

Photographies du surtout de table de la Ville.

M. Baltard, de l'Institut, auteur du projet.

MM. Diebolt,
    Thomas (Jules),
    Maillet,
    Moreau (Mathurin),
    Capy,
    Rouillard, *sculpteurs* ;
    Christophle, fabricant d'orfévrerie.

TAPISSERIES.

Nº **713** DU CATALOGUE FRANÇAIS.

La Ville de Paris aux XVIIᵉ et XVIIIᵉ siècles.
GRANDS PANNEAUX.

Nº **714** DU CATALOGUE FRANÇAIS.

La Ville de Paris au XVIIIᵉ siècle.

Nº **715** DU CATALOGUE FRANÇAIS.

Bordures.
FLEURS ET FRUITS.

Nº **716** DU CATALOGUE FRANÇAIS.

Tapisseries.
Exécutées pour la salle du Trône (ancien Hôtel de Ville).

PANNEAUX.

La Musique, — la Géométrie, — la Mécanique, — l'Architecture, — la Peinture, — la Chimie.

DESSUS DE PORTES.

Armes de la Ville.

MM. MAZEROLLES,

RUBÉ et CHAPRON, *peintres ;*

SALLANDROUZE DE LAMORNAIX, manufacture de tapisseries à Aubusson.

SERVICE DES TRAVAUX HISTORIQUES.

Histoire générale de Paris.

N° **717** du Catalogue français.

Introduction.

PLAN DE LA COLLECTION.

Précédents historiques. L.-M. TISSERAND, chef du bureau des Travaux historiques. 1 volume.

(Voir la notice précédente, page 205).

N° **718** du Catalogue français.

Le bassin Parisien aux âges antéhistoriques.

3 volumes. M. BELGRAND, C. ※, membre de l'Institut, inspecteur général des Ponts et Chaussées, Directeur des Eaux et des Égouts.
(Voir page 208).

N° **719** du Catalogue français.

Paris Gallo-Romain.

(Voir page 200).

Restitution archéologique. 3 feuilles. M. VACQUER, architecte.

> 1re FEUILLE : Amphithéâtre gallo-romain, découvert à Paris dans les travaux de la rue Monge;

> 2e FEUILLE : Grand édifice romain rectangulaire, découvert à Paris sous la rue Soufflot et aux abords ;

> 3e FEUILLE : Autre édifice romain découvert à Paris sous la rue Gay-Lussac et ses abords.

N° **720** DU CATALOGUE FRANÇAIS.

Topographie historique du vieux Paris.

2 volumes. A. BERTY, architecte topographe.

(Voir page 209).

N° **721** DU CATALOGUE FRANÇAIS.

Plan parcellaire restitué.

Formant l'atlas de la Topographie historique du vieux Paris. 1 volume in-folio. A. BERTY, architecte topographe.

(Voir page 209).

N° **722** DU CATALOGUE FRANÇAIS.

Paris et ses historiens

Aux XIVe et XVe siècles. 1 volume. Feu LE ROUX DE LINCY, conservateur honoraire à la Bibliothèque de l'Arsenal, et L.-M. TISSERAND, secrétaire-archiviste de la Commission des Travaux historiques.

(Voir page 211).

N° **723** DU CATALOGUE FRANÇAIS.

Paris en 1380.
PLAN DE RESTITUTION ET LÉGENDE.

1 volume. LEGRAND, architecte topographe.

N° **724** DU CATALOGUE FRANÇAIS.

Les Anciennes Bibliothèques de Paris.

3 volumes. M. FRANKLIN, de la Bibliothèque Mazarine.

(Voir page 212).

N° **725** du Catalogue français.

Le Cabinet des manuscrits de la Bibliothèque nationale.

1 volume. M. Léopold Delisle, membre de l'Institut.

(Voir page 212).

N° **726** du Catalogue français.

La première Bibliothèque de l'Hôtel de Ville.

1 volume. L.-M. Tisserand, secrétaire-archiviste de la Commission des Beaux-Arts et des Travaux historiques.

N° **727** du Catalogue français.

Plan dit de la Tapisserie (1540) ?

Reproduction photographique. Deux feuilles grand-monde.

N° **728** du Catalogue français.

Plan de Quesnel (1609).

Reproduction. Album in-folio.

RELEVÉS ARCHÉOLOGIQUES

ET COLLECTIONS HISTORIQUES

N° **729** du Catalogue français.

Photographies

Exécutées dans le cours des travaux de fouilles et de démolitions par le Service historique de la Ville de Paris. 1 volume petit in-folio.

N° **730** DU CATALOGUE FRANÇAIS.

Photographies

Des fragments d'édifices gallo-romains découverts dans les fouilles et réunis pour former un musée lapidaire. 1 volume petit in-folio.

GRAVURE EN TAILLE - DOUCE

N° **731** DU CATALOGUE FRANÇAIS.

M. BERTINOT, ✳. Prix de Rome (1850), médailles aux Expositions universelles (1861, 1863, 1865, 1867), médailles pour l'Art (Vienne 1873).

JÉSUS BÉNISSANT LES ENFANTS. — LA CHARITÉ.

Reproduction des peintures de M. Signol, chapelle des Catéchismes (église Saint-Eustache).

N° **732** DU CATALOGUE FRANÇAIS.

M. BRIDOUX. Prix de Rome (1834), médailles (1841-1859), médaille pour l'Art (Vienne 1873).

JÉSUS CHEZ LES DOCTEURS. — LA THÉOLOGIE.

Reproduction des peintures de M. Signol, chapelle des Catéchismes (église Saint-Eustache).

N° **733** DU CATALOGUE FRANÇAIS.

M. DANGUIN, 3 médailles (1863-1868-1873), médailles pour l'Art (Vienne 1873).

Gravures d'après les peintures de M. Lehmann.

Galerie des Fêtes (Hôtel de Ville).

N° **734** DU CATALOGUE FRANÇAIS.

M. DEVAUX. Prix de Rome (1848), médaille (1864), médaille pour l'Art (Vienne 1873).

LA VIERGE ET DEUX ANGES EN ADORATION. — SAINTE CATHERINE
ET SAINTE URSULE.

Reproduction des peintures de M. Signol, chapelle des Catéchismes
(église Saint-Eustache).

N° **735** DU CATALOGUE FRANÇAIS.

M. DUBOUCHET. Prix de Rome (1860), médailles (1869-1870), médaille pour l'Art (Vienne 1873).

Gravures d'après les peintures de M. Lehmann.
Galerie des Fêtes (Hôtel de Ville).

N° **736** DU CATALOGUE FRANÇAIS.

M. HAUSSOULLIER (William), médaille (1866), médaille pour l'Art (Vienne 1873).

PREMIÈRE COMMUNION DE SAINT LOUIS DE GONZAGUE. — SAINT LOUIS
DE GONZAGUE RENONCE AU MONDE ET A SA FAMILLE.

Reproduction des peintures de M. Bézard.
Chapelle Saint-Louis de Gonzague (église Saint-Eustache).

N° **737** DU CATALOGUE FRANÇAIS.

M. LEVASSEUR, médaille (1867), médaille pour l'Art (Vienne 1873).

Gravures d'après les peintures de M. Lehmann.
Galerie des Fêtes (Hôtel de Ville).

N° **738** DU CATALOGUE FRANÇAIS.

M. MARTINET, O. ✻. Prix de Rome (1830), membre de l'Institut, médailles aux Expositions universelles (1835-1843-1846-1855-1867).

1. — VISION DE SAINT LOUIS DU GONZAGUE.
SAINT LOUIS DE GONZAGUE VISITANT LES PESTIFÉRÉS A ROME.

Reproduction des peintures de M. Bézard.
Chapelle Saint-Louis de Gonzague (église Saint-Eustache).

2. — MARTYRE DE SAINT CYR ET DE SAINTE JULIETTE.

Reproduction d'un tableau de Heim (église Saint-Gervais).

N° **739** DU CATALOGUE FRANÇAIS.

M. MORSE, médaille (1867), 1re médaille (1874).

Gravures d'après les peintures de M. Lehmann .
Galerie des Fêtes (Hôtel de Ville).

N° **740** DU CATALOGUE FRANÇAIS.

M. OUTHWAITE.

L'HIVER.

Reproduction d'un paysage de M. Léon Cogniet.
Salon du Zodiaque (Hôtel de Ville).

L'AUTOMNE.

Reproduction, *idem*.

N° **741** DU CATALOGUE FRANÇAIS.

M. PONCET (Jean-Baptiste), médailles (1861-1864).

ENTRÉE DE JÉSUS A JÉRUSALEM.

Reproduction d'une peinture murale d'Hippolyte Flandrin.
Sanctuaire (église Saint-Germain des Prés).

LA MONTÉE AU CALVAIRE.

Reproduction, *idem*.

3 GRAVURES.

Reproduction, *idem*.

N° **742** DU CATALOGUE FRANÇAIS.

M. SALMON (Louise-Adolphe), ✳. Prix de Rome, médailles aux
Expositions universelles (1834-1853-1857-1859-1863-1867).

APOTHÉOSE DE NAPOLÉON Iᵉʳ.
Reproduction du sujet central du plafond d'Ingres (Hôtel de Ville).

N° **743** DU CATALOGUE FRANÇAIS.

M. WILLMANN (Édouard), ✳. Médailles (1857-1861-1863).

1. — LE PRINTEMPS.

Reproduction d'un paysage de M. Léon Cogniet.
Salon du Zodiaque, Hôtel de Ville.

2. — L'ÉTÉ.

Reproduction d'un paysage de M. Léon Cogniet.
Salon du Zodiaque, Hôtel de Ville.

3. — VUE DE PARIS.

DIRECTION

DE

L'ENSEIGNEMENT PRIMAIRE

M. GRÉARD, O. ✳ ,

**Inspecteur général de l'Instruction publique, Directeur
de l'Enseignement primaire de la Seine.**

· DIPLOME D'HONNEUR (VIENNE 1873).

ENSEIGNEMENT PRIMAIRE

L'étude comparative que nous nous proposons de présenter de la situation scolaire de la Ville de Paris en 1874 (1er juillet) et en 1860, époque à laquelle Paris a été agrandi des communes suburbaines, ne peut comprendre, d'après le cadre général de ce catalogue, que l'exposé du développement des constructions d'écoles.

Toutefois, pour qu'on puisse bien saisir le caractère et mesurer exactement l'importance des progrès accomplis, il est nécessaire de faire précéder ce tableau de quelques explications sur l'organisation générale de l'enseignement.

Renseignements préliminaires. — Organisation de l'enseignement.

Les établissements d'enseignement primaire dont l'entretien est, en totalité ou en partie, à la charge de la Ville de Paris, peuvent être rangés dans les diverses catégories ci-après :

Salles d'asile ou écoles maternelles ;

Écoles primaires élémentaires de garçons et de filles ;

Cours du soir pour les adultes et les apprentis ;

Établissements d'enseignement primaire supérieur ou d'enseignement professionnel ;

Établissements libres (écoles primaires élémentaires, cours pour les adultes) subventionnés par la Ville.

Se rattachent, en outre, à l'enseignement primaire, les écoles normales, dont l'entretien est à la charge du Département.

Salles d'asile.

Les salles d'asile sont des établissements d'éducation où les enfants des deux sexes, de deux ans à sept ans, reçoivent les soins que réclame leur développement moral et physique.

L'enseignement comprend :

1° Les premiers principes de l'instruction religieuse, de la lecture, de l'écriture, du calcul verbal et du dessin linéaire ;

2° Des connaissances usuelles à la portée des enfants;

3° Des ouvrages manuels appropriés à l'âge des enfants ;

4° Des chants religieux, des exercices moraux et des exercices corporels. (Décr. 21 mars 1855, art. 1er ; loi du 10 avril 1867, art. 21.)

Les leçons et les exercices moraux ne durent jamais plus de dix à quinze minutes et sont toujours entremêlés d'exercices corporels. (Décret du 21 mars 1855, article 1er; loi du 10 avril 1867, article 21.)

L'admission dans les salles d'asile de la Ville de Paris est entièrement gratuite.

Écoles primaires élémentaires.

L'enseignement donné dans les écoles primaires élémentaires comprend : l'instruction morale et religieuse, la lecture, l'écriture, les éléments de la langue française, le calcul et le système légal des poids et mesures, l'arithmétique appliquée aux opérations pratiques, les éléments de l'histoire et de la géographie, et, dans les écoles de filles, les travaux à l'aiguille. Il peut comprendre, en outre, des notions de sciences physiques et d'histoire naturelle, applicables aux usages de la vie ; des instructions élémentaires sur l'agriculture, l'industrie et l'hygiène ; l'arpentage, le nivellement, le dessin linéaire, le chant et la gymnastique (loi du 15 mars 1850, art. 23 et 48 ; loi du 21 juin 1865, art. 9) ; le dessin d'ornement, les langues vivantes étrangères, la tenue des livres et des éléments de géométrie (loi du 10 avril 1867, art. 16).

Cet enseignement est partagé en trois cours : *Cours élémentaire, Cours moyen, Cours supérieur.* Chacun de ces cours est divisé en autant de classes que le comporte le nombre des élèves. Les classes du cours élémentaire ne doivent pas contenir plus de 70 à 80 enfants ; celles du cours moyen plus de 60 à 70 ; celles du cours supérieur plus de 50 à 60. Un certificat d'études primaires est délivré, après examen, à tout élève du cours supérieur qui justifie des connaissances comprises dans l'ensemble de ce cours. (Organisation pédagogique des écoles de la Seine, approuvée par le Ministre de l'instruction publique, sur l'avis du Conseil supérieur, le 10 juillet 1868.) (1)

Les instituteurs ou institutrices qui dirigent les écoles et les salles d'asile de la Ville de Paris sont laïques ou congréganistes.

---

(1) Voir l'ouvrage intitulé : *Organisation pédagogique des Écoles du département de la Seine,* programmes et instructions par M. Gréard, Inspecteur général de l'Instruction publique, Directeur de l'enseignement primaire de la Seine.

Les enfants sont reçus, dans les écoles primaires, de six à treize ans.

Les écoles primaires de la Ville de Paris sont entièrement gratuites.

L'enseignement du dessin est donné :

1° Dans les écoles laïques de garçons, par des maîtres spéciaux ;

2° Dans les écoles congréganistes de garçons et dans les écoles de filles, par les instituteurs et les institutrices.

Il existe en outre, pour les filles, des classes centrales, établies dans chaque arrondissement, où les élèves du cours supérieur de toutes les écoles de l'arrondissement sont réunies le jeudi, de 8 heures à midi, sous la direction d'une maîtresse spéciale.

L'enseignement du chant est donné, deux fois par semaine, par des professeurs spéciaux, dans chacune des écoles communales.

L'enseignement de la gymnastique, organisé depuis 1872 dans toutes les écoles de garçons, est dirigé dans les établissements laïques par les instituteurs, et dans les écoles congréganistes par des maîtres spéciaux.

Cours d'adultes.

Les cours communaux pour les adultes et les apprentis comprennent : les matières de l'enseignement obligatoire et facultatif : (*Voir page* 235.)

Les cours sont gratuits.

Ils sont faits, le soir, dans les écoles communales, par les maîtres de ces écoles, pour l'ensemble des matières ; par des professeurs spéciaux, pour le dessin et pour le chant.

Établissements libres subventionnés par la Ville.

La Ville accorde des subventions aux établissements libres d'enseignement élémentaire, dont les services méritent d'être encouragés, et lorsque leur installation matérielle est satisfaisante au point de vue de l'hygiène et des convenances pédagogiques.

Des cours consacrés à l'enseignement du dessin pour les adultes, hommes et femmes, sont spécialement subventionnés. Le chiffre des subventions est proportionnel à l'importance des classes, c'est-à-dire au nombre moyen des élèves qui les fréquentent. Les directeurs des cours subventionnés sont tenus de recevoir, à titre gratuit, un nombre déterminé d'élèves.

Enfin, la Ville accorde chaque année une subvention importante à deux Sociétés libres : la Société polytechnique et la Société philotechnique, instituées pour faire gratuitement des cours aux ouvriers.

**Établissements d'enseignement primaire supérieur
ou professionnel.**

L'enseignement primaire supérieur ou professionnel est donné dans les divers établissements municipaux ci-après désignés :

Le collège Chaptal ;

Les Écoles primaires supérieures de garçons désignées sous la dénomination commune d'*Écoles Turgot ;*

L'École spéciale pour les apprentis ;

L'École supérieure pour les jeunes filles.

Collége Chaptal.

L'enseignement du collége Chaptal comprend six années d'études : quatre années d'études normales et deux années d'études complémentaires.

Les matières des cours d'études normales sont:

L'instruction religieuse, l'étude de la langue française, des langues vivantes et la langue latine (cette dernière facultativement) ; l'histoire et la géographie, le calcul, les mathématiques, les éléments de la physique, de la chimie, de la mécanique et de l'histoire naturelle; la comptabilité commerciale et la tenue des livres ; des notions de législation commerciale et d'économie politique, le dessin géométrique et le dessin d'ornement.

A la cinquième année des études (première année du cours complémentaire), les élèves sont partagés en deux divisions :

Division industrielle et division d'études commerciales supérieures.

Le Cours de la division industrielle comprend :

La littérature française, la philosophie, l'histoire de France, la géographie économique et statistique ; l'étude de la langue latine (facultative), des langues anglaise ou allemande, italienne ou espagnole ; les mathématiques, la physique, la chimie, la mécanique, l'histoire naturelle, la cosmographie, le dessin géométrique et le dessin d'art.

Le Cours de la division d'études commerciales comprend les mêmes matières étudiées spécialement au point de vue du commerce, et, de plus, la technologie (procédés de production et de fabrication), la comptabilité, la législation commerciale et industrielle, le dessin industriel.

Le Cours de la sixième année (dernière année des études) et destiné à préparer les élèves aux examens de l'École polytechnique et de l'École centrale.

Le collége Chaptal reçoit, moyennant pension, des élèves internes et des élèves externes.

Le Conseil municipal y entretient un certain nombre de bourses qui sont données à la suite de concours.

Écoles type Turgot.

Les Écoles type Turgot sont spécialement consacrées à l'enseignement primaire supérieur.

Le programme de ces Écoles comprend :

L'étude de la langue française et des langues anglaise et allemande, l'histoire et la géographie, la comptabilité, les mathématiques élémentaires et spéciales, le dessin géométrique et le dessin d'ornement, l'histoire naturelle, la physique, la mécanique et la chimie.

Les Écoles type Turgot ne reçoivent que des élèves externes.

Un certain nombre de bourses y est accordé annuellement, par voie de concours, aux élèves les plus méritants des Écoles primaires élémentaires.

École spéciale pour les jeunes apprentis (1).

L'École spéciale pour les jeunes apprentis, fondée en 1872, forme des ouvriers pour le travail du fer et du bois.

Les élèves ne sont admis qu'à l'âge de treize ans. Ils doivent être munis du certificat d'études primaires.

La durée des cours est de trois ans.

Le programme des études comprend :

1° L'enseignement général proprement dit (langue française, arithmétique appliquée, géométrie, tenue des livres, dessin, éléments de mécanique, de physique et de chimie, notions d'hygiène et de droit usuel, chant, langues étrangères) ;

---

(1) Voir le Mémoire sur les *Écoles d'apprentis*, par M. Gréard.

2° L'enseignement technologique (étude des outils, des matières premières, des produits, des procédés industriels, etc.);

3° L'enseignement technique nécessaire au métier spécial que l'apprenti se propose d'embrasser.

Les élèves sont reçus à titre gratuit ; tous les outils qui font partie du mobilier de l'école leur sont fournis.

A la deuxième année de leur apprentissage, ils peuvent être admis à participer, pour une part proportionnelle à leur mérite et à titre de récompense, au bénéfice des produits fabriqués.

École primaire supérieure pour les jeunes filles.

L'École primaire supérieure pour les jeunes filles, fondée en 1760, par la charité privée, n'était à l'origine qu'une maison de refuge pour les orphelines. Plus tard, elle devint un établissement d'instruction. Les éléments de la langue française, du calcul, les travaux de couture y furent enseignés. En 1841, la Ville de Paris la prit à sa charge, dans la pensée d'y organiser une éducation professionnelle analogue à celle qui était donnée aux garçons dans l'École Turgot, et de faciliter aux jeunes filles, par un enseignement spécial, l'accès des emplois de commerce.

Mais l'école n'est pas restée dans cette voie. La plupart des élèves ayant pris d'elles-mêmes l'habitude de s'y préparer à la carrière de l'enseignement, l'Administration, conformément au vœu des familles, a dû transformer l'établissement en École normale ind'stitutrices.

Écoles normales.

Les écoles normales sont destinées à former à la pratique de l'enseignement des élèves-maîtres et des élèves-maîtresses.

Avant 1872, il n'existait pas d'école normale dans le département de la Seine. L'administration était obligée de recruter le personnel de ses établissements primaires parmi les élèves des écoles normales des autres départements.

Une école normale pour les instituteurs a été fondée à Paris en 1872 et installée à Auteuil.

On a installé dans le même immeuble une école primaire supérieure (type Turgot) et une école primaire élémentaire, dans lesquelles les élèves-maîtres sont exercés à la pratique de l'enseignement.

L'École normale pour les institutrices (ancienne école supérieure de jeunes filles) doit être installée boulevard des Batignolles, en même temps qu'une école primaire de filles et une salle d'asile destinées à lui servir d'annexes.

Telle est, à Paris, l'organisation des établissements consacrés à l'enseignement primaire.

Nous examinerons plus loin quelle était, d'après ces bases d'organisation, la situation scolaire de la Ville de Paris en 1860.

Mais, pour s'en rendre compte, il faut, au préalable, rappeler brièvement les travaux qui avaient été effectués dans les dix années précédentes. Nous ne pouvons remonter plus haut, les documents nous faisant défaut, par suite de l'incendie de l'Hôtel de Ville.

16

Renseignements antérieurs à 1860.

Le nombre des établissements d'instruction primaire, écoles ou salles d'asile, entretenus par la Ville de Paris, était, en 1850, de 159, savoir :

Contenant places.

Écoles de garçons.	laïques	34	14,023
	congréganistes.	27	
Écoles de filles . .	laïques	36	12,138
	congréganistes.	26	
Salles d'asile . . .	laïques	36	4,924
	Totaux	159	31,085

Au 31 décembre 1859, c'est-à-dire au moment de l'annexion, le nombre des établissements de même nature se trouvait porté, dans l'ancien Paris, au chiffre de 177, savoir :

67 écoles de garçons contenant . . . 17.530 places.
68 écoles de filles contenant . . . . 14.752 —
42 salles d'asile contenant. . . . . . 6.104 —

Total. . . . . . 38.386 places.

Le nombre des places s'était donc augmenté de 7,301.

Voici comment cette augmentation avait été obtenue :

40 (1) établissements avaient été créés ou transférés dans de nouveaux bâtiments, savoir :

---

(1) Sur ces 40 établissements, 18 avaient été installés dans des immeubles appartenant à la Ville ou pris par elle en location, et 12 dans des bâtiments construits spécialement. Voici la liste de ces constructions (*Voir le tableau, page suivante*) :

Places.

6 Écoles de garçons laïques. . . . contenant 1,860
9   —   congréganistes   —   2,800
4 Écoles de filles laïques. . . . .   —   670
11   —   congréganistes .   —   3,130
7 Salles d'asile laïques. . . . . .   —   960
3   —   congréganistes . .   —   500

En outre, divers établissements existant antérieurement à 1850 avaient été agrandis au moyen d'acquisitions, de locations supplémentaires ou de travaux de construction, présentant un ensemble de . . . . 1,640 places.

ARRONDISSEMENTS ANCIENS	SITUATION des ÉTABLISSEMENTS	NOMBRE DES PLACES			ANNÉES
		Écoles de GARÇONS	Écoles de FILLES	Salles D'ASILE	
Ier	R. de la Bienfaisance.	»	140	60	de 1852 à 1859
	R. du Rocher.	250	»	»	1853
IVe	R. des Prêtres.	380	»	»	1859
Ve	R. Parmentier, 1 et 3.	»	300	250	1859
	R. de Belzunce.	»	300	»	1859
VIe	R. Neuve-Bourg-l'Abbé.	350	»	»	1857
VIIIe	R. des Amandiers-Popincourt.	»	300	»	1853
	R. de Ménilmontant, 113.	»	500	»	1857
Xe	R. Cler.	»	»	180	1858
XIIe	R. Gracieuse et de l'Épée-de-Bois.	»	»	150	1851
	Totaux.	980	1540	640	»

Le nombre des places d'école ou d'asile créées de 1850 à 1860, s'était donc élevé au total à. . . . 11,560 places.

Mais, pendant cette même période, 22 établissements qui en contenaient. . . . 4,259 — avaient été supprimés pour cause d'insuffisance, de mauvaise installation ou d'insalubrité.

Restaient, constituant une augmentation réelle, 22 établissements contenant . . . 7,301 places.

Situation comparative en 1860 et 1874.

Ces préliminaires établis, nous pouvons maintenant aborder l'objet de ce travail, c'est-à-dire la comparaison de la situation scolaire de Paris en 1860 et en 1874.

Salles d'asile et Écoles.

Au 1ᵉʳ janvier 1860, Paris, agrandi des communes de l'ancienne banlieue, possédait 249 écoles primaires ou salles d'asile réparties, ainsi que l'indique le tableau ci-après, entre l'ancien Paris et la banlieue annexée :

NATURE DES ÉTABLISSEMENTS	ANCIEN PARIS		BANLIEUE ANNEXÉE	
	NOMBRE des Établissements	NOMBRE des Places	NOMBRE des Établissements	NOMBRE des Places
Écoles de garçons . . .	67	17.530	25	5.865
Écoles de filles.	68	14.752	26	5.995
Salles d'asile.	42	6.104	21	3.550
Totaux.	177	38.386	72	15.410

Soit, au total, 249 (1) écoles ou salles d'asile contenant 53,796 places.

A la fin de 1870, le nombre des écoles ou salles d'asile se trouvait porté à 340, contenant au total 88,992 places, soit une augmentation réalisée de 91 établissements et de 35,196 places.

Pendant ces dix années, le nombre des créations ou des translations d'écoles et de salles d'asile a été de 170, savoir :

35 écoles de garçons laïques. . contenant 11,156 places.
24   —   congréganistes   —   8.867   —
34   — de filles laïques. . . .   —   9.417   —
26   —   congréganistes   —   9.630   —
30 salles d'asile laïques. . . .   —   5.278   —
21   —   congréganistes   —   4.260   —

De plus la Ville, au moyen de travaux d'agrandissements ou de remaniements intérieurs exécutés dans les établissements existants, a créé, dans ces établissements, environ. . . .   1.000   —
nouvelles.

TOTAL. . . . . 49.608 places.

Mais en même temps la Ville avait supprimé 79 établissements insuffisants ou insalubres, contenant . . . .   14.412   —

Restaient, par conséquent, comme augmentation réelle, 91 établissements et. . . . .   35.196 places.

Sur les 170 établissements créés ou transférés de 1860 à 1870, 35 ont été installés dans des immeubles tout construits appartenant à la Ville ou pris par elle en location.

Pour les 135 autres, des constructions spéciales ont été édifiées.

L'ensemble de ces constructions est résumé dans le tableau suivant :

Tableau des constructions (1) scolaires exécutées de 1860 à 1870.

ARRONDISSEMENTS	SITUATION DES ÉTABLISSEMENTS	NOMBRE DES PLACES			ANNÉES
		Écoles de Garçons	Écoles de Filles	Salles d'asile	
IIIe	Rues Aumaire et Volta.	440	370	120	1866
	Rue Barbette (A).	»	»	250	1866
V^e	Rue des Boulangers, 19.	»	375	»	1866
	Rue des Bernardins, 19.	»	295	»	1862
	Rues Cujas et Victor-Cousin	300	335	290	1864
	Rue de Poissy, 27.	430	»	»	1865
	Rue Boutebrie.	»	320	»	1862
VIe	Rue de Vaugirard, 9 (A)	240	»	»	1867
VIIe	Rue Las-Cazes (A)	»	220	»	1869
	Avenue de Lamotte-Piquet (A).	340	260	»	1869
VIIIe	Rue d'Astorg, 14.	60	50	»	1868
	Rue de Florence, 7.	207	»	»	1863
	Rue Malesherbes, 22 (A)	»	450	150	1864
IXe	Rue Clausel, 12	»	350	120	1868
	Rue de la Victoire	273	190	»	1868
	Rue Neuve-Bossuet (A)	»	250	»	1864
	Rue Neuve-Coquenard, 32 *bis*.	»	»	150	1869
X^e	Rue des Petits-Hôtels, 19.	410	»	»	1865
	Rues Claude-Vellefaux et Grange-aux-B.	350	»	»	1864
	Idem	»	»	100	1866
	Rues de Marseille et des Vinaigriers (A).	420	280	120	1869
	Rue de Chabrol, 41 (A).	315	260	»	1870
XIe	Avenue Parmentier et rue des Amandiers	»	»	200	1866
	Rue Saint-Bernard, 20	440	»	»	1864
	Rue Saint-Bernard, 33	»	»	210	1867
	A reporter	4225	4005	1710	

(1) Les plans d'un certain nombre de ces constructions figurent dans l'Album de plans d'école exposé par la Ville de Paris (n° 747 du Catalogue). On les a signalées dans le tableau ci-dessus par le signe (A).

Tableau des constructions (1) *scolaires exécutées de 1860 à 1870.*

(Suite.)

ARRONDISSEMENTS	SITUATION DES ÉTABLISSEMENTS	NOMBRE DES PLACES			ANNÉES
		Écoles de Garçons	Écoles de Garçons	Salles d'asile	
	Report	4225	4005	1710	
XIe (suite)	Cité du Prince-Eugène	»	485	240	1863
	Boulevard Richard-Lenoir et rue Bréguet	470	430	180	1867
	R. de l'Orillon prolongée et r. St-Maur.	»	334	140	1868
	Rue Servan et boulev. des Amandiers (A)	850	460	190	1866
	Rue Oberkampf, 113	»	»	160	1865
XIIe	Rue du Rendez-Vous, 53	235	»	»	1865
	Rue de Cîteaux, 28.	»	315	»	1861
	R. Ruty, 4, et r. du Rendez-Vous, 18 (A).	»	300	»	1865
	Rue Ruty et rue du Rendez-Vous, 20 (A)	»	»	140	1865
	Rue de Reuilly, 74.	150	80	»	1867
XIIIe	Rue Vandrezanne (A).	»	500	300	1869
	Rue du Moulin-des-Prés	430	»	»	1864
	Rue Saint-François-de-Sales.	290	295	150	1865
	Rue de Lourcine.	»	280	185	1870
XIVe	Rue de la Tombe-Issoire	400	400	270	1867
	Rue Delambre	340	270	230	1867
	Rue des Croisades	»	480	200	1864
	Boulevard Arago et rue Leclerc (A) . .	270	225	150	1870
XVe	R. de Vaugirard, 149, et r. des Fourneaux	420	280	180	1863
	Rue Sainte-Marie (A).	410	350	200	1863
	Rue Quinault.	165	100	100	1862
	Rue Dombasle, 28 (A)	240	200	220	1869
	Rue Violet, 44.	»	»	200	1866
XVIe	Rue de Passy, 27.	200	200	150	1870
	Rue Boissière, 18.	»	325	»	1864
	Rue Boissière, 20.	»	»	245	1864
	Rue de Longchamps	»	360	»	1865
	Rue de Longchamps	»	»	200	1867
	A reporter	9095	10674	5710	

(1) Voir la Note, page 247.

Tableau des constructions (1) scolaires exécutées de 1860 à 1870.

(Suite.)

ARRONDISSEMENTS	SITUATION DES ÉTABLISSEMENTS	NOMBRE DES PLACES			ANNÉES
		Écoles de Garçons	Écoles de Filles	Salles d'asile	
	Report	9095	10674	5710	
XVIᵉ (suite)	Rue du Ranelagh.	260	330	100	1866
	Rue Hamelin.	300	»	»	1869
	Rue Décamps (A).	330	»	»	1869
XVIIᵉ	Rue Balagny.	380	380	230	1865
	Boulevard Pereire (A)	»	420	250	1868
	Rues Brochant et des Moines	»	300	300	1867
	Rue Lemercier.	370	»	»	1867
	Rue Lecomte, 6	200	»	»	1864
XVIIIᵉ	Rue de Torcy	305	295	250	1864
	Rue du Poteau (A)	360	280	180	1862
	Rue du Mont-Cenis	»	450	130	1866
	Rue Cavé	»	440	160	1864
	Rue de Clignancourt, 61 et 63	580	360	180	1866
	Rue Lepic, 62 (A)	360	»	»	1869
XIXᵉ	Rue d'Allemagne, 83 (A)	»	490	240	1867
	Rues de Puebla et Richer (A).	»	490	250	1869
	Idem. (A)	510	»	»	1869
XXᵉ	Rue de Tlemcen, 9.	580	510	»	1864
	Rue Pelleport (A)	460	»	»	1868
	Rue du Télégraphe (A)	»	430	260	1868
	Rue des Quatre-Jardiniers	480	350	210	1870
	Rue Julien-Lacroix	295	»	»	1863
	TOTAUX.	14865	16199	8450	

(Voir la Note, page 247.

Interrompus à la fin de 1870, les travaux d'améliorations d'agrandissements ou de créations scolaires ont été repris activement dès la fin de 1871.

Du mois de juin 1871 au mois de juillet 1874, 48 établissements ont été installés dans de nouveaux bâtiments, savoir :

20 écoles de garçons ;
18 écoles de filles ;
10 salles d'asile.

Ceux de ces établissements pour lesquels des constructions spéciales ont été édifiées, sont au nombre de 20.

En voici la liste :

ARRONDISSEMENTS	SITUATION DES ÉTABLISSEMENTS (1)	PLACES			ANNÉES
		Écoles de Garçons	Écoles de Filles	Salles d'asile	
IIIe	Rue des Quatre-Fils.	340	»	»	1874
VIIe	Rue Éblé (A).	»	270	160	1872
VIIe	Rue Chomel (A).	245	260	»	1872
XIIIe	Rue Baudricourt	250	260	160	1873
XIIIe	Rue Jenner.	450	550	290	1872
XVe	Rues Ginoux et Saint-Charles (A). . . .	290	285	195	1872
XVIIIe	Rue Ordener.	445	»	»	1874
XVIIIe	Rue de Torcy (marché de la Chapelle). . . .	260	280	180	1874
XVIIIe	Rue des Poissonniers	220	250	»	1873
	Totaux.	2500	2155	985	

7 établissements ont été installés dans des immeubles dont la Ville était propriétaire ou dont elle a fait l'acquisition, savoir :

---

(1) Les constructions dont les plans sont insérés dans l'Album scolaire (n° 747 du Catalogue) sont désignées par le signe (A).

ARRONDISSEMENTS	IMMEUBLES ACQUIS PAR LA VILLE	PLACES			ANNÉES
		Écoles de Garçons	Écoles de Filles	Salles d'asile	
IVᵉ	Place des Vosges	440	420	180	1873
XVIᵉ	R. du Buis et de la Municipalité.	325	»	»	1873
	IMMEUBLES MUNICIPAUX AFFECTÉS AU SERVICE SCOLAIRE				
IVᵉ	Rue des Billettes	»	»	125	1872
XIXᵉ	Rues Fessart et Lassus	350	»	»	1871
XXᵉ	Place de Ménilmontant	»	»	150	1871
	TOTAUX.	1115	420	455	

21 établissements ont été installés dans des bâtiments pris en location par la Ville :

ARRONDISSEMENTS	SITUATION DES ÉTABLISSEMENTS	PLACES			ANNÉES
		Écoles de Garçons	Écoles de Filles	Salles d'asile	
Iᵉʳ	Rue de la Fontaine-Molière.	»	270	»	1874
IIIᵉ	Rue de Sévigné, 48	»	225	»	1872
Vᵉ	Rue Tournefort, 33.	250	»	»	1871
Vᵉ	Rue de Buffon, 11	»	225	95	1871
Vᵉ	Rue Gracieuse	»	»	200	1874
IXᵉ	Rue de Bruxelles, 32	420	»	»	1874
XIᵉ	Rue de Popincourt, 9.	»	350	»	1874
XIIᵉ	Rue de Charenton, 315	372	»	»	1874
XIIIᵉ	Boulevard de l'Hôpital	260	315	»	1872
XIVᵉ	Boulevard du Montparnasse	360	»	»	1874
XVIIᵉ	Cité des Fleurs	200	160	»	1872
XVIIᵉ	Rue du Cardinet	»	160	»	1873
XVIIIᵉ	Rue de Clignancourt, 70	»	270	»	1872
XVIIIᵉ	Rue Marie-Antoinette et rue Tardieu. .	160	»	»	1873
XXᵉ	Rue de Ménilmontant, 88	»	250	»	1872
XXᵉ	Rue du Ratrait.	340	»	»	1872
XXᵉ	Rue de Belleville 94.	240	320	»	1872
	TOTAUX.	2.602	2.545	295	

Enfin, des travaux importants de reconstruction, amélioration ou agrandissement exécutés dans les établissements existants, représentent une augmentation de 2,118 places.

Il convient d'ajouter que, de 1871 à 1874, presque tous les établissements scolaires de la Ville de Paris ont été l'objet de remaniements intérieurs qui ont eu pour effet d'améliorer leur situation au point de vue de l'hygiène et d'approprier leurs distributions aux nécessités de l'enseignement. C'est ainsi, notamment, que dans toutes les écoles, les classes trop grandes ont été divisées en deux ou plusieurs classes de dimensions moyennes, conformément aux règlesde l'organisation pédagogique.

Ces travauxet remaniements intérieurs,ont eu, en même temps, pour résultat d'augmenter, dans une proportion notable, le nombre des places disponibles, en permettant d'utiliser certains locaux jusqu'alors restés sans emploi. En outre, il a été créé un grand nombre de classes provisoires qui, en attendant la construction des écoles projetées, ont été installées dans les préaux couverts ou autres dépendances des écoles existantes.

Le nombre des places ainsi créées est de . . 6.000

En les ajoutant aux 15,190 places obtenues au moyen des créations ou des travaux d'agrandissement dont il a été question ci-dessus, on trouverait un total de. . . . . 21.190 places nouvelles. Il est vrai qu'il faut déduire de ce total. . . . . 1.670 places que contenaient 8 établissements supprimés depuis 1871.

Il resterait donc de ce chef, comme augmentation réelle obtenue de 1871 à 1874 . . . . . . 19.520 places.

Mais il y a lieu de comprendre, en outre, dans la catégorie des travaux effectués par la Ville de Paris, de 1871 à 1874, une série importante de constructions qui, commencées en 1872 et 1873, sont sur le point d'être terminées et seront livrées au service scolaire au 1er juillet 1874.

Voici la liste de ces constructions :

ARRONDISSEMENT	SITUATION DES ÉTABLISSEMENTS	PLACES		
		Écoles de Garçons	Écoles de Filles	Salles d'Asile
VIe	Rue du Pont-de-Lodi.	320	»	130
XIIe	Avenue Daumesnil et impasse Jean-Bouton	370	365	165
XIIe	Avenue Daumesnil et rue de Charenton	450	450	200
XIVe	Rue d'Alésia.	540	540	180
XVe	Rue Blomet.	520	440	200
XVIIe	Rues Fourcroy et Laugier	290	290	180
XVIIe	Rue Ampère.	350	340	180
XIXe	Rue Barbanègre	380	380	170
XXe	Rue Riblette.	320	310	160
	Places.	3.540	3.115	1.565
	Totaux.		8.220	

Ces 8,220 places, ajoutées aux 19,520 créées jusqu'à ce jour, porteront au total de 27,740 le nombre des nouvelles places créées de 1871 à 1874 (1er juillet).

Établissements d'enseignement primaire supérieur ou professionnel.

La Ville a fait aussi d'importants sacrifices pour le développement des établissements consacrés à l'enseignement primaire supérieur ou professionnel.

Plusieurs de ces établissements ont été reconstruits

depuis 1860. D'autres ont été agrandis. Enfin, de nouvelles créations ont été faites.

Collége Chaptal (1). — Les bâtiments occupés, rue Blanche, par le collége Chaptal étant devenus insuffisants, des constructions considérables, destinées à recevoir les douze cents élèves (internes et externes) qui fréquentent ce collége, ont été édifiées sur un terrain situé à l'angle de la rue de Rome et du boulevard des Batignolles.

École Turgot (2). — L'École municipae Turgot avait été nstallée, au moment de sa création, en 1839, dans un immeuble situé rue du Vertbois.

Les bâtiments ont été entièrement reconstruits, en 1866, sur un plan en rapport avec l'importance de l'établissement, qui compte actuellement 1,000 élèves.

École Colbert. — Les résultats produits par le mode d'enseignement pratiqué à l'École Turgot ont déterminé l'administration municipale à créer, dans d'autres quartiers de Paris, trois établissements conçus d'après le même type.

L'École Colbert, destinée à desservir les quartiers du nord et du nord-ouest de Paris, a été créée en 1868 dans le 10ᵉ arrondissement (3).

Elle reçoit 500 élèves.

École Lavoisier. — L'École Lavoisier a été établie rue d'Enfer, nᵒ 19, en vue de desservir les quartiers de la rive gauche de la Seine qui, jusqu'à 1871, étaient restés

---

(1) Voir à la page 159 la notice spéciale relative à cette construction

2) Voir à la page 162 la notice spéciale relative à cette construction.

(3) Voir à la page 163 la notice spéciale relative à cette construction.

dépourvus d'établissements de ce genre. Elle a été aménagée pour 300 élèves.

École d'Auteuil. — La Ville a acquis, en 1872, un immeuble situé rue du Buis, à Auteuil, dont elle a loué une partie au Département, pour l'installation de l'École normale d'instituteurs.

Une École primaire supérieure pour 150 élèves a été annexée à cette École.

Enfin, on a vu plus haut que deux Écoles normales ont été créées, l'une à Auteuil, pour les instituteurs, l'autre boulevard des Batignolles, pour les institutrices.

Institut ou Maison mère des Frères des Écoles chrétiennes (1).

La Ville a reconstruit l'immeuble rue Oudinot, dans lequel est installé l'Institut ou Maison centrale des Frères des Écoles chrétiennes, qui partagent, avec les instituteurs laïques, la direction des écoles communales de garçons.

Établissements d'Enseignement secondaire et d'Enseignement supérieur.

Indépendamment des établissements d'enseignement primaire élémentaire, supérieur ou professionnel, dont il a été question jusqu'ici, la Ville entretient un établisse-

---

(1) Voir à l'album des Plans scolaires le plan de cet établissement.

ment d'enseignement secondaire, le *Collége Rollin*, dont le programme est le même que celui des lycées de l'État.

Depuis sa création, ce collège est installé sur la rive gauche de la Seine, rue des Postes.

L'Administration municipale a pensé qu'il rendrait de plus grands services sur la rive droite, où les établissements d'instruction secondaire font presque entièrement défaut, tous les lycées de l'État, à l'exception d'un seul, étant concentrés sur la rive gauche.

Un vaste terrain en façade, d'un côté sur l'avenue Trudaine, de l'autre sur le boulevard Rochechouart, a été affecté à la construction (1) des bâtiments nouveaux.

Les bâtiments occupés par les lycées de l'État et par les établissements d'enseignement supérieur (facultés des lettres, des sciences, de médecine), ont été aussi l'objet, depuis 1860, de travaux d'amélioration ou d'agrandissement, dont la dépense, en vertu d'une convention intervenue entre l'État et l'Administration municipale, a été supportée pour moitié par la Ville de Paris.

On a vu que pendant les dix années qui avaient précédé l'annexion, la Ville avait installé, dans de nouveaux bâtiments, 40 écoles primaires élémentaires ou salles d'asile, et créé 7,301 places nouvelles

De 1860 à 1874 (1er juillet), la Ville a créé ou transféré dans de nouveaux bâtiments 244 écoles primaires ou salles

---

(1) Voir à la page 160 la notice spéciale relative à cette construction.

d'asile. Grâce à ces opérations nouvelles et aux travaux d'agrandissement ou d'amélioration qui ont été exécutés dans la plupart des anciennes écoles, 62,936 places ont été créées.

Ajoutées aux 53,796 places qui existaient en 1860, ces 62,936 places ont porté au total de 116,732 le nombre des places existant aujourd'hui dans les écoles et les salles d'asile de la Ville de Paris.

Pour qu'on puisse apprécier dans le détail, les progrès qui se sont accomplis depuis 1860, nous terminerons ce travail en présentant, dans le tableau ci-après, l'état comparatif des établissements d'enseignement primaire proprement dits (écoles primaires ou salles d'asile) en 1860 et en 1874.

État comparatif des établissements scolaires

Établissements existant en 1860 (1).

ARRONDISSEMENTS	QUARTIERS	NATURE des ÉTABLISSEMENTS	SITUATION des ÉTABLISSEMENTS	NOMBRE DES PLACES		
				GARÇONS	FILLES	ASILES
1er	St-Germain-l'Auxerrois	Laïques	rue Jean-Lantier . . .	200	190	100 g. 100 f.
		Congréganistes.	rue des Prêtres-St-Germ.	380	»	»
			rue de l'Arbre-Sec. . .	»	410	»
	des Halles	Laïques	rue J.-J. Rousseau. . .	»	»	120
		Congréganistes.	»	»	»	»
	Palais-Royal	Laïques	rue du Hasard, 8. . .	»	120	»
		Congréganistes.	rue d'Argenteuil . . .	300	»	»
			passage Saint-Roch . .	»	130	»
	de la place Vendôme	Laïques	rue Saint-Honoré, 336.	125	»	»
		Congréganistes.	rue de la Sourdière. .	»	250	100
2e	Gaillon	»	»	»	»	»
	Vivienne	"	»	»	»	»
	du Mail	Laïques	rue du Sentier, 21 . .	150	»	»
		Congréganistes.	rue de la Jussienne . .	300	240	»
	Bonne-Nouvelle	Laïques	Cour-des-Miracles. . .	»	150	150
		Congréganistes.	Cour-des-Miracles. . .	250	»	»
			rue de la Lune . . .	»	310	»

(1) Après l'annexion des communes de la banlieue.

au 1er janvier 1860 et au 1er juillet 1874.

Établissements existant en 1874.

NATURE des ÉTABLISSEMENTS	SITUATION des ÉTABLISSEMENTS	NOMBRE DES PLACES		
		GARÇONS	FILLES	ASILES
Laïques	rue Jean-Lantier . . .	343	259	90 g. 90 f.
Congréganistes.	rue des Prêtres. . . .	432	»	»
	rue de l'Arbre-Sec . .	»	410	»
Laïques	rue J.-J.-Rousseau.. .	»	»	123
Congréganistes.	»	▪	»	»
Laïques	r. de la Fontaine-Molière.	»	270	»
Congréganistes.	rue d'Argenteuil, 37. .	444	»	»
	passage Saint-Roch, 33.	»	193	»
Laïques	rue St-Honoré, 336 . .	151	»	»
Congréganistes.	rue de la Sourdière, 27.	»	300	140
»	»	»	»	»
»	»	»	»	»
Laïques	rue du Sentier, 21 . .	250	»	»
Congréganistes.	rue de la Jussienne. .	347	392	»
Laïques	Cour-des-Miracles, 2, 4.	»	253	180
Congréganistes.	Cour-des-Miracles, 4. .	253	▪	▪
	rue de la Lune, 12 . .	»	318	»

Établissements existant en 1860.

ARRONDISSEMENTS	QUARTIERS	NATURE des ÉTABLISSEMENTS	SITUATION des ÉTABLISSEMENTS	NOMBRE DES PLACES		
				GARÇONS	FILLES	ASILES
3e	des Arts-et-Métiers	Laïques. . . .	rue Sainte-Elisabeth. .	300	350	»
		Congréganistes.	rue Montgolfier	550	»	»
			rue du Vert-Bois . . .	»	375	»
	des Enfants-Rouges	Laïques. . . .	rue Caffarelli.	130	»	»
			rue de Beaujolais . . .	»	100	»
		Congréganistes.	»	»	»	»
	Archives	Laïques	»	»	»	»
		Congréganistes.	impasse de Béarn et rue des Minimes . .	230	»	»
	Saint-Avoye	Laïques	»	»	»	»
		Congréganistes.	rue Bourg-l'Abbé, 12. .	350	»	»
			rue du Temple, 79 . .	150	»	»
4e	Saint-Merri	Laïques. . . .	rue du Renard	240	150	90
		Congréganistes.	rue du Cloître-St-Merri.	»	169	»
	Saint-Gervais	Laïques. . . .	r. de l'Homme-Armé, 10.	160	160	150
			rue des Billettes, 18. .	100	98	»
			r. des Hospitalières 6, 10.	230	212	150
			rue Grenier-sur-l'Eau .	185	130	»
			rue Geoffroy-l'Asnier. .	»	»	180
		Congréganistes.	r. des Blancs-Manteaux.	227	»	»
			rue Sainte-Croix-de-la-Bretonnerie	»	200	»
			rue du Fauconnier, 9 .	»	220	»

Établissements existants en 1874.

NATURE des ÉTABLISSEMENTS	SITUATION des ÉTABLISSEMENTS	NOMBRE DES PLACES		
		GARÇONS	FILLES	ASILES
Laïques	r. Volta et r. Aumaire, 4.	475	389	128
Congréganistes.	rue Montgolfier, 1 . . .	448	»	»
	rue du Vert-Bois, 42. .	»	449	»
Laïques	rue de Picardie, 5. . .	325	»	»
Congréganistes.	»	»	»	»
Laïques	rue des Quatre-Fils . .	340	»	»
	r. Vieille-du-Temple, 108	»	295	»
	rue de Sévigné, 48 . .	»	225	»
	rue Barbette	»	»	144 g. 141 f.
Congréganistes.	r. Béarn, 3, r. Minimes .	218	»	»
Laïques	rue Montmorency, 16 .	»	209	»
Congréganistes.	r. N.-Bourg-l'Abbé, 3.	325	»	»
Laïques	rue du Renard, 7. . .	312	241	165
Congréganistes.	r. du Cloître-St-Merri.	»	274	»
Laïques	r. de l'Homme-Armé, 10.	260	208	148
	rue des Billettes 18. .	152	128	125
	r. des Hospitalières, 6,10.	482	426	144
	rue Grenier-sur-l'Eau .	513	502	»
	r. Geoffroy-l'Asnier, 16.	»	»	180
Congréganistes.	r. des Blancs-Manteaux.	200	»	»
	rue Sainte-Croix-de-la Bretonnerie	»	219	»
	rue du Fauconnier, 9.	»	299	»

Établissements existant en 1860.

ARRONDISSEMENTS	QUARTIERS	NATURE des ÉTABLISSEMENTS	SITUATION des ÉTABLISSEMENTS	NOMBRE DES PLACES		
				GARÇONS	FILLES	ASILES
4e	de l'Arsenal	Laïques	rue des Tournelles et place Royale	230	180	130
			passage Saint-Pierre. .	»	»	180
		Congréganistes.	passage Saint-Pierre. .	268	»	»
	Notre-Dame	Laïques. . . .	quai d'Anjou, 35 . . .	»	80	100
		Congréganistes.	r. du Cloître-N.-Dame .	240	156	»
			r. Saint-Louis-en-l'Isle.	195	»	»
			rue Poulletier.	»	160	»
5e	Saint-Victor	Laïques	rue de Pontoise, 21 . .	250	160	110
			Impasse aux Bœufs . .	»	250	125
			rue de Pontoise, 30 . .	300	»	»
		Congréganistes.	r. Neuve-Saint-Étienne-du-Mont, 32 (actuellement r. Rollin). .	250	»	»
			rue des Boulangers, 42.	»	200	»
			rue des Bernardins, 21.	»	150	»
	Jardin des Plantes	Laïques	»	»	»	»
		Congréganistes.	r. du Marché-aux-Chevaux.	250	»	»
			r. des Francs-Bourgeois-Saint-Marcel . . .	230	»	»
			r. de l'Epée-de-Bois, 5.	»	230	100
	Val-de-Grâce	Laïques	»	»	»	»
		Congréganistes.	r. Saint-Jacques, 277. .	200	»	»
			r. Saint-Jacques, 250. .	»	150	»
			r. des Postes, 59 (rue Lhomond).	»	200	»

Établissements existant en 1874.

NATURE des ÉTABLISSEMENTS	SITUATION des ÉTABLISSEMENTS	NOMBRE DES PLACES		
		GARÇONS	FILLES	ASILES
Laïques	r. Tournelles, pl. Royale.	357	335	130
	Impasse Guéménée . .	440	420	180
	passage Saint-Pierre. .	»	»	200
Congréganistes.	passage Saint-Pierre. .	365	»	»
Laïques	quai d'Anjou, 35. . . .	»	158	112
Congréganistes.	rue Chanoinesse. . . .	265	»	»
	rue Poulletier.	»	250	»
Laïques. . . .	rue de Pontoise, 21 . .	306	278	144
Congréganistes.	rue de Poissy.	355	»	»
	rue Rollin, 32.	374	»	»
	rue des Boulangers, 19.	»	366	»
	rue des Bernardins, 19.	»	283	»
Laïques	rue de Buffon, 11. . .	»	225	95
Congréganistes.	boulevard St-Marcel, 20.	210	»	»
	rue de l'Epée-de-Bois, 5.	»	204	100
	rue Gracieuse.	»	»	200
Laïques. . . .	rue Tournefort, 33. . .	333	»	»
	rue Berthollet, 1 . . .	»	250	96 g. 96 f.
Congréganistes.	rue Saint-Jacques, 277.	195	»	»
	rue Saint-Jacques, 250.	»	279	»
	rue Lhomond, 59. . .	»	216	»
	rue de l'Arbalète . . .	266	»	»

Établissements existant en 1860.

ARRONDISSEMENTS	QUARTIERS	NATURE des ÉTABLISSEMENTS	SITUATION des ÉTABLISSEMENTS	NOMBRE DES PLACES		
				GARÇONS	FILLE	ASILES
5e	Sorbonne	Laïques. . . .	rue des Grès	100	210	»
			r. Jean-de-Beauvais, 22.	160	»	»
			rue Pascal	»	»	190
		Congréganistes.	r. Saint-Jacques, 30. .	300	»	»
			rue Boutebrie.	»	320	»
6e	de la Monnaie	Laïques	rue Racine, 7.	220	»	»
			r. des Grands-Augustins	220	»	»
			r. St-André-des-Arts. .	»	180	»
			r. du Pont-de-Lodi, 2.	»	80	110
		Congréganistes.	»	»	»	»
	Odéon	»	»	»	»	»
	Notre-Dame des Champs	Laïques. . . .	rue de Sèvres.	140	»	»
			rue de Vaugirard, 85 .	400	»	»
			rue de Madame. . . .	»	200	150
			rue de Vaugirard, 109.	»	220	144
		Congréganistes.	rue de l'Ouest, 68 . . .	260	»	»
			rue de Vaugirard, 82 .	»	230	»
	St-Germain des Prés	Laïques. . . .	rue Saint-Benoît, 18. .	»	»	100
		Congréganistes.	rue Saint-Benoît, 10. .	285	»	»
			rue Saint-Benoît, 12. .	»	270	»
7e	Saint-Thomas d'Aquin	Laïques	rue du Bac.	290	290	»
			rue de Varennes, 39. .	»	»	60
		Congréganistes.	rue Saint-Guillaume. .	»	195	»

Établissements existant en 1874.

NATURE des ÉTABLISSEMENTS	SITUATION des ÉTABLISSEMENTS	NOMBRE DES PLACES		
		GARÇONS	FILLES	ASILES
Laïques. . . .	r. Cujas, Victor-Cousin.	356	334	144 g. 144 f.
Congréganistes.	rue Saint-Jacques, 30 .	327	»	»
	r. des Fossés-St-Jacq., 11.	195	»	»
	rue Thonin.	»	235	»
	rue de Boutebrie . . .	»	370	»
Laïques. . . .	rue St-André-des-Arts .	»	195	»
	rue du Pont-de-Lodi. .	320	»	130
Congréganistes.	»	»	»	»
Laïques. . . .	rue de Vaugirard, 9. .	225	»	»
Laïques. . . .	rue du Vieux-Colombier, 29	183	»	»
	rue de Vaugirard, 85 .	344	223	144
	rue de Madame. . . .	»	160	102
Congréganistes.	rue d'Assas, 68. . . .	300	»	»
	rue de Vaugirard, 82 .	»	272	»
Laïques. . . .	rue Saint-Benoît, 18. .	»	»	150
	rue de l'Abbaye, 8 . .	269	»	»
	rue de l'Abbaye, 8 bis.	»	»	60
Congréganistes.	rue Saint-Benoît, 10. .	369	»	»
	rue Saint-Benoît, 12. .	»	372	»
Laïques. . . .	rue Chomel, 5	245	260	»
	rue de Varennes, 39. .	»	»	69
Congréganistes.	rue Perronet	»	225	»

Établissements existant en 1860.

ARRONDISSEMENTS	QUARTIERS	NATURES des ÉTABLISSEMENTS	SITUATION des ÉTABLISSEMENTS	NOMBRE DES PLACES		
				GARÇONS	FILLES	ASILES
7º	des Invalides	Laïques. . . .	rue de Bourgogne, 33.	250	250	150
		Congréganistes.	»	»	»	»
	École Militaire	Laïques. . . .	avenue de Saxe. . . .	»	»	120
		Congréganistes.	rue Vanneau, 48. . . .	»	»	170
			rue Vanneau, 76. . . .	360	»	»
	Gros-Caillou	Laïques. . . .	rue Cler	»	»	180
		Congréganistes.	r. St-Dominique, 187..	»	370	»
8ᵉ	Champs-Élys.	»	»	»	»	»
	Faubourg du Roule	Laïques. . . .	rue du Faubourg-Saint-Honoré, 154.	160	250	»
			r. des Ecuries-d'Artois.	85	90	»
			rue de Ponthieu. . . .	»	»	80
		Congréganistes.	rue de Monceau. . . .	»	200	»
	Madeleine	Laïques	»	»	»	»
		Congréganistes.	rue de Suresnes. . . .	»	250	»
	Europe	Laïques. . . .	rue de la Bienfaisance.	140	140	60
		Congréganistes.	rue du Rocher	250	»	»
9ᵉ	Saint-Georges	Laïques	rue Fontaine.	210	»	»
			rue Clausel, 12	»	164	120
		Congréganistes.	»	»	»	»
	Chaussée-d'Antin	»	»	»	»	»

Établissements existant en 1874.

NATURE des ÉTABLISSEMENTS	SITUATION des ÉTABLISSEMENTS	NOMBRE DES PLACES		
		GARÇONS	FILLES	ASILES
Laïques	»	»	»	»
Congréganistes.	rue Las-Cases, 27 . . .	»	190	»
Laïques . . .	rue Éblé, 14	»	270	160
	rue Vanneau, 48 . . .	»	»	170
Congréganistes.	rue Vanneau, 76 . . .	400	»	»
Laïques . . .	rue Cler	»	»	180
	av. de La Motte-Piquet.	400	272	»
Congréganistes.	rue St-Dominique, 187.	»	440	»
Laïques	»	»	»	»
Laïques	rue du Faubourg-Saint-Honoré, 154	221	215	»
	r. des Écuries-d'Artois.	107	107	»
	rue de Ponthieu, 47. .	»	»	170
Congréganistes.	rue de Monceau, 15. .	»	237	»
Laïques	rue d'Astorg, 14. . . .	60	50	»
Congréganistes.	rue de Suresnes, 18. .	»	273	»
Laïques . . .	rue de la Bienfaisance.	279	168	»
Congréganistes.	r. Malesherbes, 22 et 24.	266	372	200
	rue de Florence. . . .	240	»	»
Laïques . . .	rue Fontaine, 10 . . .	233	»	»
	rue Clausel, 10 et 12 .	»	320	120
	rue de Bruxelles, 32 .	420	»	»
Congréganistes.	rue des Martyrs, 63. .	346	»	»
»	»	»	»	»

Établissements existant en 1860.

ARRONDISSEMENT	QUARTIERS	NATURE des ÉTABLISSEMENTS	SITUATION des ÉTABLISSEMENTS	NOMBRE DES PLACES		
				GARÇONS	FILLES	ASILES
9e	Faubourg Montmartre	Laïques	r. du Faubourg-Montmartre.	220	220	»
		Congréganistes.	»	»	»	»
	Rochechouart	Laïques. . . .	impasse de l'Ecole, 9. .	308	»	»
			rue Neuve-Coquenard .	»	253	250
		Congréganistes.	»	»	»	»
10e	St-Vincent de Paul	Laïques. . . .	rue des Petits-Hôtels. .	»	»	140
			r. du Faubourg-Saint-Martin	490	»	»
			rue de Belzunce. . . .	»	300	»
	Porte Saint-Denis	Laïques. . .	rue de Paradis	220	350	»
		Congréganistes.	rue de Chabrol, 61 . . .	360	»	»
	Porte Saint-Martin	Laïques	r. des Vinaigriers, 31 .	200	200	»
			r. des Récollets, 19. . .	350	»	150
			r. des Récollets, 23, 25.	280	»	170
	de l'Hôpital Saint-Louis	Laïques	»	»	»	»
		Congréganistes.	rue Parmentier, 179 . .	»	300	250
			rue du Grand-Saint-Michel (r. du Terrage).	»	300	»
11e	Folie-Méricourt	Laïques	rue Ferdinand-Saint-Maur (r. Morand) . .	650	»	»
			r. d'Angoulême, 56 . .	»	»	220
		Congréganistes.	rue Ménilmontant (rue Oberkampf, 113) . .	»	500	»
			r. d'Angoulême, 54. .	278	»	»
			r. des Fossés-du-Temple et r. de l'Orillon prolongée.	»	250	»

Établissements existant en 1874.

NATURE des ÉTABLISSEMENTS	SITUATION des ÉTABLISSEMENTS	NOMBRE DES PLACES			
		GARÇONS	FILLES	ASILES	
Laïques	rue de la Victoire, 16.	274	210	»	
Congréganistes.	»	»	»	»	
Laïques	Impasse de l'École, 9..	325	»	»	
	rue Milson	»	260	»	
	r. N.-Coquenard, 32 *bis*.	»	»	144	
Congréganistes.	»	»	»	»	
Laïques	rue des Petits-Hôtels..	»	»	165	
Congréganistes.	r. des Petits-Hôtels, 21.	359	»	»	
	r. du Faub-St-Martin,159	468	»	»	
	rue de Belzunce, 5 . .	»	383	»	
Laïques	rue de Chabrol, 41 . .	348	265	»	
Congréganistes.	»	»	‣	»	
Laïques	rue de Marseille et des Vinaigriers	442	424	120	
Congréganistes.	rue des Récollets, 23..	355	»	150	
»	»	»	»	»	
Laïques	rue de la Chopinette, 19.	420	365	160	
	rue. Grange-aux-Belles .	»	»	128	
Congréganistes.	rue Parmentier, 179. .	»	619	225	
	rue du Terrage, 16 . .	»	492	»	
	r. Claude-Vellefaux, 35.	406	»	»	
Laïques	rue Morand, 3	948	»	»	
	rue d'Angoulême, 56. .	»	»	135	
	rue Amélot.	»	337	»	
	rue Oberkampf, 113. .	»	579	208	
Congréganistes.	rue d'Angoulême, 54	266	»	»	
	rue de l'Orillon prolongée	»	316	126	

Établissements existant en 1860.

ARRONDISSEMENT	QUARTIERS	NATURE des ÉTABLISSEMENTS	SITUATION des ÉTABLISSEMENTS	NOMBRE DES PLACES		
				GARÇONS	FILLES	ASILES
11e	St-Ambroise.	Laïques. . . .	rue de l'Asile-Popincourt.	»	»	200
		Congréganistes.	rue des Amandiers-Popincourt	»	300	»
	La Roquette	Laïques. . . .	rue Keller, 6	360	210	200
			r. de la Roquette, 102.	340	150	»
			r. de la Roquette, 2. .	190	»	»
			r. Neuve-de-Lappe (actuellement rue des Taillandiers)	»	160	»
		Congréganistes.	rue de la Roquette, 25.	600	»	»
	Sainte-Marguerite	Laïques	»	»	»	»
		Congréganistes.	rue Saint-Bernard, 34 .	350	»	»
			rue Saint-Bernard, 33 .	»	300	»
12e	Bel-Air	Laïques	r. Neuve-Mongenot . .	100	»	»
		Congréganistes.	avenue du Bel-Air. . .	»	220	180
	Picpus	Laïques	r. de Reuilly, 17 . . .	»	160	150
		Congréganistes.	r. de Charenton, 271. .	250	»	»
			r. de Reuilly, 25 . . .	440	»	»
	Bercy	Laïques. . . .	place de l'Eglise, 5 (place de la Nativité). . . .	150	150	160
		Congréganistes.	r. Grange-aux-Merciers.	»	300	»

Établissements existant en 1874.

NATURE des ÉTABLISSEMENTS	SITUATION des ÉTABLISSEMENTS	NOMBRE DES PLACES		
		GARÇONS	FILLES	ASILES
Laïques	»	»	»	»
Congréganistes.	rue Servan, 48 et 50. .	577	446	200
Laïques	rue Keller	559	435	180
	b. R.-Lenoir, r. Breguet	520	384	200
	rue de la Roquette, 2.	190	»	»
	rue des Taillandiers, 25.	»	206	»
	rue de Charonne, 99. .	»	»	137
	rue de Popincourt, 9. .	»	350	»
Congréganistes.	aven. de la Roquette, 25.	600	»	»
	avenue Parmentier, 13.	»	391	160
Laïques	cité Voltaire, 2 . . .	»	434	224
Congréganistes.	rue Saint-Bernard, 20.	491	»	»
	rue Saint-Bernard, 33.	»	624	264
Laïques	rue du Rendez-Vous. .	344	»	»
Congréganistes.	rue Ruty, 5.	»	336	279
Laïques	rue de Reuilly, 17. . .	»	198	220
	rue de Reuilly, 74. . .	174	100	»
	a.Daumesnil,r. Charent.	450	450	200
	rue de Charenton, 315.	372	»	»
Congréganistes.	rue de Reuilly, 39. . .	531.	»	»
	rue de Reuilly, 77 . .	»	500	308
Laïques	place de la Nativité, 5.	252	223	161
Congréganistes.	passage Corbes, 43 . .	»	462	»

Établissements existant en 1860.

ARRONDISSEMENTS	QUARTIERS	NATURE des ÉTABLISSEMENTS	SITUATION des ÉTABLISSEMENTS	NOMBRE DES PLACES		
				GARÇONS	FILLES	ASILES
12e	Quinze-Vingts	Laïques. . . .	rue Traversière, 45 . .	300	300	»
			rue Traversière, 37 . .	»	»	225
		Congréganistes.	»	»	»	»
13e	Salpêtrière	Laïques. . . .	rue Duméril	»	»	350
		Congréganistes.	rue Duméril	300	300	»
	La Gare	Laïques. . . .	place Jeanne-d'Arc . .	200	200	»
			place Jeanne-d'Arc. . .	200	»	»
		Congréganistes.	place Jeanne-d'Arc . .	»	250	220
	Maison-Blan-che	Laïques. . . .	avenue d'Italie, 74. . .	150	150	180
			rue Boutin.	150	150	»
		Congréganistes.	rue Vendrezanne. . . .	»	300	200
	Croulebarbe	Laïques. . . .	rue Saint-Hippolyte . .	250	250	»
			rue de la Glacière. . .	»	»	150
		Congréganistes.	»	»	»	»
14e	Montparnasse	Laïques. . . .	rue du Faubourg-Saint-Jacques	»	»	80
		Congréganistes.	»	»	»	»
	de la Santé	Laïques. . . .	»	»	»	»
		Congréganistes.	»	»	»	»

Établissements existant en 1874.

NATURE des ÉTABLISSEMENTS	SITUATION des ÉTABLISSEMENTS	NOMBRE DES PLACES		
		GARÇONS	FILLES	ASILES
Laïques . . .	rue d'Aligre, 5	1114	500	»
	rue Traversière, 37 . .	»	»	181
	boulevard Mazas et im-passe Jean-Bouton. .	370	365	165
Congréganistes.	rue de Cîteaux, 26 . .	»	430	»
Laïques	rue Jenner, 48	450	550	290
Congréganistes.	boul. de l'Hôpital, 165.	260	311	»
Laïques	place Jeanne-d'Arc, 33.	407	452	»
	rue Beaudricourt, 57. .	250	260	160
Congréganistes.	place Jeanne-d'Arc, 14.	370	»	»
	place Jeanne-d'Arc, 32.	»	404	227
Laïques . . .	avenue d'Italie, 76 . .	227	166	132
	r. St-François-de-Sales.	310	307	114
Congréganistes.	r. du Moulin-des-Prés.	457	»	»
	rue Vendrezanne, 38..	»	505	315
Laïques . . .	rue St-Hippolyte, 27. .	385	»	»
	rue de Lourcine, 140..	»	234	112
Congréganistes.	»	»	»	»
Laïques . . .	rue Delambre, 14. . .	382	269	200
	boulevard Arago, 99. .	285	230	120
	boulv. Montparnasse. .	360	»	»
Congréganistes.	»	»	»	»
Laïques	»	»	»	»
Congréganistes.	r. de la Tombe-Issoire, 81.	430	407	220

Établissements existant en 1860.

ARRONDISSEMENT	QUARTIERS	NATURE des ÉTABLISSEMENTS	SITUATION des ÉTABLISSEMENTS	NOMBRE DES PLACES		
				GARÇONS	FILLES	ASILES
14e	Montrouge	Laïques	»	»	»	»
		Congréganistes.	rue Boulard	400	»	»
			rue Monthyon, 1 (place Montrouge)	»	300	250
	Plaisance	Laïques	rue des Trois-Sœurs. .	300	»	»
		Congréganistes.	rue de l'Ouest, 67. . .	»	300	»
			rue de l'Ouest, 64 . .	»	»	200
15e	St-Lambert	Laïques	place de la Mairie. . .	310	»	200
		Congréganistes.	place de la Mairie. . .	»	300	»
	Necker	Laïques	»	»	»	»
		Congréganistes.	»	»	»	»
	Grenelle	Laïques	»	»	»	»
		Congréganistes.	rue Violet, 44.	»	350	»
			rue Violet, 73.	450	»	»
			rue du Théâtre. . . .	»	»	250
	Javel	Laïques	»	»	»	»
		Congréganistes.	»	»	»	»
16e	Auteuil	Laïques	rue Jouvenet	150	»	»
			rue Boileau.	»	»	100
		Congréganistes.	rue Jouvenet.	»	150	»

Établissements existant en 1874.

NATURE des ÉTABLISSEMENTS	SITUATION des ÉTABLISSEMENTS	NOMBRE DES PLACES		
		GARÇONS	FILLES	ASILES
Laïques	»	»	»	»
Congréganistes.	rue Boulard	455	»	»
	place de Montrouge . .	»	238	250
Laïques	rue des Trois-Sœurs. .	522	»	»
	rue d'Alésia.	540	540	180
Congréganistes.	rue des Croisades, 1 . .	»	478	240
Laïques	rue Dombasle, 28 . . .	252	174	160
Congréganistes.	place de la Mairie. . .	299	385	150
Laïques	rue Quinault, 8 . . .	175	150	136
	rue Blomet.	520	440	200
Congréganistes.	rue de Vaugirard. . .	492	283	181
Laïques	rue Ginoux.	290	285	195
Congréganistes.	rue Violet, 44	»	466	275
	rue Violet, 73	573	»	»
Laïques	rue Sainte-Marie . . .	408	400	200
Congréganistes.	»	»	»	»
Laïques	rue de la Municipalité .	325	»	»
	rue Boileau, 88. . . .	»	»	90
Congréganistes.	rue Jouvenet, 27 . . .	»	181	»

Établissements existant en 1860.

ARRONDISSEMENTS	QUARTIERS	NATURE des ÉTABLISSEMENTS	SITUATION des ÉTABLISSEMENTS	NOMBRE DES PLACES		
				GARÇONS	FILLES	ASILES
	La Muette	Laïques	gr^{de} r. de Passy, 27 . .	90	95	»
		Congréganistes.	»	»	»	»
16e	Porte Dauphine	Laïques	r. de Longchamps . .	104	120	150
		Congréganistes.	avenue de St-Cloud, 79.	120	110	»
	des Bassins	Laïques	»	»	»	»
		Congréganistes.	rue des Jardins, 12. .	250	»	»
			rue des Jardins, 17. .	»	150	»
	des Ternes	Laïques	rue St-Ferdinand . . .	»	»	140
		Congréganistes.	rue d'Armaillé	350	»	»
			rue St-Ferdinand. . .	»	250	»
17e	Plaine Monceaux	Laïques	»	»	»	»
			»	»	»	»
		Congréganistes.	»	»	»	»
	Batignolles	Laïques	rue des Batignolles . .	450	300	»
			rue de la Paix (rue de la Condamine) . . .	»	»	250g
			place de l'Eglise . . .	»	»	200f
		Congréganistes.	rue d'Orléans.	200	»	»
			rue Salneuve.	»	300	»

Établissements existant en 1874.

NATURE des ÉTABLISSSEMENTS	SITUATION des ÉTABLISSEMENTS	NOMBRE DES PLACES		
		GARÇONS	FILLES	ASILES
Laïques	rue de Passy, 29 . . .	200	194	»
Congréganistes.	rue du Ranelagh, 70 .	250	344	120
Laïques	»	»	»	»
Congréganistes.	rue Decamps, 4. . . .	306	»	»
	rue de Longchamps. .	»	356	200
Laïques	rue Boissière, 54 . . .	»	»	194
Congréganistes.	rue Hamelin	315	»	»
	rue Boissière, 54 . . .	»	293	»
Laïques	rue Laugier	290	290	180
	rue Saint-Ferdinand, 5.	»	»	200
Congréganistes.	rue d'Armailé, 33. . .	502	»	»
	boulevard Pereire. . .	»	346	250
Laïques	rue Ampère	350	340	180
	rue du Cardinet . . .	»	160	»
Congréganistes.	»	»	»	»
Laïques	rue des Batignolles, 20	418	325	»
	rue de la Condamine, 89	»	»	220
Congréganistes.	rue Lemercier, 105 . .	313	»	»
	rue Legendre, 49 . . .	322	»	»
	rue Salneuve, 49 . . .	»	330	»
	rue Brochant, 28 . . .	»	320	350

Établissements existant en 1860.

ARRONDISSEMENTS	QUARTIERS	NATURE des ÉTABLISSEMENTS	SITUATION des ÉTABLISSEMENTS	NOMBRE DES PLACES		
				GARÇONS	FILLES	ASILES
17e	Les Épinettes	Laïques	»	»	»	»
		Congréganistes	»	»	»	»
18e	Grandes Carrières	Laïques	»	»	»	»
		Congréganistes.	»	»	»	»
	Clignancourt	Laïques	chaussée Clignancourt, 52	150	200	150
			place de la Mairie et rue de Lavieuville. .	100	120	
		Congréganistes.	»	»	»	»
	Goutte-d'Or	Laïques	rue Doudeauville . . .	150	150	100
		Congréganistes.	rue Richomme	300	»	»
	La Chapelle	Laïques	»	»	»	»
		Congréganistes.	imp. des Couronnes, 2.	»	400	»
19e	La Villette	Laïques	place de la Mairie. . .	350	250	»
		Congréganistes.	place de la Mairie. . .	»	»	150
			rue d'Allemagne, 90. .	100	»	»
	Pont de Flandre	Laïques	»	»	»	»
		Congréganistes.	»	»	»	»
	Amérique	Laïques	»	»	»	»
		Congréganistes.	»	»	»	»

Établissements existant en 1874.

NATURE des ÉTABLISSEMENTS	SITUATION des ÉTABLISSEMENTS	NOMBRE DES PLACES		
		GARÇONS	FILLES	ASILES
Laïques	rue Balagny, 30 . . .	376	372	240
	rue du Port-St-Ouen .	200	160	»
	rue Lecomte, 6	214	»	»
Congréganistes.	»	»	»	»
Laïques	rue du Poteau	408	276	176
	impasse Constantine, 5.	»	246	»
Congréganistes.	rue Lepic, 62.	380	»	»
Laïques	r. de Clignancourt 61-63	567	305	180
	rue de Clignancourt, 70	»	280	»
	rue Ordener	445	»	»
	rue de la Vieuville et place de la Mairie .	410	»	125
	rue des Poissonniers, 43	220	250	»
	rue Tardieu, 3	160	»	»
Congréganistes.	rue du Mont-Cenis, 77.	»	471	234
Laïques	rue Doudeauville, 1 et 3	358	300	180
Congréganistes.	rue Richomme, 13 . .	354	»	»
	rue Cavé.	»	473	200
Laïques	rue de Torcy, 20 . . .	304	284	242
	rue de Torcy (marché de la Chapelle) . . .	260	280	180
Congréganistes.	rue Pajol, 8	362	»	»
Laïques	place de la Mairie . .	421	304	»
Congréganistes.	place de la Mairie et rue Jomard.	»	»	250
	rue de Meaux, 53. . .	433	»	»
	rue d'Allemagne, 87. .	»	567	310
Laïques	rue Barbanègre. . . .	380	380	170
Congréganistes.	»	»	»	»
Laïques	rue Lassus, 11	350	»	»
	rue de Louvain, 7. . .	»	301	84
Congréganistes.	»	»	»	»

Établissements existant en 1860.

ARRONDISSEMENTS	QUARTIERS	NATURE des ÉTABLISSEMENTS	SITUATION des ÉTABLISSEMENTS	NOMBRE DES PLACES		
				GARÇONS	FILLES	ASILES
19e	Combat	Laïques	»	»	»	»
		Congréganistes.	»	»	»	»
20e	Belleville	Laïques	rue Henri-Chevreau. .	210	210	»
			rue Levert, 42, et rue de la Mare, 27	225	230	»
			rue de la Mare, 93 . .	»	»	100
			boulevard du Combat .	»	»	100
			rue de Tourtille. . . .	»	»	120
		Congréganistes.	»	»	»	»
	St-Fargeau	Laïques	»	»	»	»
		Congréganistes.	»	»	»	»
	Père-Lachaise	Laïques	»	»	»	»
		Congréganistes.	»	»	»	»
	Charonne	Laïques	rue des Écoles	150	»	»
		Congréganistes.	rue des Écoles	»	150	200
			Totaux	23395	20747	9654
				53.796		

Établissements existant en 1874.

NATURE des ÉTABLISSEMENTS	SITUATION des ÉTABLISSEMENTS	NOMBRE DES PLACES		
		GARÇONS	FILLES	ASILES
Laïques	rue de Puebla, 459 . .	566	519	115 g 100 f
Congréganistes.	»	»	»	»
Laïques	r. Henri-Chevreau, 26.	293	»	»
	rue Levert, 42	462	»	»
	rue de la Mare, 93 . .	»	»	80
	place de l'Église de Ménilmontant. . . .	»	»	150
	rue de Tourtille, 14 . .	»	»	192
	square National, 17 *bis*.	212	»	»
	rue de Belleville, 94. .	240	320	»
Congréganistes.	rue Julien-Lacroix. . .	354	»	»
Laïques. . . .	»	»	»	»
Congréganistes.	rue Pelleport, 166. . .	430	416	»
	rue du Télégraphe, 18.	»	»	224
Laïques	rue de Tlemcen, 9 . .	622	510	»
	rue du Retrait, 15 . .	340	»	»
	rue de Ménilmontant, 88	»	250	»
	rue Richer, 4.	»	»	120
Congréganistes.	»	»	»	»
Laïques. . . .	rue des 4 Jardiniers. .	466	354	200
	rue Riblette	320	310	160
Congréganistes.	rue Vitruve, 1 et 3 . .	359	296	300
	Totaux.	50952	46002	19778
		116.732		

Modèle d'un groupe scolaire

Comprenant :

ÉCOLE DE GARÇONS, ÉCOLE DE FILLES, ASILE ;
(Réduction au 5ᵉ)

Avec deux appendices à la même échelle, indiquant la distribution
du rez-de-chaussée et celle du 1ᵉʳ étage.

UNE SALLE DE CLASSE DUDIT GROUPE AVEC SON MOBILIER.
(Réduction au 10ᵉ)

LA SALLE DE L'EXERCICE DE L'ASILE, MÊME GROUPE, AVEC SON
MOBILIER.
(Réduction au 10ᵉ)

Auteur du projet : M. CORDIER, architecte.

Entrepreneur du travail : M. JANNIN, entrepreneur de sculpture.

Collaborateurs : MM. JULLIEN, ébéniste ; — HOUSSEMAINE, sculpteur.

Ce groupe scolaire, situé à l'angle des rues Laugier et
Fourcroy (17ᵉ arrondissement), comprend : une école de
garçons, une école de filles et une salle d'asile.

Les constructions occupent un superficie de.   920ᵐ

Les préaux découverts ou cours de récréa-
tion 1.200

Soit au total 2.200ᵐ

Les bâtiments comprennent :

Au rez-de-chaussée, la salle d'asile (classe et préau
couvert), les préaux couverts de l'école de garçons et de
l'école de filles ;

Au premier étage, 10 classes : 4 classes de garçons,
4 classes de filles et 2 salles de dessins, l'une pour les
garçons, l'autre pour les filles.

Le nombre des places est de 180 dans la salle d'asile et de 290 dans chacune des deux écoles, soit, au total, 760 places.

Les logements de maîtres, au nombre de 6, sont installés dans des pavillons situés à l'extrémité de chacun des trois établissements.

L'eau et le gaz sont distribués dans toutes les parties des bâtiments.

Les appareils de chauffage et de ventilation sont disposés de façon à assurer à chaque enfant 10 mètres cubes d'air pur par heure, à la température de 15 degrés centigrades.

Les murs sont construits en pierres de taille et les planchers en fer.

Toutes les classes sont parquetées, ainsi que le préau couvert de l'asile. Les préaux couverts des deux écoles sont dallés en bitume.

La dépense des constructions s'est élevée à la somme de 456,000 francs.

N° **745** DU CATALOGUE FRANÇAIS

Modèle des Magasins

DU MOBILIER SCOLAIRE, DU MATÉRIEL D'ENSEIGNEMENT
ET DES FOURNITURES DE CLASSE.
(Réduction au 10°)

Auteur du projet : M. Boyer, chef de division.

Chef du travail : M. LECOQ, menuisier.

Collaborateurs : MM. BARDEL, tapissier; — ROUSSIN, serrurier; — GOBIN, ferblantier; — LEVASSEUR, sculpteur; — WUHRER, graveur géographe, médaille de progrès (Vienne 1873).

Le magasin du matériel scolaire a été créé, en 1871, dans le but d'assurer aux écoles, grâce à des approvisionnements proportionnés aux besoins, la fourniture régulière tant du matériel classique proprement dit (livres, cahiers, plumes, crayons, cartes, tableaux, etc.) que du mobilier scolaire et de ménage (bureaux de maîtres, tables, chaises, bancs, bibliothèques et armoires, rideaux, chevalets, éponges, encriers, thermomètres, pendules, etc.).

L'installation de ce magasin permet de pourvoir d'urgence aux besoins extraordinaires ou aux réparations accidentelles, par l'envoi ou par le remplacement immédiat des objets manquants ou hors d'usage; de contrôler la qualité des objets fournis par les entrepreneurs adjudicataires, en rapprochant ces objets des modèles déposés; enfin, d'expérimenter et de réaliser les perfectionnements qu'il peut être utile d'apporter au matériel scolaire.

N° **746** DU CATALOGUE FRANÇAIS.

Modèle d'une salle de dessin

ET DE SES DÉPENDANCES, AVEC LE MOBILIER.
(Réduction au 10°)

(École de M. LEQUIEN fils, rue des Petits-Hôtels.)

Auteur et exécutant : M. DENIAU, modeleur-ébéniste.

Collaborateur : M. LEQUIEN fils, sculpteur.

L'école de dessin et de sculpture du X° arrondissement, fondée en 1836, rue de Chabrol, a été transférée, en 1864, rue des Petits-Hôtels, 19, dans un local construit et aménagé spécialement.

L'enseignement de cette école, qui comprend: le dessin d'après l'estampe, d'après la bosse, et d'après nature; le dessin de machines et de bâtiments, la perspective, le modelage, etc., etc., s'adresse aux apprentis et aux ouvriers adultes de toutes les catégories d'industrie et d'art industriel.

L'école se compose d'une grande salle rectangulaire pour le dessin d'après l'estampe et la bosse, le dessin géométrique et le modelage ; et de deux annexes : une salle pour le dessin d'après nature et un amphithéâtre pour les leçons orales de géométrie et de perspective. — Viennent en complément le magasin des modèles et le cabinet du directeur.

La salle rectangulaire, dont la hauteur est de 5^m,50, a une superficie de 311 mètres carrés. Elle peut contenir 260 élèves installés dans les travées et aux hémicycles. La salle pour le dessin d'après nature contient 50 places, ainsi que l'amphithéâtre.

Le système de l'installation est combiné de manière à faire travailler concurremment les élèves qui dessinent d'après l'estampe ou d'après la bosse et ceux qui modèlent. Les élèves dessinant d'après l'estampe ont le modèle placé devant eux, dans un cadre ; ils sont assis sur un tabouret indépendant et mobile ; ils appuient sur la barre du porte-modèles leur carton qui, d'autre part, repose sur leurs genoux. Ceux qui dessinent d'après la bosse sont rangés en demi-cercle autour du modèle ; ils sont assis et appuient leurs cartons sur une barre de fer fixe en forme d'hémicycle. Les modeleurs sont placés derrière les dessinateurs d'après la bosse ; ils travaillent debout sur des selles tournantes adhérant à une plate-forme continue ; ils ont leur modèle à côté d'eux posant sur la plate-forme. Les élèves du dessin géométrique sont assis et font reposer leurs planches sur une table légèrement oblique.

L'école est éclairée par 121 becs de gaz. Les appareils sont de deux sortes : ceux qui éclairent les travées sont en forme de ⅃ renversé et ont 8 becs (4 pour chaque côté de la travée) sur le tube transversal ; chaque bec est muni d'un abat-jour. Ceux qui éclairent les hémicycles présentent les mêmes dispositions ; un appareil mobile est placé au milieu de chaque hémicycle pour régler la lumière qui convient au modèle. Un appareil spécial mobile est affecté à chaque selle de modeleur.

N° **747** du Catalogue français.

Album

Des plans, photographiés aux cinq millièmes, d'écoles communales construites de 1860 à 1873.

Directeur du travail : M. Uchard, architecte.

Exécutant : M. Fernique, photographe.

N° **748** du Catalogue français.

Album de vues photographiques

Prises dans les écoles et dans les salles d'asile.

Exécutant : M. Fiscou, photographe.

N° **749** du Catalogue français.

Albums

Du mobilier des écoles et des salles d'asile.

M. Uchard, architecte.

N° **750** DU CATALOGUE FRANÇAIS.

Plans

Des colléges municipaux et des écoles supérieures municipales : collége Rollin, collége Chaptal, école Turgot, école Colbert.

Auteurs : MM. ROGER, TRAIN, CHAT, VILLAIN, architectes.

ADMINISTRATION GÉNÉRALE

DE

L'ASSISTANCE PUBLIQUE

———

M. DE NERVAUX, O. ✳, Directeur.

ASSISTANCE PUBLIQUE

Renseignements généraux.

En ce qui concerne les établissements hospitaliers, l'administration de l'Assistance publique, depuis 1850, a achevé l'hôpital de Lariboisière. Elle a construit l'hôpital Saint-Eugène, l'hôpital de Berck-sur-Mer, la maison de retraite Chardon-Lagache.

Elle a entrepris la reconstruction de l'Hôtel-Dieu et du nouvel hôpital de Ménilmontant.

Elle a transporté et réédifié, dans de vastes proportions, la Maison municipale de santé du Faubourg-Saint-Denis, les hospices de Sainte-Périne, des Petits-Ménages et des Incurables, les asiles de Vaucluse, de Ville-Évrard et de Sainte-Anne.

Elle a amélioré les services généraux par la construction de la Boulangerie et du Magasin central.

Elle a créé vingt-huit maisons de secours.

Ces divers travaux ont permis de porter le nombre des lits d'hôpital, de 6,743 à 7,820, et le nombre des lits d'hospice, de 10,629 à 11,260, de développer le traitement des malades à domicile jusqu'à pouvoir secourir, chez eux, 63,395 malades par an; enfin, d'élever le nombre des indigents assistés, de 63,134 à 105,119.

Nota. — On trouvera plus loin, page 301, des descriptions sommaires des divers nouveaux édifices hospitaliers *dont les plans ne figurent pas à l'Exposition de Londres.* Ces renseignements complémentaires permettront de se rendre compte, dans leur ensemble, des sacrifices que la Ville de Paris s'est imposés pour développer, d'une façon proportionnelle aux besoins de la population parisienne, les établissements de bienfaisance.

N° **751** du Catalogue français

HOPITAL DE MÉNILMONTANT

PLANS, DESSINS

M. Billon, architecte.

Système de ventilation et de chauffage.

M. Ser, ✻, Ingénieur de l'administration de l'Assistance publique, professeur à l'École centrale des arts et manufactures.

Cet hôpital, construit sur le coteau de Ménilmontant, comblera le vide qui existe sur la rive droite de la Seine, entre l'hôpital Lariboisière et l'hôpital Saint-Antoine, en mettant à la disposition des nombreux habitants du XX⁰ arrondissement (et même d'une partie importante de la population des XI⁰ et XIX⁰ arrondissements), un vaste établissement hospitalier.

L'emplacement choisi mesure 52,764 mètres. Il affecte la forme d'un trapèze circonscrit par de larges voies publiques.

L'ensemble de l'édifice se compose de quatre grands bâtiments séparés par de vastes espaces et constituant en quelque sorte quatre hôpitaux distincts.

La cour principale présente une superficie de 4,300 mètres. Les rez-de-chaussées, éclairés par cette cour, sont entièrement distribués en chambres de deux et quatre lits. Chaque étage comporte deux salles, et chaque salle a son escalier particulier et sa salle de réunion pour les convalescents. Des galeries formant terrasses seront ouvertes à ceux-ci afin qu'ils puissent respirer le grand air sans descendre.

Les étages supérieurs sont munis de monte-charges

qui permettront d'élever les malades couchés et les approvisionnements.

Le nombre des lits s'élèvera au chiffre de 560, répartis dans 20 salles et dans 70 chambres.

Un service supplémentaire de 192 lits, pouvant être utilisés dans des circonstances exceptionnelles, sera installé dans les combles.

A droite et à gauche des quatre grands bâtiments dont il vient d'être parlé, deux constructions spéciales seront élevées pour le service des accouchements et pour le traitement des maladies contagieuses.

La chapelle sera placée dans l'axe de la cour principale. Le bâtiment d'administration aura deux étages avec combles. Le chauffage s'effectuera au moyen de la vapeur et d'une circulation d'eau chaude installée dans les soussols. La dépense totale des travaux s'élèvera à environ 9,326,015 francs.

N° 752 DU CATALOGUE FRANÇAIS

HOPITAL MARITIME DE BERCK-SUR-MER

(PAS-DE-CALAIS).

PLANS, DESSINS.

MM. LAVEZZARI (Émile), ✳, architecte ;
FAURE, Inspecteur.

Sytème hydraulique.

M. SER, ✳, Ingénieur de l'administration de l'Assistance publique, professeur à l'École centrale des arts et manufactures.

L'hôpital de Berck, construit sur le bord de la mer, est desservi par la gare de Montreuil-Verton (à 32 kilomètres de Boulogne-sur-Mer). Cet établissement est consacré au traitement des enfants atteints de certaines variétés de la scrofule.

La forme générale des constructions est celle d'un parallélogramme ouvert du côté de la mer.

Les travaux, commencés en 1867, ont été terminés en 1869.

La dépense totale s'est élevée à 3,235,130 francs.

N° **753** DU CATALOGUE FRANÇAIS

ASILE D'ALIÉNÉS DE VAUCLUSE

PLANS, DESSINS

M. LEBOUTEUX (Denis), architecte, prix de Rome ;
M. MARÉCHAL (Henri), Inspecteur.

L'asile d'aliénés de Vaucluse, situé dans le département de Seine-et-Oise, à 25 kilomètres de Paris, s'élève en amphithéâtre sur la pente d'un coteau dominant le vallon de l'Orge, lequel est traversé par la ligne de Paris à Orléans.

Il comprend plusieurs groupes de bâtiments, renfermant des lits pour 600 aliénés indigents, — 300 hommes et 300 femmes, — des bâtiments pour l'administration, les services généraux, des bains, une chapelle, des ateliers, etc., etc.

Les constructions sont disposées par pavillons séparés, avec préaux et cours ; des galeries couvertes donnent accès à toutes les parties de l'asile ; l'ensemble de l'édifice présente une surface d'environ 58,000 mètres.

Les clôtures sont faites de façon à laisser aux malades la vue entière de la campagne et des sites environnants, afin de leur enlever, autant que possible, l'idée qu'ils sont emprisonnés. Les préaux et les cours sont plantés d'arbres, de fleurs et de gazons.

Le régime des aliénés est le régime en commun, par quartiers de 50 malades, avec dortoirs de 12 à 16 lits et quelques chambres séparées.

Tous les bâtiments, chauffés, ventilés, éclairés par le gaz que fournit une petite usine spéciale à l'asile, sont abondamment pourvus, au moyen d'une machine à vapeur, d'eau prise dans la rivière, qui passe au fond du vallon. Enfin, un réseau complet d'égouts débarrasse l'asile de toutes ses eaux vannes.

L'asile de Vaucluse a été construit en quatre ans et demi (de 1865 à 1869).

La dépense totale s'est élevée à la somme de 3,668,674 francs 20 c.

N° **754** DU CATALOGUE FRANÇAIS

HOSPICE DES INCURABLES

(A IVRY, PRÈS PARIS)

PLANS, DESSINS

M. LABROUSTE (Théodore), O. ✳, membre de l'Institut, architecte, prix de Rome.

M. BILLON, Inspecteur.

M. SER, ✳, Ingénieur de l'administration de l'Assistance publique, professeur à l'École centrale des arts et manufactures.

M. LELAURIEN, Inspecteur.

La translation et la réunion des deux hospices d'incurables de Paris dans le grand établissement d'Ivry, a permis de concentrer les deux services en dehors de la ville, dans d'excellentes conditions hygiéniques et avec une notable économie dans les frais généraux.

Les deux anciens hospices ne contenaient que 1,179 lits. Le nouvel établissement, construit sur des terrains appartenant à l'Administration et faisant partie de la commune d'Ivry, en contient 2,029.

La superficie occupée est de 176,000 mètres; les constructions couvrent une surface de 23,664 mètres.

L'ensemble des bâtiments, réunis par une galerie, se divise en trois corps principaux.

Les services généraux sont groupés de façon à desservir en même temps le quartier des femmes et celui des hommes. Ces deux quartiers, parfaitement symétriques, constituent ainsi deux hospices tout à fait distincts.

Les constructions affectées aux vieillards ont trois étages.

Les salles sont chauffées au moyen de l'air chaud. La cuisine se fait par la vapeur et la rôtisserie par le gaz.

Les travaux ont été terminés en 1869.

La dépense totale atteindra un chiffre d'environ 8 millions 800 mille francs.

N° **755** DU CATALOGUE FRANÇAIS

ASILE D'ALIÉNÉS DE SAINTE-ANNE

DESSINS

M. QUESTEL, O. ✳, architecte, membre de l'Institut.

L'asile d'aliénés de Sainte-Anne a été construit dans l'un des quartiers sud de Paris, près le boulevard Saint-Jacques.

Ce vaste établissement occupe un terrain en forme de

quadrilatère à peu près régulier, entouré par quatre rues et occupant une surface d'environ 13 hectares 30 ares.

Les terrains sur lesquels l'asile a été élevé composaient en partie l'ancienne ferme Sainte-Anne, dont la création remontait à l'époque de Henri IV.

Les bâtiments du nouvel asile, commencés en 1863, ont été achevés en 1867 ; leur aspect général est d'une grande simplicité. La pierre n'a été employée que dans les soubassements, les angles et les bandeaux des façades ; tout le reste est en moellon piqué, les combles ont leurs chevrons apparents, ils sont recouverts de tuiles Muller.

L'asile peut contenir 600 aliénés, tant hommes que femmes, sans compter 40 autres malades des deux sexes placés dans le quartier d'admission ; en tout 640 malades.

La dépense totale s'est élevée au chiffre de 5,369,601 francs, y compris les travaux de consolidation exécutés dans les carrières et qui ont coûté près de 700,000 francs.

N° 756 DU CATALOGUE FRANÇAIS

ASILE DE VILLE-ÉVRARD

DESSINS

Feu M. LEQUEUX, architecte en chef du département de la Seine.

L'asile de Ville-Évrard (département de Seine-et-Oise) est situé entre la Marne et la route nationale n° 34 de Paris à Strasbourg, à 14 kilomètres de Paris.

Le classement des aliénés, leur régime, le nombre des lits, les agencements administratifs, sont les mêmes qu'à l'asile de Vaucluse.

Les bâtiments sont séparés les uns des autres, reliés par des galeries, et entourés de préaux et de vastes cours d'isolement plantés en jardins. L'ensemble présente une surface de 59,500 mètres.

L'éclairage, la distribution des eaux, l'évacuation des eaux vannes se font comme à Vaucluse. C'est l'eau de la Marne qui alimente l'asile.

Les travaux ont duré quatre ans et demi, de 1864 à 1869.

La dépense totale s'est élevée à la somme de 3,194,931 francs.

ASSISTANCE PUBLIQUE

(SUITE)

RENSEIGNEMENTS COMPLÉMENTAIRES

NOTICES SUR DIVERS ÉDIFICES HOSPITALIERS DONT LES PLANS
NE SONT PAS EXPOSÉS

ADMINISTRATION CENTRALE
DE L'ASSISTANCE PUBLIQUE

Les bureaux administratifs de l'Assistance publique qui occupaient, sur le Parvis-Notre-Dame, le bâtiment dit de *Saint-Christophe*, ont été transférés, en 1858, dans un bâtiment spécial construit sur la place de l'Hôtel-de-Ville. Ce déplacement était nécessité par les projets de voirie alors adoptés par le Conseil municipal. Les constructions, commencées en 1856, sous la direction de M. Véra, ont été achevées en deux années.

La dépense s'est élevée à **2,217,931 fr. 72 c.**

MAGASIN CENTRAL

Cet édifice est affecté à l'emmagasinement de tous les approvisionnements nécessaires au service matériel de l'Assistance publique. Il centralise les matières premières ; les objets de coucher, de linge et d'habillement en usage dans les divers établissements hospitaliers y sont confectionnés sur place dans de bonnes conditions d'économie et de fabrication.

Le Magasin central, construit sous la direction de M. Ponthieu, occupe une superficie d'environ 13,000 mètres. Il a la forme d'un parallélogramme. Les bâtiments de façade sont occupés par les bureaux, le dépôt des ventes et par un atelier spécial. Les magasins et les autres ateliers sont installés dans les rez-de-chaussées et aux deux étages des constructions situées sur la cour intérieure.

La dépense s'est élevée à 1,870,177 francs.

NOUVEL HOTEL-DIEU

L'état de vétusté de l'ancien Hôtel-Dieu ayant nécessité sa reconstruction, l'administration de l'Assistance publique a décidé que cette reconstruction aurait lieu dans de plus vastes proportions et sur un autre emplacement également situé dans la Cité et délimité par la place du Parvis-Notre-Dame, la rue d'Arcole, le quai Napoléon et la rue de la Cité.

Le nouvel édifice, orienté du nord au midi, fait face aux deux bras de la rivière. — Il occupe une superficie d'environ 22,000 mètres.

L'entrée principale est située sur la place du Parvis ; les bâtiments en façade sont affectés aux services administratifs et au logement du personnel. — L'hôpital proprement dit se subdivise en trois groupes de constructions disposés autour d'une cour centrale.

Un double bâtiment longitudinal, auquel se rattachent des pavillons transversaux (trois à droite et trois à gauche), s'étend sur toute la longueur de cette cour.

La façade, sur le quai Napoléon, est affectée aux services funéraires, à la communauté et à la chapelle. — Les cuisines, la pharmacie, les bains, la buanderie, les réfectoires du personnel et les magasins, seront placés dans les sous-sols.

On ne peut, quant à présent, déterminer le chiffre de la dépense totale ; mais il y a lieu de penser qu'en dehors des frais d'expropriation, qui ont atteint 18,000,000, les devis primitifs et les devis supplémentaires, fixés à 20,000,000 environ, seront suffisants.

D'ailleurs, les dispositions générales du futur Hôtel-Dieu sont, en ce moment, l'objet de modifications qui doivent en changer toute l'économie.

Les travaux sont dirigés par M. Diet, auteur du projet.

HOPITAL LARIBOISIÈRE

L'hôpital Lariboisière occupe, dans l'ancien clos Saint-Lazare, un périmètre de 51,872 mètres.

L'ensemble des constructions se compose de six pavillons à deux étages pouvant contenir 606 lits.

Ces pavillons, formant deux lignes parallèles, sont séparés par des préaux.

Une vaste cour occupe le centre de l'édifice. — Tous les services communiquent entre eux au moyen d'une galerie vitrée qui peut servir de promenoir.

Les bureaux, le personnel administratif, les salles de consultation, la cuisine et la pharmacie, les dortoirs des gens de service, sont installés dans les bâtiments de façade.

La chapelle fait face à la grande cour.

A droite et à gauche de cette chapelle sont disposés les locaux consacrés aux bains, à la lingerie, à la buanderie, au dortoir des filles de service et aux deux amphithéâtres.

Le stuc remplace la peinture dans les pavillons de malades et dans les bâtiments affectés aux services généraux.

Les systèmes de MM. Thomas, de M. Laurens pour la ventilation, combinés avec les systèmes Grouvelle et Duvoir-Leblanc pour le chauffage, ont été appliqués. Les appareils servent à la fois au chauffage et à la ventilation des salles, des chambres, des réfectoires, au service des fourneaux d'office, à la distribution d'eau chaude, au chauffage des bains, de la buanderie, à l'aération des fosses et à la mise en mouvement de la pompe hydraulique.

La dépense totale, y compris le prix des terrains, s'est élevée à 10,445,146 fr. 06 c.

MAISON MUNICIPALE DE SANTÉ

La Maison municipale a été fondée, en 1802, par le Conseil général des Hospices, et installée d'abord dans le faubourg Saint-Martin. Elle fut ensuite transférée, en 1816, dans les bâtiments d'une ancienne communauté, située dans la rue du Faubourg-Saint-Denis.

Le percement des grands boulevards de Strasbourg et de Magenta, en 1853, a nécessité sa réinstallation définitive sur l'emplacement actuel contigu au chemin de fer de l'Est, et d'une superficie de 12,602^m,55.

Les travaux ont été dirigés par M. Labrouste, membre de l'institut, architecte en chef de l'Assistance publique.

Le service administratif, les bureaux, les logements, les salles de consultations, les dortoirs des serviteurs, sont installés dans le corps de bâtiment en façade.

Les locaux affectés aux malades sont situés en arrière et séparés par la cour principale, de chaque côté de laquelle s'élèvent les services généraux.

L'organisation des bains a reçu un développement considérable.

Les bâtiments des malades ont deux étages sur rez-de-chaussée. Ces rez-de-chaussée contiennent les appartements réservés. Les chambres particulières, à un ou deux lits, occupent le premier étage. Les chambres communes, à trois, quatre et six lits, sont situées au second étage.

Les travaux ont duré un peu moins de deux années.

La dépense totale s'élève à 3,915,312 francs.

HOSPICE DES MÉNAGES

L'ancien Hospice des Ménages, fondé en 1557 sous le nom de *Petites-Maisons*, abritait à la fois des aliénés, des enfants et des vieillards infirmes.

En 1801, l'administration des Hospices de Paris ayant centralisé la direction de l'Hôtel-Dieu, de ses dépendances, de la Charité et de ses annexes, de l'Hôpital général et des Incurables, décida que l'Hospice des Ménages serait désormais affecté spécialement aux époux en ménage et aux personnes veuves.

Mais au moment de l'agrandissement de Paris et de l'annexion des communes suburbaines, cet établissement fut transféré dans les environs de Paris, sur un emplacement faisant partie du domaine hospitalier et situé sur le territoire de la commune d'Issy.

Ce terrain présente, dans son ensemble, une superficie de plus de 60,000 mètres.

Le nouvel édifice y occupe une position très-favorable.

La façade se compose de trois corps de bâtiment consacrés aux services administratifs et d'où la vue s'étend jusqu'aux coteaux de Saint-Cloud.

Les constructions forment, en arrière de cette façade, deux grands parallélogrammes séparés par une cour rectangulaire au centre de laquelle s'élève la chapelle.

Cette cour centrale occupe une superficie de 8,500 mètres.

Des galeries couvertes facilitent de toutes parts les communications.

L'Hospice des Ménages contient 1,387 lits.

L'Hospice Devillas, dont l'installation dans l'intérieur de Paris était toute provisoire, sera réédifié sur le même emplacement, et les services généraux seront communs aux deux établissements.

Les travaux ont duré trois ans, et la dépense totale s'est élevée à 5,414,208 francs.

MAISON SAINTE-PÉRINE

Cet établissement, autrefois installé rue de Chaillot, est destiné à venir en aide, sur la fin de leur carrière, à d'anciens fonctionnaires et à leurs veuves, ou à des personnes qui, après avoir connu l'aisance, perdent leur position précédente.

Par suite du percement de deux nouveaux boulevards, la Maison de Sainte-Périne a été transférée dans une vaste propriété située à Auteuil. Les bâtiments actuels sont situés au point culminant d'un parc qui ne mesure pas moins de 79,000 mètres. M. Ponthieu, auteur des plans et chargé des travaux, a adopté le système des pavillons isolés.

Par suite, l'ensemble des bâtiments se compose, sur le parc, d'une ligne de constructions séparées, disposées des deux côtés de la cour principale et reliées entre elles par des galeries couvertes.

L'ensemble des dépenses peut être évalué à 2,414,355 francs.

FONDATION CHARDON-LAGACHE

Cette maison de retraite, fondée par M. et Mme Chardon-Lagache, est destinée à recevoir des époux en ménage, des veufs ou veuves, et des célibataires, moyennant le paiement d'une pension.

La construction, commencée en 1864, a été terminée en 1865, sous la direction de M. Véra. Les bâtiments, bien exposés, bien aérés, ne laissent rien à désirer sous le rapport des aménagements intérieurs. Les fondateurs ont déjà fait exécuter certaines modifications dans les services ; de nouveaux bâtiments ont été élevés pour augmenter le nombre des pensionnaires.

La construction seule a coûté 1,030,065 francs.

Cette somme a été intégralement soldée par les fondateurs, ainsi que toutes les dépenses de premier établissement.

DIRECTION

DES

EAUX ET ÉGOUTS

M. BELGRAND, C. ✳

**Inspecteur général des Ponts et Chaussées,
membre de l'Institut, Directeur.**

DIPLOME D'HONNEUR (VIENNE 1873)

LES EAUX

LES EAUX.

Renseignements généraux.

CONDUITES D'EAU DE LA VILLE DE PARIS.

La longueur des rues de Paris est de 865,863 mètres ; celle des conduites d'eau est bien plus grande, parce que, dans le système adopté, les eaux du service privé sont complétement séparées de celles du service public. La longueur des conduites d'eau devrait donc être deux fois plus grande que celle des rues. Il n'en est pas ainsi, parce que la séparation des deux services n'est pas encore complétement effectuée.

En réalité, au 1er janvier 1874, la longueur des conduites publiques dans Paris, non compris celles des parcs et des squares, était de 1,431,000 mètres. Cette longueur se décompose ainsi :

En béton :

Conduite forcée de 1^m,30 de diamètre	1.350^m.
Conduites en fontes	1.359.650
— en tôle bitumée	63.000
— en plomb	3.000
Petite canalisation en plomb	4.000
Total (1)	1.431.000^m.

Le volume d'eau que le service tient dans ces conduites à la disposition des consommateurs peut s'évaluer ainsi en mètres cubes par vingt-quatre heures :

---

(1) Cette longueur est certainement trop grande ; elle résulte de l'addition des longueurs de conduites posées chaque année ; mais il est probable que l'on n'a pas retranché exactement les longueurs de conduites abandonnées en terre et aujourd'hui sans usage. La vérification des longueurs réelles se fait en ce moment.

	/ Provenant de la rivière d'Ourcq		105.000 mc
Eau du canal de l'Ourcq	De la Marne relevée dans le canal par les usines de Trilbardou et d'Isles-les-Meldeuses		80.000

Eau de Seine relevée par les douze machines à vapeur de Port-à-l'Anglais, Maisons-Alfort, Austerlitz, Chaillot, Auteuil et Saint-Ouen. . 88.000

Eau de la Marne montée par les machines de Saint-Maur. 43.000

Volume total de l'eau de rivière . . . . . 316.000 mc

Eau des puits artésiens. 6.000 6.000

Eaux de sources.

Eau d'Arcueil 1.000

— de la Dhuis 20.000

— de la source de Saint-Maur, relevée par les machines de Saint-Maur. 12.000

Volume total des eaux de source 33.000 33.000

Total général. . . . . 355.000 mc

Les machines de Trilbardou et d'Isles-les-Meldeuses, qui relèvent l'eau de la Marne pour compléter l'alimentation du canal de l'Ourcq, ne travaillent que dans les saisons sèches. Le canal est suffisamment alimenté dans les saisons humides. Pour relever 88,000 mètres cubes d'eau de Seine, il faut que les douze machines à vapeur marchent ensemble.

Le maximum d'eau de Seine montée en vingt-quatre heures a été, pour l'année 1873, de 85,000 mètres cubes.

En comptant seulement le maximum d'eau élevée par les machines en 1873, on trouve que le volume que le service tient à la disposition des usagers, est de 352,000 mètres cubes.

Lorsque les dérivations de la Dhuis et de la Vanne seront au complet, le disponible s'élèvera à 462,000 mètres cubes.

La quantité d'eau consommée est très-inférieure à ce volume.

En voici le résumé, mois par mois, pour l'année 1873 :

	CONSOMMATION EN 24 HEURES	
	1re QUINZAINE.	2e QUINZAINE.
Janvier	213.000 mc	210.000 mc
Février	219.000	226.000
Mars	225.000	232.000
Avril	236.000	244.000
Mai	238.000	247.000
Juin	251.000	260.000
Juillet	272.000	272.000
Août	260.000	258.000
Septembre	253.000	245.000
Octobre	239.000	239.000
Novembre	230.000	231.000
Décembre	218.000	238.000

On doit faire remarquer, d'ailleurs, que la consommation est réglée par les usagers eux-mêmes et non par le service des eaux, qui tient toujours à leur disposition le volume maximum.

La distribution est faite par :

59 Fontaines monumentales ;

224 Bornes à repoussoir ;

33 Fontaines de puisage ;

26 Fontaines marchandes d'eau filtrée ;
556 Bornes-fontaines ;
4,500 Bouches sous trottoir ;
240 Bouches pour remplir les tonneaux d'arrosement ;
2,900 Bouches d'arrosage à la lance ;
80 Bouches d'incendie ;
155 Bureaux de stationnement ;
681 Effets d'eau d'urinoirs ;
152 Établissements de l'État ;
14 — du Département ;
83 — de l'Assistance publique ;
49 Édifices religieux ;
247 Écoles et colléges ;
167 Établissements municipaux divers ;
3 Grands parcs (Bois de Boulogne, de Vincennes Champs-Élysées) ;
50 Squares ;
38,000 Abonnements du service privé (1).

Les eaux des sources sont exclusivement destinées au service privé. Néanmoins, les abonnés peuvent choisir, si cela leur convient, l'autre espèce d'eau qui circule dans les rues. L'eau de source arrive partout aux étages supérieurs des maisons.

Ces eaux sont recueillies dans les 11 grands réservoirs de Ménilmontant, Passy, Belleville, Charonne, parc des Buttes-Chaumont, Monceau, Gentilly, Panthéon, Saint-Victor, Racine, Vaugirard, et dans les cuvettes de distribution du cimetière de Passy, de Montmartre et du château de Montmartre.

---

(1) Ce nombre paraîtrait petit, comparé à celui des abonnements de Londres qui dépasse 500,000, si l'on ne savait que les maisons de Paris sont très-grandes et qu'elles sont au nombre de 70,000 seulement.

La capacité de ces réservoirs est de . . . 231.000ᵐᶜ.

Les dessins du plus grand de ces bassins, le réservoir de Ménilmontant, sont exposés à Londres. Le réservoir de Montrouge, qui recevra les eaux de la Vanne, est en construction. Sa capacité est plus grande que celle du réservoir de Ménilmontant, elle est de . . . 305.000ᵐᶜ.

RÉSERVOIR DE MÉNILMONTANT

Ce réservoir est à deux étages. — Les deux bassins inférieurs, d'une capacité de 28,500ᵐᶜ, reçoivent les eaux de la Marne, relevées par les machines de Saint-Maur ; le trop-plein est à l'altitude 100. Les deux bassins supérieurs, d'une capacité de 100,000ᵐᶜ, reçoivent les eaux de la Dhuis et de la source de Saint-Maur. Leur trop-plein est à l'altitude 108 mètres.

Les deux étages sont séparés par des voûtes d'arête de 0ᵐ,35 d'épaisseur, en meulière et mortier de ciment de Passy.

Les bassins supérieurs portent une couverture légère formée de voûtes d'arête de 6 mètres d'ouverture et de 0ᵐ,07 d'épaisseur. Ces voûtes sont couvertes d'une couche de terre gazonnée de 0ᵐ,40 d'épaisseur.

La surface utile du réservoir est de 2 hectares. Il a coûté, en chiffres ronds, 4,030,000 francs, y compris 380,000 francs pour acquisition de terrain. Sa capacité utile étant de 128,000 mètres, le prix du mètre cube de capacité est de 28 francs.

Trois usines hydrauliques : Saint-Maur, Trilbardou et Isles-les-Meldeuses, relèvent les eaux de la Marne. Voici des renseignements sur les deux plus remarquables de ces appareils, celui de Saint-Maur et celui de Trilbardou, dont les modèles sont exposés cette année à Londres.

USINE DE SAINT-MAUR

Cette grande usine se compose de quatre roues turbines
du système Girard et de 120 chevaux cha-
cune, soit en tout de. . . . .   480 chevaux
et de trois turbines, système Fourneyron,
de 100 chevaux chacune, soit ensemble .   300   —

Total de la force hydraulique.   780 chevaux
On y ajoute en ce moment deux machi-
nes à vapeur de 150 chevaux chacune. .   300   —

Force totale de l'usine. . . . .   1.080 chevaux

Le force motrice est due à l'eau de la Marne et à la
chute du canal de Saint-Maur. La Marne contourne le
promontoire connu sous le nom de *Boucle-de-Marne*, et
après un trajet de 13,000 mètres revient sur elle-même
passer à un kilomètre environ de son point de départ. Le
canal de Saint-Maur coupe l'isthme à son point le plus étroit
par un court souterrain. Pour ne point nuire à la navigation, la ville a creusé un second souterrain qui conduit
l'eau à son usine. Les travaux, commencés en 1864, ont
été terminés en 1865. La chute qu'on gagne ainsi est
de 5^m,10 environ en très-basses eaux ; elle est en moyenne
de 4 mètres.

Deux des roues du système Girard sont employées à
monter 12,000 mètres cubes d'eau par vingt-quatre heures,
puisés dans une source découverte à Saint-Maur par M. le
directeur Belgrand. Le puisage est fait à l'altitude 28, et
l'eau est élevée à l'altidude 108 dans le réservoir de la
Dhuis à Ménilmontant, soit à 80 mètres de hauteur.

Les deux autres roues et deux des turbines puisent

28,000 mètres cubes d'eau de la Marne à l'altitude 34 et les refoulent à l'altitude 100, soit à 66 mètres de hauteur, dans les bassins inférieurs de Ménilmontant. Enfin, l'une des turbines prend 12 à 15,000 mètres cubes d'eau à l'altitude 34 et les élève à l'altitude 72, soit à 38 mètres dans le lac de Gravelle qui sert à la distribution du bois de Vincennes.

Lorsque toutes les machines marchent, le volume d'eau monté en vingt-quatre heures par l'usine de Saint-Maur est donc de 52 à 55,000 mètres cubes.

En 1873, le volume d'eau maximum a été monté en mai et s'est élevé à. . . . · . . . 51.075^{mc}.

Le minimum a eu lieu après le chômage de la Marne pendant le remplissage des biefs, au mois d'août, et ne s'est élevé qu'à . . . . 27.216^{mc}.

C'est pour parer à cette faiblesse du service, qui a toujours lieu au moment où l'eau est le plus nécessaire, c'est-à-dire pendant les grandes chaleurs, qu'on construit en ce moment les deux machines à vapeur de 150 chevaux.

USINE DE TRILBARDOU

Depuis 1857, toute la partie de la France, située au nord du plateau central, a souffert d'une sécheresse dont on ne trouve aucun exemple dans les xviie et xviiie siècles et très-probablement en remontant dans les siècles antérieurs jusqu'au xve. Il est résulté de ces sécheresses, que non-seulement la navigation des canaux Saint-Denis et Saint-Martin, alimentés par les eaux du canal de l'Ourcq, était arrêtée pendant les mois chauds, mais encore que la Ville ne pouvait tirer de ce dernier canal les 105,000 mètres cubes qu'elle a le droit d'y puiser tous les jours.

En réalité, ce puisage est tombé, dans certains mois, au-dessous de 80,000 mètres cube.

Par suite, l'État a autorisé la Ville de Paris à puiser dans la Marne 500 litres d'eau par seconde au moulin de Trilbardou devenu sa propriété, et un pareil volume de 500 litres au barrage d'Isles-les-Meldeuses, construit pour la navigation, et dont la chute a été mise à la disposition du service des Eaux.

L'usine de Trilbardou a été achevée entièrement et mise en service le 19 avril 1868; celle d'Isles-les-Meldeuses le 3 juillet de la même année.

Ces usines ne travaillent que pendant les basses eaux d'été, lorsque l'alimentation du canal de l'Ourcq est insuffisante.

On a exposé à Londres le modèle de la roue principale de Trilbardou. C'est une roue de côté du système Sagebien. Son diamètre est de $11^m,04$; sa largeur en couronne de $5^m,96$. La chute varie de $0^m,40$ à $1^m,20$. La roue peut absorber de 500 à 1,100 litres d'eau par seconde et par mètre de couronne. Elle fait un tour et demi par minute. Elle élève l'eau à 15 mètres environ et peut en monter 28,000 mètres cubes par jour. Son rendement en eau montée, lorsque la chute est bonne, est égal aux 70 centièmes de la puissance théorique de cette chute. C'est certainement le meilleur moteur que la Ville possède.

Il paraît inutile de décrire les autres établissements qui élèvent l'eau distribuée dans Paris. Ces établissements sont pourvus de machines à vapeur et de pompes dont les types sont connus.

DISTRIBUTION DE L'EAU

Le service public et le service privé ne seront jamais complétement séparés, même lorsqu'il y aura deux conduites dans toutes les rues. En effet, il a été décidé que les abonnés conserveraient toujours le droit de prendre leur eau dans la conduite du service public, lorsque cela leur conviendrait mieux. Ainsi, dès cette année, l'eau de la Vanne destinée au service privé circulera dans les quartiers bas et moyens, à côté de l'eau de l'Ourcq destinée au service public.

Les abonnés pourront, si cela leur convient, prendre l'eau de l'Ourcq qui se vend 60 francs le mètre cube, de préférence à l'eau de la Vanne qui se vendra, comme l'eau de Seine, 120 francs le mètre cube.

Les abonnés et les agents du service public puisant sur les mêmes conduites, il est absolument impossible de dire avec précision quel est le volume d'eau affecté à chacun des deux grands embranchements de la distribution : *le service public et le service privé.*

Voici les indications qui peuvent être données sur ce point intéressant :

Le nombre des maisons de Paris est de 70,000. Au 1er janvier 1873, le nombre des propriétaires abonnés aux eaux de la ville se décomposait ainsi :

NATURE DE L'EAU	NOMBRE D'ABONNEMENTS	NOMBRE TOTAL de MÈTRES CUBES par jour d'après les polices	PRODUIT ANNUEL EN ARGENT au 1er janvier 1873
Eau de l'Ourcq	15.706	36.822	2.042.456f20
Eau de Seine et autres.	22.183	37.848	3.871.992 65
Totaux	37.889	74.670	5.914.448f85

Il faut ajouter au produit en argent les recettes des fontaines marchandes et quelques accessoires.

La liquidation de 1873 s'est élevée à 6,358,398 fr. 41 c.

La consommation journalière dépasse de beaucoup 74,670 mètres cubes d'eau, surtout pendant l'été, parce que les eaux de l'Ourcq et une partie des autres eaux sont distribuées à robinet libre, et qu'il y a un gaspillage énorme dont la salubrité de la ville profite.

Ainsi, pendant le siége de Paris, le canal de l'Ourcq et l'aqueduc de la Dhuis ayant été coupés, tous les services se rattachant à la voie publique furent suspendus. L'eau restant disponible fut réservée pour les besoins des habitants, abonnés ou non, et pour les établissements hospitaliers, pour ceux de la ville, du département et de l'État. La consommation s'éleva aux chiffres suivants :

$$\text{Fin de septembre} \ldots \ldots \ldots \ldots \quad 116.000^{mc}$$

$$\text{Octobre} \ldots \ldots \quad \frac{128 + 136}{2} \quad \ldots \ldots \quad 132.000$$

$$\text{Novembre} \ldots \quad \frac{120 + 123}{2} \quad \ldots \ldots \quad 122.000$$

$$\text{Décembre} \ldots \quad \frac{116 + 106}{2} \quad \ldots \ldots \quad 111.000$$

$$\text{Janvier} \ldots \ldots \quad \frac{84 + 91}{2} \quad \ldots \ldots \quad 88.000$$

Si l'on retranche 10 à 12,000 mètres cubes pour les établissements publics, il reste, en octobre, environ 120,000 mètres cubes pour la consommation privée, et qu'on le remarque bien, octobre est un mois de petite consommation.

En résumé, le volume d'eau distribué à Paris est réparti

aujourd'hui d'une manière à peu près égale entre les services se rattachant à la voie publique et les services intérieurs comprenant les maisons abonnées et les établissements de l'État et de la Ville.

Les abonnements aux eaux de la Ville sont ainsi réglés :

PETITS ABONNEMENTS.

QUANTITÉ JOURNALIÈRE D'EAU FOURNIE	PRIX PAR AN	
	EAU D'OURCQ	EAU DE SEINE et autres.
De 1 à 150 litres	»	60 f
De 150 à 500 litres.	»	100
De 1 à 5 mètres cubes	60	120
De 5 à 10 mètres cubes.	50	100
De 10 à 20 mètres cubes	40	80

GRANDS ABONNEMENTS

TELS QUE CEUX DES CHEMINS DE FER. LE PRIX DE
L'EAU DE SEINE EST AINSI FIXÉ :

VOLUMES D'EAU FOURNIS PAR JOUR	PRIX PAR AN pour chaque mètre cube fourni par jour.
Pour 100 mètres cubes jusqu'à 200. . . . . (Ce prix décroît de 2 francs par mètre cube pour chaque accroissement de 50 mètres cubes jusqu'à 700 mètres cubes.)	60 francs.
Pour 700 mètres cubes le prix est de	40 —

Au-dessus de 700 mètres cubes, le prix de l'eau reste invariable, parce que ce prix est de 11 centimes par mètre cube, ce qui représente, à 2 centimes près, les dépenses de la Ville.

AQUEDUCS DE DÉRIVATION D'EAUX
DE SOURCES

L'altération progressive des eaux de la Seine par les déjections de l'industrie et de la population, décida l'administration municipale à dériver un volume d'eau de sources suffisant pour subvenir à tous les besoins de la population. L'entreprise était difficile, car le bassin de la Seine, entre la mer et le pied de la chaîne de la Côte-d'Or, est un vaste plateau dont l'altitude dépasse de bien peu celle des points culminants de la Ville, Belleville et Montmartre. Les sources de tout le bassin de la Seine furent explorées, et on constata, après de longues études, les faits suivants. Paris est entouré d'une lentille de gypse qui altère la qualité de toutes les sources importantes, entre les limites de la Normandie, de la Champagne et de la Beauce. C'est au delà de ces trois limites qu'il fallait trouver des eaux de sources assez abondantes pour alimenter le service privé de Paris, assez élevées pour atteindre les points culminants de la Ville et aussi peu chargées de sels terreux que les eaux de la Seine.

Les belles sources de la Beauce et de la Normandie furent écartées, soit parce que leur altitude est trop basse, soit parce que leur dérivation présente d'énormes difficultés, soit parce que les usines qu'elles font marcher sont si nombreuses et si importantes qu'il était difficile de les exproprier.

C'est donc en Champagne qu'on chercha et qu'on trouva les sources nécessaires. L'opération fut scindée en deux. Le volume d'eau nécessaire à l'alimentation des quartiers hauts de la rive droite, évalué à 40,000 mètres cubes par vingt-quatre heures, provient des sources d'un affluent de la Marne, le Surmelin ; la Ville possède les principales sources de cette rivière, notamment la Dhuis, qui a donné son nom à l'aqueduc de dérivation. Les eaux de la Dhuis sont distribuées à Paris depuis 1865. On n'a rien exposé à Londres qui se rattache à ce grand travail, si ce n'est le plan du réservoir de Ménilmontant, dont il a été question ci-dessus.

On se bornera à faire connaître ici que la longueur de l'aqueduc se décompose ainsi :

Parties voûtées dans des tranchées à ciel ouvert	100.822^m
Parties en souterrains.	12.928
Siphons pour traverser les vallées	17.130
LONGUEUR TOTALE	130.880^m

L'aqueduc a 1^m,76 de hauteur sous clef et 1^m,40 de largeur aux naissances de la voûte. Les siphons sont formés de tuyaux en fonte de 1 mètre de diamètre.

La source de la Dhuis est à l'altitude. . . .	128^m
L'eau arrive au réservoir de Ménilmontant à l'altitude	108
La pente totale de l'aqueduc est donc	20^m

La charge des siphons est de 0^m,55 par kilomètre ; la pente de l'aqueduc maçonné, de 0^m,10 par kilomètre.

AQUEDUC DE DÉRIVATION DES SOURCES DE LA VALLÉE DE LA VANNE

L'eau de ces sources est destinée à alimenter les maisons des quartiers bas et moyens.

Le débit de l'aqueduc en basses eaux sera de 90,000 mètres cubes.

Le débit moyen, de 100,000 mètres cubes par vingt-quatre heures.

Les travaux de l'aqueduc de la Vanne sont suffisamment avancés pour conduire à Paris, en ce moment, environ 40,000 mètres cubes d'eau par vingt-quatre heures. Le prix élevé des fontes n'a pas permis de construire partout les deux branches des siphons. On espère les terminer cette année, ainsi que les machines hydrauliques qui doivent relever les sources basses, et alors la puissance de l'aqueduc sera de 100.000 mètres cubes et plus.

OBJETS EXPOSÉS A LONDRES

1° Photographies des sources principales, savoir :
> Source d'Armentières,
> — du Bîme de Cérilly,
> — de Saint-Philibert,
> — du Miroir-de-Theil,
> — de Noé ;

2° Profil en long de l'aqueduc et coupe géologique de la tranchée ;

3° Carte géologique ;

4° Dessins des principaux ouvrages, savoir :
> Siphon de l'Yonne,
> — de Moret,
> Percement de souterrain,
> Arcades du Grand-Maître,
> Pont aqueduc d'Arcueil ;

5° Photographies des principaux ouvrages, savoir :
> Souterrains de Coquibu et de Montrouget : quatre
> photographies ;

Arcades du siphon de l'Yonne,
—   —   Moret,
—   Grand-Maître,
Pont aqueduc d'Arcueil ;

6° Album complet des photographies de l'aqueduc.

Voici la description successive de ces divers objets.

LES SOURCES.

Les sources qu'on dérive par les travaux qui s'exécutent en ce moment, n'ont jamais donné moins de 73,000 mètres cubes en vingt-quatre heures ; en moyenne, leur débit atteint au moins 100,000 mètres cubes. La source complémentaire qu'on y adjoindra, en temps de basses eaux, porte le nom de Cochepie ; elle appartient à la Ville de Paris et elle sera jetée dans l'aqueduc par des travaux peu importants.

La limpidité de ces sources est admirable et elles sont bien rarement troublées, à peine une ou deux fois par an. L'une d'elles, la source de Saint-Philibert, depuis quatorze ans que la Ville de Paris la possède, n'a jamais perdu sa splendide limpidité.

L'analyse de leurs eaux a été faite par MM. Mangon et Wurtz, membres de l'Institut. Il a été constaté qu'elles ne contenaient pour ainsi dire que du carbonate de chaux dans la proportion de 17 à 20 centigrammes par litre. Leur titre hydrotimétrique, d'après les essais de M. le directeur Belgrand, est compris entre 17 et 20 degrés. Il y a donc concordance parfaite entre les analyses et ces essais, puisque 1 centigramme de carbonate de chaux correspond à 1 degré hydrotimétrique.

Cette proportion de carbonate de chaux est excellente. Elle n'est pas assez grande pour que l'eau soit incrus-

tante ; elle suffit pour rendre la fonte et le plomb inatta-
quables par l'eau. Suivant les chimistes français et notamment d'après M. Dumas, une dose de 15 à 20 centigrammes
de carbonate de chaux par litre est indispensable pour que
l'eau soit parfaitement salubre.

Les sources de l'aqueduc de la Vanne sont disposées
en deux groupes :

Les *sources hautes*, qui arrivent dans l'aqueduc par la
simple action de la gravité, sont : la Bouillarde, Armentières, le Bîme de Cérilly et Flacy. L'eau de cette dernière est relevée de quelques mètres par des turbines et
des pompes à force centrifuge, actionnées par l'eau du
Bîme de Cérilly. Les sources hautes ne donnent jamais
moins de 35,000 mètres cubes par vingt-quatre heures,
et leur débit s'élève parfois jusqu'à 100,000 mètres cubes.

Les *sources basses*, qui coulent à 15 ou 20 mètres au-
dessous du niveau de l'aqueduc principal, sont : Chigy,
le Maroy, Saint-Philibert, Malotrie, Caprais-Roy, l'Auge,
le Miroir de Theil et Noé. Leur débit est peu variable et
descend rarement au-dessous de 40,000 mètres cubes
par vingt-quatre heures.

Trois usines, actionnées par les eaux de la Vanne,
seront employées à relever l'eau de ces sources, savoir :

Usine de Chigy. — Une roue Sagebien et un système
de pompes remplaçant l'ancien moulin de Chigy, acheté
par la Ville, relèveront les sources de Chigy et du Maroy.

Usine de la Forge. — Deux turbines du système Féray
remplaceront le moulin de la Forge et relèveront de
18 mètres environ, au moyen de pompes, une partie de
l'eau des sources de Saint-Philibert, de Malotrie, de
Caprais-Roy, de l'Auge, du Miroir de Theil et de Noé.

Usine de Malay-le-Roy. — La Ville a acheté le grand

moulin de ce nom et l'a remplacé par une roue Sagebien et des pompes qui relèveront le reste de l'eau de ces six sources.

Ces trois usines sont presque achevées et fonctionneront vers la fin de l'année courante.

AQUEDUC

Dispositions générales. — La longueur de l'aqueduc se décompose ainsi :

Parties voûtées en tranchées ou supportées par des substructions. . . . . 93.000^m

Parties supportées par des arcades. 16.600

Parties voûtées en souterrains. 41.900

Siphons 21.500

LONGUEUR TOTALE. . . 173.000^m

Dans cette longueur sont compris 16,223 mètres d'aqueducs de captation des sources soit en fonte, soit en maçonnerie, dont les dimensions varient suivant l'importance du travail à faire, savoir :

Conduites libres. . . . . 9.605^m

— forcées . . . . 6.618^m

TOTAL. . . . 16.223^m

et de plus un aqueduc collecteur de forme circulaire de 20,386 mètres de longueur, dont le diamètre intérieur varie de 1^m,70 à 1^m,80. L'aqueduc principal, qui fait suite à ce collecteur est aussi de forme circulaire ; son diamètre varie de 2 mètres à 2^m,10.

Les siphons se composent de deux conduites en fonte de 1^m,10 de diamètre intérieur.

L'altitude du point de départ de l'aqueduc collecteur
est à la source d'Armentières. . . . . 111^m,17
Celle du trop-plein du réservoir de Montrouge,
à l'arrivée de l'eau à Paris. 80 00

Pente totale de l'aqueduc . . . . 31^m,17

La pente par kilomètres de l'aqueduc collecteur est
de 0^m,20 ; celle des parties maçonnées du grand aqueduc
varie de 0^m,10 à 0^m,12. Enfin, la charge des siphons est
de 0^m,60 par kilomètre.

Aqueduc collecteur.— La longueur de l'aqueduc collecteur,
entre les sources d'Armentières et l'aqueduc principal, est
de 20,386 mètres ; elle se décompose ainsi :

Partie en tranchées ordinaires. . . . . 12.240^m
25 Souterrains. 5.746
Substructions et arcades de la Ranche, de
Milly, de Monteaudouard, du siphon de Pont-
sur-Vanne et de la porte de Theil, etc 1.000
Siphon de la Vanne (longueur développée). . 1.400

Longueur totale. 20.386

Les souterrains et tranchées sont ouverts dans la craie
ou dans des terrains de transport : limon, arène et cailloux, provenant souvent de la craie. Les travaux ont été
très-difficiles sur 3 kilomètres, à partir d'Armentières,
parce qu'on a trouvé de très-grandes sources qu'on a ren-
fermées dans un drain.

Le siphon de la vallée de la Vanne traverse la tourbière
qui en occupe le fond sur une longueur d'environ 1 kilo-

mètre. Les tuyaux de 1ᵐ,10 de ce siphon sont support
au-dessus de la tourbe par des pieux ; ils sont recouverts
d'un remblai crayeux. (Voir, dans l'album, la photographie
très-intéressante de cet ouvrage.)

Aqueduc principal jusqu'au siphon de l'Yonne. — L'aqueduc principal commence sur les coteaux de la rive droite
de la Vanne, presque en face de l'usine de la Forge qui
relève une partie des sources basses. Il passe sans discontinuité de la vallée de la Vanne à celle de l'Yonne
dont il suit également la rive droite jusqu'au siphon
qui traverse cette dernière vallée. Sa longueur se décompose ainsi :

Partie construite en tranchées	14.974ᵐ
10 souterrains	1.375
Substructions et arcades de Beauregard, de Vaumarot, du siphon de Saligny, du siphon de Soucy, de la Chapelle, de Cuy, du siphon de l'Yonne, etc.	1.575
Siphons de Saligny et de Soucy	1.036
LONGUEUR TOTALE	18.960ᵐ

Siphon de l'Yonne. — Ce siphon est le plus grand de
tous. Sa longueur développée est de 3,737 mètres ; sa
flèche est de 40 mètres. Il est soutenu au-dessus des eaux
des crues de l'Yonne par un pont aqueduc de 1,493 mètres
de longueur, composé de 162 arches, dont 45 de 6 mètres
d'ouverture, 21 de 7 mètres, 80 de 8 mètres, 10 de 12
mètres, 2 de 22ᵐ,60, 4 de 30 mètres et 1 de 40 mètres.
Il est construit en béton aggloméré.

La tranchée qui reçoit les tuyaux est ouverte dans des alluvions limoneuses ou caillouteuses anciennes. Ces alluvions quaternaires se soudent, sans discontinuité, aux alluvions du cours d'eau moderne. Le siphon sur la rive gauche remonte dans la craie blanche. On ne peut donner ici de détails sur les terrains de transport limoneux peu importants traversés au fond des autres vallées, ni sur les blocs de grès superficiels qu'on rencontre çà et là à la surface du sol.

Aqueduc principal depuis le siphon de l'Yonne jusqu'à la fin des arcades de Fresnes et des terrains crétacés. — Cette partie de l'aqueduc est remarquable par le nombre et la longueur des souterrains qui percent les contre-forts de la craie.

Sa longueur se décompose ainsi :

Partie ouverte en tranchées.	8.814ᵐ
15 souterrains.	9.345
Substructions et arcades d'Oilly, de Pont-sur-Yonne, de Villemanoche, de la Chapelle, d'Aigremont, de Chevinois, de Fresnes, etc.	1.488
Siphons d'Oilly, de Villemanoche, d'Aigremont et Chevinois.	1.871
Longueur totale	21.518ᵐ

La plus grande partie des tranchées est ouverte dans des terrains limoneux superficiels.

Le terrain crétacé est particulièrement propre aux travaux des aqueducs; on y a ouvert, à partir des sources, plus de 16 kilomètres de souterrains, ce qui n'a exigé, pour ainsi dire, aucun boisage.

Aqueduc principal tracé dans les terrains tertiaires éocènes, depuis les arcades de Fresnes jusqu'à l'extrémité des substructions de Moret ; entrée de la forêt de Fontainebleau. — La longeur de cette partie de l'aqueduc se décompose ainsi :

Parties construites en tranchées	7,336ᵐ
Souterrains du Tertre-Doux, de la Fontenotte, des Carrières, de Radignon, de Noisy-le-Sec, de Vaubert, des Sureaux, de Ville-Saint-Jacques, de la Fontaine, de la Colonne	5,658
Arcades et substructions du siphon du Loing, de la Grande-Paroisse, etc.	443
Siphon de Moret (longueur développée) . .	2,357
Total	15,794ᵐ

La craie paraît encore dans certaines parties, surtout dans le souterrain de la Fontenotte et çà et là dans le souterrain du Tertre-Doux.

Les terrains tertiaires que le tracé rencontre jusqu'à Paris, sont à niveau décroissant. L'aqueduc les traverse donc successivement en commençant par les plus anciens, c'est-à-dire par les terrains éocènes. Contrairement à ce qui a lieu dans la plus grande partie du bassin de la Seine, ces terrains appartiennent entièrement à des formations d'eau douce. L'aqueduc passé d'abord en souterrain dans un mamelon de sable d'eau douce, connu dans le pays sous le nom de *Tertre-Doux*, puis il entre dans l'argile plastique, composée d'une seule couche de glaise panachée de gris, de violet et de rouge, véritable terrain éruptif analogue à ceux que vomissent, encore de nos jours, les geysers d'Islande ; au-dessus de la glaise s'élève une masse puissante de calcaire d'eau douce d'une grande dureté. Les souterrains de Radignon, de Noisy-le-Sec, de Ville-Saint-Jacques sont ouverts partie dans l'agile, partie dans le calcaire, quelquefois dans les deux à la fois. Ils ont donné lieu à de grandes difficultés d'exécution. L'extraction du calcaire d'eau douce, dans le souterrain de Ville-Saint-Jacques, a coûté 32 francs par mètre cube.

C'est surtout à partir de ce souterrain que se développe un terrain de transport très-important : le limon diluvien à deux couches, dans lequel la tranchée de l'aqueduc est ouverte sur une grande longueur. Ce limon ne se trouve que sur les plateaux dépourvus de pente. Vers la fin de l'invasion des eaux diluviennes, qui ont creusé les vallées du bassin de la Seine, cette masse de boue liquide a perdu peu à peu sa vitesse, et lorsque cette vitesse n'a plus été assez grande pour tenir en suspension les parties grossières du limon, il s'est formé instantanément un premier dépôt composé entièrement de limon grossier ; au-dessus s'est abaissé plus lentement un nuage de limon fin qui forme la seconde couche. Ce terrain de transport s'étend sur les plateaux sans pente qui occupent une très-grande partie du bassin de la Seine, de la Picardie et de la Flandre. Il est la source de la richesse des cultures de la Brie, de la Beauce, du Vexin, de la Normandie, etc. Çà et là il descend sur les pentes, entraîné par les pluies. Il a été étalé par les débordements des cours d'eau sur le fond des vallées qu'il a fertilisées.

Ce terrain, lorsqu'il est intact, c'est-à-dire lorsqu'il est composé de deux couches, ne renferme jamais de débris organiques; mais lorsqu'il a été remanié par les eaux, on y rencontre des fossiles et notamment des ossements de mammifères de l'époque quaternaire. On a fait dans les tranchées de l'aqueduc d'intéressantes découvertes de ce genre.

Entre l'extrémité du souterrain de Ville-Saint-Jacques et à la tête du siphon du Loing, l'aqueduc a été construit dans le limon des plateaux à deux couches et sans difficultés sérieuses. Ce limon, véritable terre franche, n'est ni glissant comme l'argile, ni ébouleux comme le sable. Sur une longueur de quelques mètres, on a trouvé dans la tranchée de nombreux bois de rennes encore adhérents aux ossements de la tête. Plusieurs de ces bois étaient entiers ; mais ils étaient tellement friables qu'on n'a pu conserver que la base du bois jusqu'au-dessus du premier andouiller. MM. les ingénieurs Buffet et Lesguillier, avec lesquels M. le directeur Belgrand a visité cette curieuse fouille, ont reconnu, comme lui, que le limon était formé d'une seule couche très-peu homogène, analogue aux alluvions des bords des cours d'eau. De plus, le fond de la fouille était tapissé de cailloux roulés ; évidemment ce dépôt correspondait au lit d'un ruisseau. Ce lit a été comblé par des matières entraînées par les eaux pluviales.

Le siphon de Moret descend et remonte les coteaux de la vallée au fond d'une tranchée ouverte dans le calcaire d'eau douce ; au fond de la vallée, il est supporté au-dessus du niveau des grandes eaux du Loing sur 53 arcades d'une longueur totale de 584 mètres, dont la photographie et les dessins ont été exposés à Londres. Les fondations de ce grand pont aqueduc reposent sur les graviers des alluvions anciennes du Loing.

L'extrémité d'aval du siphon passe par-dessus le chemin de fer du Bourbonnais, sur un pont métallique de 30 mètres d'ouverture. A peu de distance de ce point, le tracé quitte le calcaire d'eau douce pour entrer dans un terrain marin.

Aqueduc principal tracé dans les sables de Fontainebleau depuis les substructions de Moret jusqu'aux arcades de Chevannes. — La longueur de l'aqueduc se décompose ainsi :

Parties en tranchées. . . . . 16.162^m

Souterrains de Bouligny, de Montmorillon, de Médicis, de la Salamandre, de Noisy, de Milly, de Coquibu, de Montrouget, de Thurelles, de Dannemois, de la Padole, de Beauvais, et petits souterrains 11.477

Souterrains à fenêtre d'Arbonne, de Noisy.. 1.618

Arcades et substructions des Sablons, du Grand-Maître, de la route de Nemours, de la route d'Orléans, de la Goulotte, du siphon d'Arbonne, de Soisy-sur-École, de Montrouget, du siphon de Montrouget, du siphon de Dannemois, etc 6.183

Siphons d'Arbonne, de Montrouget, de Dannemois. 3.225

Siphon de route. 27

Longueur totale. . . . . . 38.692^m

La masse énorme de sablons de la forêt de Fontainebleau a été un des plus grands obstacles au tracé de l'aqueduc de la Vanne. En 1855, un premier avant-projet fut étudié par M. le directeur Belgrand et par M. l'ingénieur Lesguillier. D'après ce travail, les sables devaient être contournés et l'aqueduc aurait suivi les bords de la Seine. Mais à l'extrémité de la forêt, une partie de la pente se trouvait perdue, et on arrivait à Paris à l'altitude de 70 mètres ; cette altitude étant insuffisante, le projet a été repoussé avec raison par l'Administration municipale. Mais lorsque les études furent reprises en 1865, après l'achèvement de l'aqueduc de la Dhuis, M. Belgrand eut l'idée de suivre un de ces longs ravins, d'origine diluvienne, qui sillonnent la masse des sables de la forêt. Il traversa ainsi ce terrain si tourmenté en apparence, sensiblement en ligne droite sur une longueur de 23 kilomètres, et il put arriver à Paris à l'altitude 80, qui est indispensable pour la distribution.

Le profil en long de ce sillon rectiligne est loin d'être régulier. L'aqueduc y est supporté sur 5,200 mètres d'arcades ; il s'enfonce en souterrain sur un développement de 5,900 mètres. En dehors de la forêt, à partir de Coquibu, on trouve encore de grandes masses de sable percées en général par des souterrains. Parmi les ouvrages construits dans la traversée de ces sables, il en est de très-considérables dont les dessins et les photographies sont exposés à Londres.

Dans ces sablons, on a découvert une quantité considérable d'ossements d'halitherium. Ces intéressants débris de cétacés fossiles ont été détruits par l'incendie de l'Hôtel de Ville.

Cette partie du tracé de l'aqueduc ne se tient pas toujours dans les sables ; en effet, ce tracé sillonne çà et là le limon des plateaux à deux couches ; par exemple, au siphon de Montrouget et dans la plaine de Beauvais. Il rentre dans les calcaires d'eau douce dans la traversée de la petite rivière l'École. Une découverte géologique très-intéressante y a été faite : le crâne d'un grand cervidé, le *Megaceros hibernicus*, a été trouvé dans les limons anciens du lit de la rivière.

Les mamelons de sables de Fontainebleau sont recouverts assez souvent d'une épaisse table de grès ; au-dessus du souterrain de la Padole, on a trouvé cette table de grès striée comme les roches qui se trouvent sur le passage des glaciers. Cette découverte a beaucoup intéressé les géologues, et M. Belgrand a conduit deux fois la Société géologique à la Padole. La photographie d'un des fragments de cette roche striée se trouve dans l'album exposé à Londres.

Aqueduc principal tracé dans le limon des plateaux et dans les amas de meulières du pays de Hurepoix, entre les arcades de Chevannes et le siphon de l'Orge. — La longueur de l'aqueduc se décompose ainsi :

Parties en tranchées.	3.347^m
Souterrains de Couvrance et de Courcouronnes	427
Arcades et substructions de Chevannes, du siphon d'Ormoy de Courcouronnes, de Ris-Orangis et de Viry	12.530
Siphon d'Ormoy.	1.451
10 petits siphons maçonnés sous les routes et chemins.	264
LONGUEUR TOTALE.	18.019^m

Le plateau de Hurepoix, que l'aqueduc traverse depuis Chevannes jusqu'au siphon de l'Orge, est absolument plat et a une altitude un peu trop basse ; il en résulte que sur 11.612 mètres l'aqueduc s'y trouve en relief au-dessus du sol porté tantôt sur des basses substructions, tantôt sur des arcades. Les tranchées sont ouvertes dans le limon à deux couches, sous lequel on a trouvé généralement les meulières disséminées en larges amas ; on a naturellement employé ces excellents matériaux pour la construction de l'aqueduc. La deuxième couche du limon a été trouvée assez solide pour porter les fondations des arcades de Courcouronnes.

La vallée de l'Essonne, qui traverse le pays de Hurepoix, a été franchie par un siphon. Comme toutes les vallées du bassin de la Seine, dont les versants sont entièrement perméables, la vallée de l'Essonne est très-tourbeuse. Sur une longueur de 400 mètres environ, la double conduite qui constitue le siphon est supportée par un pilotis dont les pieux ont jusqu'à 15 mètres de longueur. Entre l'Essonne et l'Orge, à Courcouronnes, l'aqueduc perce, par un souterrain, un mamelon de sable de Fontainebleau. Cette partie de l'aqueduc, en raison de ces nombreux ouvrages d'art, a été fort coûteuse, sans être d'ailleurs d'une exécution difficile.

Siphon de la vallée de l'Orge. — Longueur développée. . . . . 1.972^m

La tranchée du siphon de l'Orge traverse, au sommet des coteaux, l'extrémité des dépôts de meulières, tantôt en place, tantôt à l'état d'éboulis, puis les marnes vertes et le calcaire d'eau douce (calc. de Saint-Ouen). A l'altitude 60^m,76 il rencontre, sur la pente du coteau de la rive droite, le limon ancien du lit de l'Orge. Au fond de la vallée, il repose sur l'alluvion ancienne de la rivière.

Aqueduc principal tracé entre l'extrémité du siphon de l'Orge et de Paris. — La longueur de l'aqueduc se décompose ainsi :

Parties ouvertes en tranchées . . . . 6.104^m
Souterrains de Champagne, de Rungis, de Chevilly, de l'Hay, des Saussayes, des Sablons, des Garennes, du fort de Montrouge 8.215

A reporter. . . . . . 14.319^m

$$\text{Report} \dots \dots 14.319^{m}$$

Arcades et substructions d'Arcueil, de Gentilly,
des fortifications 2.602
Siphons du fort de Montrouge 275

LONGUEUR TOTALE . . . 17.196^{m}

Entre le siphon de l'Orge et la Bièvre, le tracé traverse d'abord la partie inférieure des terrains miocènes ; dans le souterrain de Champagne, il rencontre notamment le calcaire à *ostrea longerostris*. A partir de la sortie de ce souterrain jusqu'à 1,500 mètres de l'Hay, la tranchée traverse le limon des plateaux et atteint les amas de meulières. — Il entre ensuite en souterrain dans les marnes vertes, sur une longueur de 2,800 mètres. Cette partie du travail a été rendue très-difficile par la présence de la nappe d'eau des marnes vertes qu'on a rencontrées presque partout. L'aqueduc est construit sur un large tuyau de drainage qui conduit l'eau de cette nappe dans l'ancien aqueduc d'Arcueil, dont le débit a été au moins doublé.

L'aqueduc marche ainsi à quelque distance de celui d'Arcueil jusqu'au village de ce nom, et il franchit la vallée de la Bièvre sur 77 arcades de 990 mètres de longueur, totale superposées à celles du pont aqueduc de Marie-de-Médicis, et qui s'élèvent à 38 mètres au-dessus du fond de la vallée. Une des photographies de l'exposition représente une partie de cet ouvrage. On y voit un reste de l'aqueduc romain et le pont aqueduc de Marie-de-Médicis, surmonté par les arcades de la Vanne.

Avant d'arriver à l'aqueduc d'Arcueil, le tracé rencontre une faille qui relève le calcaire grossier au niveau des marnes vertes, et il reste dans ce calcaire jusqu'à Paris.

Le calcaire grossier a été exploité presque partout, soit en souterrain, soit à ciel ouvert, et de grands travaux de consolidation ont dû être pratiqués à une vingtaine de mètres au-dessous du sol.

On a indiqué sommairement, dans la description qui précède, les ouvrages d'art qui ont dû être exécutés en divers points de l'aqueduc.

En général on s'est servi, pour les maçonneries, des matériaux qu'on trouvait sur place dans le pays. Ainsi, depuis l'origine du tracé jusqu'à la limite du terrain crétacé, les maçonneries des parties couvertes de l'aqueduc ont été faites en silex de la craie avec mortier de ciment; entre cette limite du terrain crétacé et le Loing, on a fait usage du béton aggloméré, système Coignet, avec sable de rivière, seule matière qu'on avait sous la main.

Depuis le Loing jusqu'aux arcades de Chevannes, les seuls matériaux disponibles étaient les grès tendres et le sablon fin de Fontainebleau. Il a été reconnu que les enduits ne tenaient pas sur les grès. L'aqueduc a donc été fait en béton aggloméré avec sablon fin de Fontainebleau.

Enfin, des bords de l'Essonne à Chevannes, jusqu'à Paris, on a trouvé partout, presqu'à pied-d'œuvre, la meulière; l'aqueduc a naturellement été construit partout avec cet excellent moellon. Il est résulté de ce système une grande économie dans l'exécution des travaux. Ainsi, les 1,493 mètres du pont aqueduc de l'Yonne n'ont coûté que 650,000 francs, y compris les travaux en régie. De même le décompte des travaux du pont aqueduc d'Arcueil, de 990 mètres de longueur, ne montera qu'à 932,000 francs. Avec les matériaux appareillés, dont on fait usage dans les travaux publics des mêmes contrées, les dépenses auraient été plus que doublées.

Lorsque l'acqueduc de la Vanne sera complétement terminé, c'est-à-dire en 1875, le volume d'eau dont la Ville pourra disposer chaque jour sera :

Volume d'eau indiqué ci-dessus. . .	355.000^{mc}
Eau de la Vanne.	90.000
TOTAL.	445.000^{mc}

Lorsque l'aqueduc de la Dhuis sera achevé il faudra compter en plus.	20.000
TOTAL GÉNÉRAL	465.000^{mc}

En retranchant pour les mécomptes 45,000 mètres cubes (principalement sur le rendement des usines de Trilbardou et d'Isles-les-Meldeuses), il reste.	420.000^{m}

La population de Paris, d'après les derniers recensements (31 décembre 1872), est de 1.851.792 habitants,

Le volume d'eau disponible étant de. . . . 420.000^{mc} la consommation par tête et par jour pourrait être de

$$\frac{420.000}{1.851.792} = 227 \text{ litres par personne,}$$

quantité plus que suffisante. Il est probable que, pendant quelques années encore, les usagers laisseront, comme aujourd'hui, une partie de l'eau dans les réservoirs de la Ville.

Si l'on ne considère que l'eau consommée à domicile et que l'on admette l'hypothèse qui se réalise aujourd'hui, c'est-à-dire que cette consommation soit la moitié de la consommation totale, on trouve que le volume d'eau qui, après l'achèvement des aqueducs, sera livré au service privé, s'élèvera à 114 litres par tête et par jour.

LES ÉGOUTS

LES ÉGOUTS

Renseignements généraux.

La longueur des égouts publics de Paris, construits **au** 31 décembre dernier, se décompose ainsi :

Grands égouts collecteurs.	29.757ᵐ
Égouts collecteurs.	36.879
Égouts ordinaires.	506.477
Total.	573.113

A quoi il convient d'ajouter :

Branchements de bouches.	37.345
— de regards	20.199
Longueur totale des égouts publics.	630.657ᵐ

En outre, les branchements particuliers qui mettent les maisons en communication avec les égouts publics, sont au nombre de 17,433 ; 16,800 sont curés par les agents de la Ville et ont une longueur de. 140.000

La longueur totale des égouts de Paris est de 770.657ᵐ

La plupart des branchements particuliers desservent deux maisons.

Si nous ne considérons que les égouts proprement dits qui forment, d'après ce qui précède, une longueur de 573 kilomètres, la longueur des rues étant de. . . 866ᵏ

il semble qu'il ne resterait à construire que . . . 293ᵏ

mais la plupart des rues de 20 mètres de largeur et au-dessus sont pourvues de deux égouts. En somme, si l'on subdivise les égouts par arrondissement, on trouve les longueurs suivantes pour les égouts faits ou à faire :

ARRONDISSEMENTS	LONGUEURS EN KILOM. DES ÉGOUTS			ARRONDISSEMENTS	LONGUEURS EN KILOM. DES ÉGOUTS		
	construits	à construire	totales.		construits	à construire	totales.
				Reports .	272,5	122,4	394,9
Ier	24,5	8,4	32,9	XIe	33,0	19,8	52,8
IIe	15,4	8,7	24,1	XIIe	26,5	29,0	55,5
IIIe	16,3	9,9	26,2	XIIIe	22,6	38,5	61,1
IVs	16,6	14,2	30,8	XIVe	21,8	26,2	48,0
Ve	27,5	12,2	39,7	XVe	28,1	36,3	64,4
VIe	20,4	17,5	37,9	XVIe	51,9	37,6	89,5
VIIe	26,6	20,6	47,2	XVIIe	39,1	39,6	78,7
VIIIe	61,0	7,1	68,1	XVIIIe	23,1	49,4	72,5
IXe	33,6	9,3	42,9	XIXe	30,8	26,5	57,3
Xe	30,6	14,5	45,1	XXe	15,3	36,4	51,7
À reporter	272,5	122,4	394,9				
Prolongement des collecteurs hors de Paris					8,3	»	8,3
Totaux					573,0	461,7	1034,7

Il reste à construire 462 kilomètres d'égouts ; mais en réalité, il faut admettre qu'aujourd'hui 112 kilomètres de ces galeries seraient bien peu utiles. En réalité, la longueur d'égouts à construire immédiatement ne dépasse pas 350 kilomètres.

Les égouts collecteurs sont nettoyés mécaniquement, les uns par des bateaux-vannes, les autres par des wagons-vannes.

Les égouts-collecteurs curés par le bateau-vanne (types nᵒˢ 1 et 3) ont une longueur de 17.600ᵐ
Les autres collecteurs (types nᵒˢ 2 à 9) ont une longueur de. 49.036

Total. 66.636

Les longueurs des égouts ordinaires sont les suivantes :

Type nᵒ 10	35.437ᵐ
— 11	201
— 12	320.567
— 13	354
— 14	2.085
Anciens types.	145.050
Sans types	3.082
Longueur totale.	506.476ᵐ

La longueur totale des égouts construits depuis la réorganisation du service, c'est-à-dire depuis 1856, est de . . . . 430 kilomètres.

Égouts collecteurs.

Dès le xvᵉ siècle, on avait organisé à Paris un réseau de fossés d'assainissement qui se déversaient dans un collecteur, le ruisseau de Ménilmontant, qui débouchait en Seine, au ponceau de Chaillot.

On n'a point à faire ici l'histoire de ces égouts, et on se bornera à rappeler que le ruisseau de Ménilmontant mérita bientôt et prit le nom d'égout de ceinture. C'était un cloaque abominable qui chassait François Ier du château des Tournelles ; mais le château des Tuileries, qu'il acheta pour sa mère, ne valait pas beaucoup mieux, car les odeurs de l'égout de la porte Saint-Honoré le rendaient peu habitable. On n'était pas difficile alors, et jusqu'au xviiie siècle, l'égout de ceinture continua à rouler des eaux infectes, dont la Bièvre nous donne encore une idée aujourd'hui.

En 1737, Turgot, alors prévôt des marchands, renferma l'égout de ceinture entre deux murailles et tapissa son lit d'un épais radier formé de deux assises de pierre de taille. En 1750, les riverains, incommodés par l'intolérable odeur de cet immonde cours d'eau, obtinrent l'autorisation de le couvrir d'une voûte. Ils restèrent chargés à perpétuité de l'entretien de cette voûte ; mais ils obtinrent l'autorisation de construire dessus. Aujourd'hui, l'égout de ceinture existe encore dans des propriétés particulières, sur une longueur de 2,400 mètres environ, entre la rue de l'Arcade et la Seine.

On ne tarda pas à reconnaître que cet égout, large d'une toise seulement, était insuffisant, et qu'à la moindre averse il débordait de la manière la plus désastreuse, faisant sauter les trappes des regards, envahissant les boutiques, etc. Dès 1830, lorsque la construction des égouts commença à prendre un grand développement, les ingénieurs dirigèrent la pente de la plupart de ces galeries, non plus vers l'égout de ceinture, mais vers la Seine. Il en résulta un inconvénient non moins grave : deux fois par jour, au moment de l'ouverture des bornes-fontaines, l'eau de la Seine se colorait en noir, et les machines de Chaillot et du Gros-Caillou n'aspiraient plus qu'un liquide fétide et dégoûtant. Vers 1851, lorsqu'on construisit la rue de Rivoli, on y établit un nouveau collecteur qui recueillait les eaux des égouts et les déversait en Seine, à l'aval du pont de la Concorde. On espérait que ces eaux resteraient collées à la rive et que l'eau des machines de Chaillot en serait débarrassée.

Mais il n'en fut pas ainsi.

On reconnut : 1° que le radier de l'égout de Rivoli était à un niveau trop élevé et qu'il recevrait difficilement toutes les eaux de la rive droite ; 2° qu'il était trop étroit et absolument insuffisant.

Lorsque le service fut confié à M. Belgrand, en 1856, on adopta, sur sa proposition, le réseau des égouts collecteurs, aujourd'hui construits. Ce réseau est composé des lignes suivantes :

Collecteurs généraux. — On donna ce nom aux deux égouts qui reçoivent les eaux des parties de la Ville situées à droite et à gauche de la Seine.

Collecteur général de la rive droite. — Suit la ligne des quais, depuis le bassin de l'Arsenal jusqu'à la place de la Concorde, traverse cette place, longe la rue Royale, le boulevard Malesherbes, passe sous le contre-fort de Montceau en souterrain par la rue Malesherbes et la route d'Asnières, et débouche en Seine à l'aval du pont d'Asnières. En adoptant ce tracé, on a gagné toute la pente du fleuve dans le long trajet qu'il fait en doublant le cap du bois de Boulogne, et, en outre, la différence de hauteur de crues, soit en tout $2^m,40$.

La longueur de ce premier collecteur général est de 9,162 mètres.

Collecteur général de la rive gauche. — Part du boulevard de l'Hôpital, suit le boulevard Saint-Marcel, les rues Geoffroy-Saint-Hilaire, Linné, des Écoles, les boulevards Saint-Germain et Saint-Michel, la ligne des quais jusqu'au pont de l'Alma, passe en siphon sous la Seine et en souterrain sous l'avenue Joséphine, la place de l'Étoile, l'avenue Wagram, la rue de Courcelles, la place Pereire, suit hors Paris les rues du village de Levallois, de Villiers et se décharge dans le collecteur de la rive droite, un peu avant son débouché en Seine.

Sa longueur est de 10,304 mètres.

M. le directeur Belgrand reconnut l'absolue nécessité d'arrêter les eaux des coteaux de la rive droite par deux égouts collecteurs. En effet, ces eaux, descendant avec une vitesse torrentielle, inondaient à chaque averse les quartiers du Temple, du Faubourg-Poissonnière, Saint-Martin, Saint-Denis, Montmartre, de la Chaussée-d'Antin, Saint-Honoré. L'un de ces collecteurs part des fortifications, près de l'avenue Daumesnil, suit la petite vallée de Fécamp, jusqu'au fond de la Grande-Pinte, puis les rues de Charenton, de Beccaria, Saint-Bernard, de la Folie-Méricourt, les boulevards Voltaire, Richard-Lenoir, passe sous le canal Saint-Martin, puis sous les rues de la Douane, du Château-d'Eau, des Petites-Écuries, Richer, du Faubourg-Montmartre, Saint-Lazare, Abbatucci, et débouche dans le collecteur général. Sa longueur est considérable et dépasse 10 kilomètres. La seconde ligne des coteaux contourne par les boulevards extérieurs, les Buttes-Chaumont et Montmartre, et forme ainsi deux égouts séparés qui se réunissent à la porte de la Chapelle et débouchent en Seine, à Saint-

Denis. La partie construite de cet égout a une longueur de 10,290 mètres.

La partie plate de Paris est si étendue sur la rive droite, qu'il devint indispensable de construire un tronçon de collecteur entre la crête que forment les boulevards intérieurs et la butte des Moulins. Cet égout, depuis la place des Victoires, suit le rue Neuve-des-Petits-Champs, des Capucines, le boulevard de ce nom, et débouche dans le collecteur général, place de la Madeleine.

Sur la rive gauche, on prend les eaux des coteaux de Montrouge, par le collecteur des avenues Duquesne et Bosquet.

Pour compléter ce réseau, il reste à construire les collecteurs des quais situés en amont du pont d'Austerlitz et en aval du pont de l'Alma ; deux kilomètres de longueur environ du collecteur de la butte Montmartre, et enfin l'égout qui fera disparaître la Bièvre. Les circonstances actuelles n'ont pas permis d'entreprendre ces travaux.

Appareils servant au curage des égouts.

Le Wagon à bascule n'est qu'un tombereau ordinaire qui sert au curage des égouts collecteurs dans lesquels l'eau manque. Les matières qu'il transporte sont déchargées, soit dans des bateaux construits *ad hoc* qui voyagent sur la Seine, soit dans la cunette des collecteurs mieux fournis d'eau.

Les dessins exposés à Londres donnent l'élévation et le plan de cet appareil.

Le Wagon-vanne sert à curer les collecteurs de second ordre. Deux rails espacés de $1^m,20$ sont fixés sur les angles de la cunette de l'égout et portent le wagon. Une vanne, ayant à quelques centimètres près le même profil

que la cunette, est ajustée à ce wagon, et, au moyen
d'un engrenage, peut être abaissée jusqu'au radier de
l'égout — Lorsqu'elle est ainsi placée, l'eau s'accumule en
arrière et sort avec violence par deux trous qui y sont
ménagés et chasse les sables et les matières plus légères
qui ne tardent pas à former un banc dont la longueur
atteint parfois 100 mètres et plus. Ce banc est incessamment affouillé en amont, les sables s'élèvent en tour-
billons au-dessus et forment vers l'aval un long plan
incliné sur lequel ils glissent. On déplace ainsi non seulement le sable et la boue, mais encore des blocs assez
volumineux de meulières et d'autres matériaux solides. La masse voyage donc à la manière des dunes, et
le wagon, poussé par l'eau, reste toujours collé en amont
contre la masse de détritus qu'il affouille. Les matières
parcourent ainsi jusqu'à 10 kilomètres (collecteur des
coteaux) et finissent par tomber dans un égout collecteur à bateau.

A l'arrière du wagon, la cunette de l'égout est toujours
parfaitement propre. On a exposé, à Londres, le modèle
de ce wagon et des dessins indiquant les détails les plus
intéressants.

Le Bateau-vanne sert à nettoyer les deux collecteurs généraux. La cunette du collecteur général de la rive droite
a 2^m,20 de largeur, entre le boulevard de Sébastopol et la
place de la Concorde; 3 mètres, entre la place de la Concorde et le collecteur des coteaux, et 3^m,50 jusqu'à la
Seine.

La largeur de la cunette du collecteur général de la rive
gauche (collecteur de la Bièvre) est uniformément de
2^m,20.

La vanne est adaptée à l'avant du bateau et s'ajuste

dans la cunette exactement comme celle du wagon-vanne ; seulement, les bancs qui voyagent en avant sont beaucoup plus considérables.

Les autres appareils qui servent au curage des égouts ordinaires sont des rabots et des balais analogues à ceux employés dans les autres villes. On étudie actuellement un système de wagonet, qui servira au curage des égouts ordinaires et qui simplifiera beaucoup le travail des égoutiers. Cet appareil fonctionne déjà avec plein succès dans l'égout du boulevard Bourdon.

Les matières chargées dans les wagonets voyagent par convois, sur de petits chemins de fer établis dans les égouts ordinaires, jusqu'au collecteur général dans lequel on les décharge.

Siphon de l'Alma.

Le collecteur général de la rive gauche ne pouvait être maintenu sur cette rive du fleuve, jusqu'à l'aval de Paris, sans salir l'eau de la Seine de la manière la plus fâcheuse dans la riche banlieue que traverse le fleuve, dans le long repli qu'il forme après être sorti de la ville : Sèvres, Saint-Cloud, le bois de Boulogne, Neuilly, etc. Pour tirer un parti quelconque des eaux d'égout et purifier le fleuve, il fallait nécessairement amener, en un seul point, toutes les déjections de la grande Ville.

Il fut donc décidé que les eaux de la Bièvre et des égouts de la rive gauche seraient dérivées sur la rive droite, en passant sous la Seine. C'est dans ce but qu'a été construit le siphon de l'Alma. Ce siphon est composé d'un double tube en tôle de $0^m,02$ d'épaisseur, qui passe sous la Seine, en tête du pont de l'Alma, noyé dans un massif de béton.

Le diamètre intérieur des tubes est de 1 mètre. La longueur de la conduite forcée se décompose ainsi :

Partie construite en maçonnerie de ciment :

Rive gauche . . . . $11^m,74$

Rive droite   2   10

Partie métallique entre les deux   155   79

LONGUEUR TOTALE . . . $169^m,63$

Voici les précautions qu'on a prises pour arriver à un succès complet :

On a reconnu, par des expériences faites préalablement, que toute aspérité dans l'intérieur des tubes pouvait arrêter un corps lourd et déterminer une obstruction. Les feuilles de tôle sont donc assemblées non pas à recouvrement sous les rivets, comme c'est l'usage, mais au moyen de couvre-joints ; l'intérieur des tubes est complétement lisse, et un pavé ou tout autre corps lourd qui y voyage ne peut s'arrêter contre une aspérité ;

L'entrée de la conduite est à l'altitude de. . $26^m,00$

A l'aval, elle est à   25   50

La charge du siphon est donc . . . $0^m,50$

Pour le nettoyer, on s'est réservé une différence de niveau de $2^m,10$ entre les banquettes d'amont et d'aval des deux collecteurs. Au moyen d'une vanne placée en amont, on obtient une grande accumulation d'eau et on produit des chasses puissantes qui, en général, suffisent pour maintenir les tubes en bon état de propreté ;

Cependant, ces chasses n'ont pas paru donner une sécurité suffisante, et l'expérience a prouvé que cette crainte était fondée.

Vérification de l'état de propreté des tubes. — Boule.

On fait passer successivement, dans chaque tube, deux fois par semaine, le mardi et le samedi, une boule en bois ayant 0^m,85 de diamètre, c'est-à-dire 15 centimètres de moins que les siphons. Cette boule étant plus légère que l'eau, roule sur la génératrice supérieure du tube, de telle sorte qu'il reste, en-dessous, un vide de 0^m,15. Si le tube est propre, la boule passe à très-peu près avec la vitesse de l'eau et effectue son voyage souterrain en 2′ 1/2 ou 3′; mais s'il existe un commencement d'obstruction, elle butte contre cet obstacle; l'eau s'échappe avec violence par-dessous et chasse en avant les corps solides accumulés en aval; la boule avance en les suivant, et le banc qui se forme ainsi marche jusqu'à ce qu'il atteigne l'extrémité du siphon. C'est un travail entièrement analogue à celui du bateau-vanne et du wagon-vanne. Il est rare que la boule chasse devant elle beaucoup de détritus; cependant, on a constaté les faits suivants :

Le 10 décembre 1868, après une forte pluie, qui avait jeté beaucoup de matières dans le siphon, la boule fut introduite. Son voyage dura 11 minutes, et lorsqu'elle parut en aval, elle poussait devant elle un énorme monceau de fumier, de boue et de gravier.

Un autre jour, elle resta un quart d'heure dans le siphon et elle en fit sortir plusieurs peaux de bœufs, provenant sans doute des tanneries de la Bièvre.

Il se forme donc, de temps à autre, des commencements d'obstruction qui deviendraient fort graves et pourraient suspendre l'écoulement, si l'on n'avait le secours de la boule.

Le siphon de l'Alma a été mis en service le 12 novembre 1868. Depuis cette époque, il fonctionne avec une entière régularité et sans interruption.

IRRIGATIONS. APPLICATION DES EAUX D'ÉGOUT A L'AGRICULTURE.

Depuis que les collecteurs sont construits, la Seine conserve sa belle couleur glauque dans la traversée de Paris et dans le long circuit qu'elle fait autour de Billancourt, Sèvres, Saint-Cloud, le bois de Boulogne, Neuilly, jusqu'au pont d'Asnières ; cette riche banlieue est à très-peu près délivrée des eaux d'égout. Mais à l'aval du débouché du collecteur général, au-dessous d'Asnières, le lit du fleuve présente, au moins sur la rive droite, le spectacle le plus affligeant. L'eau, entièrement noire, dépose, sur près d'un kilomètre, des bancs de bouc qui se renouvellent incessamment, malgré des dragages continuels. D'immenses bulles de gaz s'échappent de ces matières en fermentation et viennent crever à la surface de l'eau.

On doit dire cependant qu'aucune odeur sensible ne se répand dans le voisinage et que depuis 1859, époque de la mise en service du collecteur général, aucune maladie spéciale, due à l'action des eaux d'égout, n'a été constatée dans les localités voisines. C'est simplement la vue qui est offensée... La population trouve même, sur la rive gauche du fleuve, une eau plus pure qu'avant la construction des collecteurs.

L'accumulation des eaux d'égout en un seul point a donné le moyen de purifier le fleuve.

Une vaste plaine de gravier et de sable, d'environ 2,000 hectares de superficie, est renfermée dans un des replis de la rive gauche du fleuve ; on lui donne le nom de *plaine de Gennevilliers*. Ces graviers, presque stériles et d'une perméabilité indéfinie, sont éminemment propres au genre d'irrigation qu'on se propose d'entreprendre. Des essais faits aujourd'hui sur une grande échelle utilisent déjà un cinquième de l'eau débitée par les collecteurs généraux. Le système adopté consiste :

1° A dériver, par le simple effet de la gravité sur la plaine de Gennevilliers, les eaux du collecteur des quartiers hauts qui sort de Paris par la porte de la Chapelle. Ce travail est terminé et toutes les eaux des XVIIIᵉ, XIXᵉ et XXᵉ arrondissements arriveront sans aucune dépense sur la plaine de Gennevilliers, dès que le pont de Saint-Ouen, sur lequel les deux conduites doivent passer, sera reconstruit, c'est-à-dire dans quelques mois.

Ce pont est un de ceux qui ont été détruits avant le siége de Paris ;

2° A élever les eaux du collecteur général d'Asnières à 11 mètres environ, pour les faire passer sur le pont de Clichy. Ce travail sera fait par six machines à vapeur de 150 chevaux chacune. On évalue à environ 100 000 000 mètres cubes le volume d'eau d'égouts qui pourra alors être répandu sur la plaine. Une seule des machines fonctionne aujourd'hui ;

3° A conduire les eaux ainsi élevées sur les terrains arrosables, au moyen de conduites forcées en maçonnerie ;

4° A livrer les eaux aux cultivateurs qui consentiront à les recevoir ;

5° A clarifier, au moyen du sulfate d'alumine, les eaux qui ne pourront être utilisées par l'agriculture.

Jusqu'ici, on a livré les eaux d'égout aux cultivateurs, sans aucune rétribution. Le nombre d'hectares arrosés est de 100 environ ; mais ce nombre s'accroît rapidement, au fur et à mesure que les rigoles s'allongent. Ces terres presque stériles, qui rapportaient à peine les frais de culture, se couvrent, par l'action des eaux d'égout, des produits les plus riches et les plus variés.

C'est surtout la culture maraîchère qui se développe ; les asperges, les artichauts, les légumes de toute sorte, les fleurs les plus délicates, les arbres fruitiers, les plantes destinées à la parfumerie, la menthe, l'absinthe, donnent les produits les plus abondants et les plus distingués. Tel hectare de terre qui ne valait pas la peine d'être cultivé, rend aujourd'hui, en produits bruts, de 2,000 à 10,000 francs par an, et pour des cultures plus généreuses, mais plus restreintes, beaucoup plus de 10,000 francs.

L'École des ponts et chaussées a bien voulu prêter son bon concours à la Ville et se charger des analyses.

Voici quelques-uns des résultats constatés dans son laboratoire sur les échantillons fournis en 1869 par MM. Mille et Alfred Durand-Claye.

MATIÈRES CONTENUES, EN MOYENNE, DANS UN MÈTRE CUBE
D'EAU D'ÉGOUT.

(Moyennes de l'année 1869.)

Matières organiques. . .	Azote. . . .	$0^k 043$	$0^k 733$
Volatiles ou combustibles.	Autres mati^{res}	$0^k 690$	
Acide phosphorique.			$0^k 017$
Alcalis	Potasse . . .	$0^k 035$	$0^k 106$
	Soude. . . .	$0^k 071$	
Alcalis terreux	Chaux.	$0^k 403$	$0^k 424$
	Magnésie.	$0^k 021$	
Résidus insolubles dans les acides.			$0^k 652$
Alumine et produits non dosés.			$0^k 395$
		TOTAL	$2^k 327$

Les matières en suspension dans l'eau se décomposent ainsi :

Matières organiques $\begin{cases} \text{Azote} & 0^k019 \\ \text{Autres matières} & 0^k308 \end{cases}$ 0^k327

Matières minérales. . . . . 0^k842

Total . . . . 1^k169

Les matières en dissolution sont les suivantes :

Matières organiques $\begin{cases} \text{Azote} & 0^k024 \\ \text{Autres matières} & 0^k382 \end{cases}$ 0^k406

Matières minérales. . . . . 0^k752

Total . . . . . 1^k158

On a dit plus haut que l'eau du fleuve présentait, à l'aval de l'égout d'Asnières, le spectacle le plus affligeant. Voici les quantités d'azote contenues dans 1 mètre cube d'eau du fleuve :

Pont d'Asnières, en amont du collecteur. . . 0^k0015

Au débouché du collecteur général 0.0295

A 250 mètres en aval 0.0030

A 5,375 mètres en aval 0.0020

Au débouché du collecteur de Saint-Denis. . 0.0980

Au débouché du canal Saint-Denis, un peu en aval 0.0030

Au débouché du Croult 0.0070

A 625 mètres du débouché du collecteur Saint-Denis 0.0040

A 3,250 mètres du débouché du collecteur Saint-Denis. 0.0030

Sur la rive gauche de la Seine, à Épinay. . . 0.0015

Telles qu'elles sont aujourd'hui, les eaux du fleuve sont impropres aux usages domestiques et sont au moins répugnantes jusqu'à Rouen. Mais elles s'éclaircissent rapidement, à mesure qu'on s'éloigne des collecteurs. Déjà à Épinay, sur la rive gauche, elles ne sont pas plus chargées de matières organiques qu'en amont des collecteurs. Mais, quoi qu'on fasse, on n'arrivera jamais à les ramener à l'état de *bonnes eaux potables*.

N° **757** DU CATALOGUE FRANÇAIS.

Réservoirs de Ménilmontant.

(Voir la notice précédente, page 317.)

DESSINS

Auteurs du projet : MM. BELGRAND, Inspecteur général des Ponts et Chaussées, Directeur; — diplôme d'honneur, (Vienne 1873); — M. HUET, ingénieur ordinaire des Ponts et Chaussées, médaille de mérite (Vienne 1873).

Collaborateurs : MM. BOUSQUET, conducteur des Ponts et Chaussées, médaille de coopération (Vienne 1873) ; — PERPEROT, dessinateur; — FERNIQUE, photographe.

N° **758** DU CATALOGUE FRANÇAIS.

Usine de Saint-Maur.

(Voir la notice précédente, page 318.)

MODÈLE

Auteurs du projet : MM. BELGRAND, Inspecteur général des Ponts et Chaussées, Directeur, — diplôme d'honneur (Vienne 1873) ; — NOUTON, ingénieur, médaille de mérite (Vienne 1870) ; — CALLON, — FOURNEYRON, — GIRARD, ingénieurs civils, médaille de coopération (Vienne 1873).

Collaborateurs : MM. COURONNE, contrôleur principal des machines, médaille de coopération (Vienne 1873); LECOEUR, — MEKER; conducteurs des Ponts et Chaussées.

N° **759** DU CATALOGUE FRANÇAIS.

Usine élévatoire des eaux de la Marne.

(Voir la notice précédente, page 319.)

DANS LE CANAL DE L'OURCQ A TRILBARDOU.

MODÈLE EN RELIEF DE LA ROUE ET DES POMPES

(4 feuilles de dessins encadrées.)

Auteurs du projet : MM. BELGRAND, Inspecteur général des Ponts et Chaussées, Directeur, — diplôme d'honneur (Vienne 1873); — HUET, ingénieur ordinaire des Ponts et Chaussées, médaille de mérite (Vienne 1873); — SAGEBIEN, ingénieur civil, médaille de mérite (Vienne 1873).

Collaborateurs : MM. DUVAL, conducteur principal ; — DIGEON, modeleur.

N° **760** DU CATALOGUE FRANÇAIS.

Conduites d'eau de la Ville de Paris.

(Voir la notice précédente, page 320.)

PLAN GÉNÉRAL.

Auteurs du projet : MM. BELGRAND, Inspecteur général des Ponts et Chaussées, Directeur, — diplôme d'honneur (Vienne 1873); — ROUSSEL, ingénieur en chef des Ponts et Chaussées, médaille de mention (Vienne 1873); — ALLARD, — BERNARD, — COUCHE, — FOULARD, — GARDIER, — GRÉGOIRE, — DE LABRY, — LOCHE, — ROUSSEAU; ingénieurs ordinaires des Ponts et Chaussées; — RENARD, Inspecteur des aqueducs.

Collaborateurs : MM. AVRIL frères, graveurs.

Égouts de la Ville de Paris.

(Voir la notice précédente, page 345.)

PLAN GÉNÉRAL.

Auteurs du projet : MM. BELGRAND, Inspecteur général des Ponts et Chaussées, — diplôme d'honneur (Vienne 1873) ; — ROUSSEL, ingénieur en chef des Ponts et Chaussées, médaille de mérite (Vienne 1873); — ALLARD, — BERNARD,— COUCHE, — FOULARD, — GARDIER, — GRÉ-GOIRE, — DE LABRY, — LOCHE, — ROUS-SEAU, ingénieurs ordinaires des Ponts et Chaussées ; — RENARD, Inspecteur des aqueducs.

Collaborateurs : MM. AVRIL frères, graveurs.

Appareils servant au curage des égouts.

(Voir la notice précédente, page 351).

DESSINS, MODÈLE DU WAGON A BASCULE, MODÈLE DU WAGON A VANNE, MODÈLE DU BATEAU-VANNE.

Auteurs du projet : MM. BELGRAND, Inspecteur général des Ponts et Chaussées, Directeur, — diplôme d'honneur (Vienne 1873) ; — ROUSSELLE, ingénieur en chef des Ponts et Chaussées, médaille de mérite (Vienne 1873); — NOUTON, ingé-nieur ordinaire des Ponts et Chaussées ; — COURONNE, contrôleur principal des machines, médaille de coopération (Vienne 1874).

Collaborateurs : MM. GALLET, Inspecteur de l'assainissement ; — LOUIS, — BANCELIN ; contrôleurs ; — DAL-LARD, dessinateur ; — DELORD, ajusteur à l'atelier de Chaillot ; — CARTELLIER, chau-dronnier à l'atelier de Chaillot.

N° **763** du Catalogue français.

Le Bassin parisien aux âges antéhistoriques

(Voir la notice des travaux historiques, page 208).

(3 volumes.)

Auteur du projet : M. Belgrand, Inspecteur général des Ponts et
Chaussées, diplôme d'honneur (Vienne 1873).

Collaborateurs : MM. Roujou, géologue ; — L.-M. Tisserand, Chef
du bureau des Travaux historiques.

N° **764** du Catalogue français

Aqueduc de dérivation des sources de la vallée de la Vanne.

(Voir la notice précédente, page 324 et suivantes.)

DÉTAILS DES ARCADES, DESSINS ET PHOTOGRAPHIES.

Auteurs du projet : MM. Belgrand, Inspecteur général des Ponts et
Chaussées, Directeur, — diplôme d'honneur
(Vienne 1873) :
Buffet, médaille de mérite (Vienne 1873),
ingénieur en chef des Ponts et Chaussées ;
— Huet, — Humblot, — Lesguillier, —
Vallée, médaille de mérite (Vienne 1873),
ingénieurs ordinaires des Ponts et Chaus-
sées ; — Renard, Inspecteur des aqueducs.

Collaborateurs : MM. Guy, Chef du bureau du Directeur, médaille
de coopération (Vienne 1873) ;— Petitjean,
Chef du bureau de l'Ingénieur en chef ;—
Picart, — Ninout, — Bresson, conducteurs chefs des bureaux des Ingénieurs
ordinaires ; — Bonhoure, — Braye, —
Briotet, médaille de coopération (Vienne
1873) ; — Dequaye, — Liévin, — Quignon,
conducteurs des travaux ;— Boujou, géologue ;— Daigney, dessinateur ;— Perperot,
dessinateur ; — Collard, photographe.

N° **765** DU CATALOGUE FRANÇAIS.

Dérivation de la Vanne.

(Voir la notice précédente page 325 et suivantes).

PHOTOGRAPHIES EN ALBUM.

Auteurs du projet : MM. BELGRAND, Inspecteur général des Ponts et Chaussées, Directeur, diplôme d'honneur (Vienne 1873) ; — BUFFET, ingénieur en chef des Ponts et Chaussées, médaille de mérite (Vienne 1873) ; — HUET, — HUMBLOT, — LESGUILLIER, — VALLÉE, ingénieurs ordinaires des Ponts et Chaussées ; — RENARD, Inspecteur des aqueducs.

Collaborateurs : MM. GUY, Chef du bureau du Directeur ; — PETIT-JEAN, Chef du bureau de l'Ingénieur en chef ; — PICARD, — NINOUT, — BRESSON, conducteurs chefs des bureaux des ingénieurs ordinaires ; — BONHOURE, — BRAYE, — BRIOTET, — DEQUAYE, — LIEVIN, — QUIGNON, conducteurs des travaux ; — ROUJOU, géologue ; — DAIGNEY, dessinateur ; — PERPEROT, dessinateur, — COLLARD, photographe.

N° **766** DU CATALOGUE FRANÇAIS.

Siphon de l'Alma, pour le passage des eaux de l'égout collecteur de la rive gauche de la Seine à la rive droite.

(Voir la notice précédente, page 353).

MODÈLE. — DESSINS

Auteurs du projet : MM. BELGRAND, Inspecteur général des Ponts et Chaussées, Directeur, diplôme d'honneur (Vienne 1873) ; — BUFFET, ingénieur en chef des Ponts et Chaussées, médaille de mérite (Vienne 1873).

Collaborateurs : MM. HOUSSIN, conducteur, médaille de coopération ; — MORIN, dessinateur ; — DIGEON, modeleur.

Nᵒ **767** du Catalogue français.

Irrigations pour l'application des eaux des égouts à l'agriculture, dans la plaine de Gennevilliers (près Paris).

(Voir la notice précédente, page 356).

DESSINS

Auteurs du projet : MM. Belgrand, Inspecteur général des Ponts et Chaussées, Directeur, diplôme d'honneur (Vienne 1873) ; — Mille, ingénieur en chef des Ponts et Chaussées, médaille de progrès (Vienne 1873) ; — Durand-Claye (Alfred), ingénieur ordinaire des Ponts et Chaussées, médaille de pogrès (Vienne 1873).

Collaborateurs : MM. Locquet, conducteur des Ponts et Chaussées ; — Briqué, conducteur municipal.

TABLE DES MATIÈRES

DIRECTION DES TRAVAUX DE PARIS

FIN DE LA TABLE.

IMPRIMERIE ET LIBRAIRIE CENTRALES DES CHEMINS DE FER. — A. CHAIX ET Cⁱᵉ,

RUE BERGÈRE, 20, A PARIS. — 7075-4.